中国语言文字科学保护理论与实践研究书系

李宇明　总主编

语言資源

（第一辑）

张世方　主编

商務印書館
创于1897 The Commercial Press

2018年·北京

图书在版编目(CIP)数据

语言资源.第1辑/张世方主编.—北京:商务印书馆,2018

ISBN 978-7-100-15731-5

Ⅰ.①语… Ⅱ.①张… Ⅲ.①汉语—资源保护—中国—文集②少数民族—民族语—资源保护—中国—文集 Ⅳ.①H1-53②H2-53

中国版本图书馆CIP数据核字(2018)第011976号

语言资源

第一辑

张世方 主编

商 务 印 书 馆 出 版

(北京王府井大街36号 邮政编码100710)

商 务 印 书 馆 发 行

北京市艺辉印刷有限公司印刷

ISBN 978-7-100-15731-5

2018年8月第1版 开本787×960 1/16

2018年8月北京第1次印刷 印张22¼

定价:58.00元

文化视角下的语言资源保护
（代序）

李宇明

语言不仅是人类最为重要的交际工具和思维工具，而且也是人类文化最为重要的组成部分，人类文化最为重要的载体和阐释者。语言保存着其语言社团对世界的特有认识，保存着其语言社团的历史记忆，包含着文化创新和语言发展的基本元素与内在驱动力。故而保护语言，不仅是保护语言这一交际工具和思维工具，也是在保护民族的、人类的文化资源。

全世界大约有6000来种语言，据称到本世纪末将有90％的语言可能消亡，这就意味着语言所包蕴的人类文化财富，到本世纪末将要损失90％。中国的语言数目超过100种，且汉语的方言土语也数以百计，这些语言及汉语方言，是中华民族宝贵的失而不可重生的文化资源。根据世界语言濒危的大形势和中国语言生活的状况，当前中国的语言政策，不仅要“推广和规范使用国家通用语言文字”，而且还要“科学保护各民族语言文字”。

历史上，中国的语言学家已经做了大量的语言保护工作。早在20世纪20年代，中国就开始进行汉语方言调查和一些民族语言的调查。50—60年代以来，进行了汉语方言的普查和大规模的民族语言调查，出版了多种方言志和少数民族语言简志。这些研究持续至今，出版了汉语方言地图集、音档及系列词典，出版了《中国的语言》及少数民族语言的词典和参考语法等。

过去的语言保护工作，多是语言学的目的，采用的多是语言学的视角，即把语言主要看作语言学的资源，把语言资源主要用作语言研究和语言应用的素材；对语言调查的兴趣主要集中在结构上，特别是在语音和词汇两个方面，虽然也会涉及些语法、语用和民俗的问题。语言学视角下的语言保护方式，一般是用国际音标把一种语言记录下来，然后编写词典，编写参考语法，编写教科书，等等。

文化视角下的语言保护，不仅关注语音、词汇、语法等对语言本体的记录，更关注语言及语言表达中的各种文化现象。比如，构词理据就包含很多文化故事。在中国人的语言观念里，“箱”一般是上面开盖，较宽较低；“柜”一般是侧面开门，较窄较高。但是“冰箱”“冰柜”与我们这一语言观念恰恰相反，“冰箱”是“柜”的形象，“冰柜”是“箱”的形象。这背后有一个电冰箱发展历史及名词翻译的文化故事。

词语组合也包含着很多有意思的文化现象。比如现在坐火车，都是坐在车厢里面，但是却说“上火车”“我在火车上”，而说到“车厢”时则说“进车厢”“我在车厢里”。我们不会说“进火车”“我在火车里”“上车厢”“我在车厢上”。这说明我们的语言有特殊的“几何学”，我们的“语言几何”是把“火车”看作一个二维空间，把“车厢”看作一个三维空间，所以与之搭配的动词、方位词不同。

文化视角下的语言保护，特别重视对于文化词语的收集。比如中国南方“煲汤”厨艺，形成一个庞大的词群，这一词群展示着各种食材的文化特性，如性热性凉，功能是补是泄，春夏秋冬的饮食适应等。再如关于疾病的词群，包括疾病名称和土单验方，也包括孩子受到惊吓如何叫魂安神等。这些其实都是中医中药的民间根基，包含着中医中药学特有的“世界观”，积淀着中国人民千万年的智慧，其中许多至今还在发挥着养生治病的功效。

任何一种语言都有一套套的“话套子”，约定在什么场合说什么话，怎么说话。比如见面怎么打招呼，怎样分手告别，婚丧嫁娶时的语言表达等。这些约定就是文化习俗，是说话时的“心理剧本”。参与交际者都在按照心理剧本演戏，也在按照心理剧本看戏。不合剧情，少了情节，就是违约失礼。比如道歉这种行为，一般要遵循这样的“道歉结构”：A. 道歉语；B. 道歉的原因；C. 对失误的补偿；D. 保证。比如某人把朋友的自行车骑坏了，他在还朋友自行车时应当这样说：

> “老哥，对不起，我把你的车子给骑坏了。昨晚太黑了，路上不知道怎么有个沟，掉进去把脚蹬子给弄坏了。今儿我到修车部把脚蹬子修了修，你看还满意不？以后我借你东西可得小心点，不会再弄坏了，你放心。”

这段话很得体，符合四结构的道歉心理剧本，朋友会接受道歉的。骑坏自行车当然是桩小事，倘若是重大事件的道歉，不合这四结构的道歉剧本，就很难被人接受。比如某国的“二战道歉”能够被世界人民接受，获得谅解，而某国的“二战道歉”一直不能被周边国家接受，就是因为某国的二战道歉不合“道歉结构”，心不诚焉！

根据文化的载体形式，可以把文化分为实物文化、文献文化和口语文化。实物文化由绘画、雕塑、建筑、服饰、饮食等负载，文献文化由书面语所记录，口语文化由口语所保存。中国历来重视实物文化和文献文化，较为忽视口语文化。而口语文化最常见的是俏皮话、农谚、歌谣、故事、传说、戏曲等，当然也包括蒙古族的《江格尔》、柯尔克孜族的《玛纳斯》和藏族的《格萨尔王传》这样的伟大史诗。文化视角下的语言保护，一改对口语文化轻视的传统，通过对口语文化进行系统收集，对民俗学、文化学和非物质文化遗产的保护等对口衔接，给予了语言文化学学术支撑。

认真说来，农村、牧区的语言调查和保护，其实就是在保存我国的农耕文明和农牧文明。城市的语言调查和保护，保存的是当年的农商文明、工业文明和正在进行中的现代城市文明。随着城镇化进程的加快，中国农耕文明、农牧文明几千年来赖以生存的乡村和牧区，正在加速变化或消亡，中国的农商文明、工业文明赖以生存的传统都市也在迅速变化。抢救、保存这些传统文明，已经时不我待。因为任何一种语言或方言的消亡，都是人类不可弥补的损失：人类因之永久失去一种不可复得的语言样品，永久失去一种不可再生的文化基因，永久失去一些不可恢复的历史记忆。

近些年来，关注文化的语言保护工作逐渐兴盛起来。教育部重大攻关项目“中国方言文化典藏”，在田野调查所得的第一手材料基础上，对房屋建筑、日常用具、服饰饮食、农工百艺、日常活动、婚育丧葬、节日以及口彩禁忌、戏剧曲艺等方言文化现象，采取抢救性的调查记录和保存保护，编辑出版了音像图文俱全的出版物。国家语委数年前展开的“中国语言资源有声数据库”建设，以及在此基础上进一步展开的“中国语言资源保护工程”，也具有语言学、文化学、政治学的多重视角。

文化视角下的语言保护，会带来语言调查范式等诸多方面的改变，需要引入社会语言学、人类学、民俗学的理论和方法。在采集语言文化资源时，个人隐私和民族禁忌等都会增加调查工作的难度，因为涉及文化就会涉及关于文化的各种禁忌，这些禁忌本身也是文化。

切换一下视角，就是一个新视域。近些年来新视角下的语言资源保护，已出现若干重大的发展变化：第一，从关注语言发展到也关注言语；第二，从关注语言发展到也关注语言文化，包括语言本身包含的文化和语言负载的口语文化；第三，从纸质保存方式发展到多媒体的保存方式，并正在探讨语言文化的网络博物馆模式；第四，从学者参与发展到政府和社会大众的共同参与，由学术活动发展为社会文化工程。这些变化表明，文化视角下的语言保护是一种值得进行的充满魅力的有益尝试，应该得到社会更多的关注和更大的支持。

（本文于 2016 年 8 月 7 日发表于《光明日报》）

目　录

语言资源保护的再认识

戴庆厦

云南师范大学汉藏语研究院/中央民族大学汉藏语研究中心

这几年，我在云南师范大学汉藏语研究院承担国家民委“科学保护各民族语言文字理论与政策研究”(12FYW001)项目，做了多次“语言保护”调查，对“语言保护”调查的理论问题及调查方法问题有了一些思考。每做一次调查，对“语言保护”的理解都会加深一些。现在我把我的一些认识给大家谈一谈，供大家参考。

一　语言保护是我国现代化建设中的一件大事

在十七届六中全会通过的《中共中央关于深化文化体制改革 推动社会主义文化大发展大繁荣若干重大问题的决定》(2011 年 10 月)中，党中央提出了“科学保护各民族语言文字”(以下简称“语言保护”)的决策。应当怎样理解其重要理论价值呢？

1.1　“语言保护”的提出有其国情理据

进入 21 世纪后，在现代化建设的驱动下，我国政治、经济、文化各个领域都发生了重大变化，作为与社会各个领域密切联系的语言，其状态、变化、价值也随之出现了许多没有预想到的新特点和新问题，需要进行科学的治理和规范。

一方面，现代化进程中，我国各民族语言的使用功能和价值会比过去更重要，其使用价值、文化价值和感情价值会比过去更强，这就需要国家采取必要的政策、措施保证其充分使用和顺利发展。另一方面，由于现代化进程中社会、经济的变化以及族群关系的变化，许多弱势语言的生命力会出现不同程度、不同形式的衰退，有的甚至会出现濒危，这也需要国家采取必要措施抑制其衰退和濒危。

“科学保护”正是在这样的历史背景下提出的，是非常及时的。这是我国政府在新时期对待中国语言文字的指导思想和决策，是继宪法提出的“各民族都有使用和发展自己语言文字的自由”后的新发展。

1.2 “科学保护”是我国语言文字工作方针在新时期的新发展

党和政府对待语言文字问题的基本思想，是宪法中反复写入的“各民族都有使用和发展自己语言文字的自由”。这是对待语言问题的基本原则，它是“科学保护”的前提和基础。

今天提出的“科学保护”，其基本精神与宪法的规定是一致的，但又有了新的内容。“科学保护”主要是强调“保护”二字，即除了使用、发展的自由外，还要保护它。这是因为在现代化进程不断发展的今天，由于社会结构和人群的变动，经济生活的大幅度提高和变化，以及信息一体化的不断增强，语言使用和发展会出现前所未有的复杂问题。即便是强势语言，也存在在新的形势下如何使用和发展的问题，如规范化、信息化等。而大量弱势语言则因其在与强势语言的竞争中出现不同程度的衰退甚至濒危，会产生更多的如何生存与发展的新问题。

1.3 语言不保护，任其衰退、濒危，后果非常严重

语言不保护，会使得人类长期积累起来的传统丧失，造成知识传承的断裂；它使得民族关系出现矛盾和摩擦，甚至出现民族对立；它会阻碍现代社会的安宁，阻碍现代化建设。语言不保护，其恶果有的现在暂时不爆发，要到一定时候爆发；有的不爆发则已，一爆发就是大事。国内外、人类社会的历史上因语言矛盾产生的社会矛盾是有例子的，不能

掉以轻心。

总之，科学保护各民族语言文字是我国语言文字工作方针顺应时势在新的社会条件下的新发展，是我国解决语言文字问题的新国策。

二　语言保护是全方位的，包括中国各民族语言

语言保护政策是针对我国各民族语言提出的，包括汉语和各少数民族语言。不能认为这只适用于少数民族语言。

2.1　汉语方言的保护

汉语是我国适用人口最多的语言，是各民族的通用语，但在现代化进程中也同样存在保护的问题。因为在现代化进程中，汉语的功能、价值如何与社会的需求相适应，汉语的演变如何健康地发展，都需要予以保护。

1. 在现代化建设新时期，汉语的功能应如何定位，是一个重要的语文问题。偏低了，有碍社会的发展、进步；偏高了，违反汉语自身的负荷量。国家的语文政策的作用之一，是通过政策、措施，调整其功能，使其与社会需要相一致。

2. 汉语有八大方言，每个方言都是各地人民群众世世代代智慧的结晶，蕴含着无尽的文化遗产。但在经济大潮的冲击下，在交通不断便捷的环境下，在各地人员不断移动的条件下，在普通话不断普及的形势下，方言的生态面临着衰退的趋势。方言保护成为新时期语言保护中的一个重头。

3. 在社会进步较快的历史时期，语言的变化最为活跃，特别是在词汇上的反映最为明显。汉语近十多年有了很大的变化，表现在网络语言上出现了很多新造词，还出现了一些新的语法结构。其中，有的符合汉语规律，有生命力，有可能进入全民口语中；但有的属于生造、硬造，

不符合汉语规律，缺乏生命力。语言保护要对新时期汉语的变化进行规范，遏制不规范、不符合汉语发展规律的语言现象。

4. 汉语通用语的地位要加以保护，语言政策要有利于汉语通用语地位的巩固和发展。汉语被确定为我国各民族的通用语，其功能和地位已有明确的定位。如何更好地发挥通用语的作用，如何摆好通用语和非通用语的关系，这是语言保护要做的事。

5. 掌握多语种是人类进步的表现。中国各民族除了学习使用自己的母语外，还应学习外语。由此便出现了如何处理好本国语和外语关系的问题。语言保护，既要保护本国语使用和发展的权利，又要保证外国语的学习。

2.2 少数民族语言的保护

少数民族语言的保护面临着繁重的任务。虽然我国多语言的关系在政策上是平等的，但在语言关系上客观地存在强势语言和弱势语言之分，而弱势语言的保护则有着更为繁重的任务。少数民族语言的保护内容主要有：

1. 在现代化进程中，少数民族社会的进步速度比以往任何时候都快，变化内容比以往任何时候都多，因而其语言也出现了许多意想不到的变化。在新的形势下，少数民族语言如何适应社会的进步，如何更好地为社会发展服务，是语文工作中必须研究解决的大问题。

2. 由于经济一体化、信息一体化的快速发展，以及通用语的普及，少数民族语言的功能不能完全适应社会的需要，甚至不同程度地出现衰退，需要国家予以保护，予以扶持，使其适应社会的需要。

3. 由于各种社会原因，中国少数民族语言中有少量出现濒危，这就需要政府和社会力量进行必要的抢救，包括记录、培养传承人等。

4. 根据不同民族的特点和需要，扶持少数民族语言文字的使用和发展，培养少数民族语文人才。

5. 协调少数民族语言和汉语的关系，使不同语言稳定地走上“互补、互谐”的发展轨道。

6. 大力发展双语教育，实现“两全其美”，和谐发展。

三　语言保护是一项系统工程

语言问题涉及社会的方方面面，包括文化、教育、科技、传媒的各方面，所以语言保护是一项全社会都必须关注的系统工程。

不能把语言保护只看成是针对弱势的少数民族语言的事情，而应当看成是针对中国各民族语言提出的一项新政策。所以在实施中要通盘设计，统筹安排。

语言保护的目的既要防止语言衰退、挽救语言濒危，又要使健全的语言能够健康地向前发展。“治病”是必要的，但主要力气要用在“预防”上。不能把语言保护只当成是抢救记录少数即将濒危的语言。

必须增强全社会的语言资源观念和语言保护意识。

当前，社会上出现了一些不符合语言保护的认识，不理解国家为什么要提出语言保护的新政策。如：有的认为“汉语方言被普通话取代是大势所趋，没有必要保护”，有的认为“时代进步了，少数民族语言的消亡已成趋势，保护和抢救有什么价值”“少数民族语言功能小，被汉语代替是必然趋势”，等等。

人类虽然天天都在使用自己的语言，但对语言的重要性并非都能认识到位。许多人对“社会和谐、民族和谐”能理解、接受，能很快就认识其重要性，但对语言和谐、语言保护却不易很快就理解、接受，在实际生活中往往缺乏语言资源观念和语言保护意识。

必须使全社会认识到：语言不保护，任其衰退、不规范，任其濒危，其破坏性是严重的。

四　语言保护研究中的理论问题

语言保护是一个新的命题，含有丰富的理论问题。语言保护研究如今正处于初始阶段，必须重视理论问题的探讨。各民族语言生活的形成，都有其客观因素和条件。要从实际的语言生活中分析、归纳、提炼理论问题。现阶段语言保护研究的理论问题主要有以下几点。

4.1　怎样看待现代化进程中语言功能的变化

现代化进程必然会引起语言功能的变化，但不同民族、不同地区的变化方式、变化程度究竟有何不同，这需要进行对比和排序。

要弄清现代化进程为什么会使语言功能发生变化，为什么不同语言的功能存在功能高低的区别，怎么看待这些差异。

要分析制约语言国情的因素。包括：人口多少、分布状况（杂居或聚居）、民族关系（和谐或不和谐）、历史因素（历史上的语言使用状况）、语言态度（对母语或兼用语的感情）、婚姻状况（族内婚或族外婚）等。

4.2　怎样认识语言生活中多元化和一体化的关系

现代化进程中，随着经济一体化、信息一体化的加深，弱势语言功能会出现不同程度的衰变，有的语言甚至会出现濒危。那么，随着现代化进程的深入，语言生活是否还能保存多元化的格局。如果现代化进程会使语言数量逐渐减少，语言保护的意义又该如何去理解？保护衰变语言和濒危语言其价值又何在？

4.3　怎样认识语言竞争与语言保护的关系

在多语社会里，语言关系既有互补的一面，又有竞争的一面。语言竞争是不可避免的。弱势语言在语言竞争中会出现衰变，甚至会被强势语言所代替。那么语言保护在语言竞争中应起到什么作用？

4.4 怎样认识强势语言与弱势语言的关系

做语言保护，必然会遇到如何看待强势语言与弱势语言关系的问题。不同语言出现在同一社会里，由于各种内外原因，其功能必然是不一致的。有的语言，功能强些；有的语言，功能弱些。强弱的不同，使语言在使用中自然分为“强势语言”和“弱势语言”。这也是客观存在的事实。多语社会的语言竞争通常出现在强势语言与弱势语言之间，其关系错综复杂。

在我国，汉语由于使用人口多、历史文献多，早已成为各民族语言中的强势语言。汉语的这些强势条件，使得它成为各民族之间相互交际的语言——“通用语”。少数民族语言由于使用人口少，使用范围窄，与汉语相比，是弱势语言。汉语与少数民族语言在使用功能上的竞争是明显的。在一些民族中，或是各民族杂居的地区，有的少数民族学生家长出现重视汉语、忽视母语的倾向，不愿让自己的子女进民族语文授课的学校，因为他们担心子女以后进大学、找工作、出国留学有困难。这些都是语言竞争的表现。语言竞争反映到人的语言观念上，常常是对语言的选择。

强势语言和弱势语言之间，既有竞争的一面，又有互补的一面，构成既对立竞争又和谐互补的统一体，在语言生活中缺一不可。语言保护研究必须深入调查不同地区少数民族语言和汉语的关系，总结现在和历史上少数民族语言和汉语和谐共存的经验，摸索一条和谐共存的路子。

我国的少数民族语言有三个重要价值：一是应用价值；二是资源价值；三是文化价值。进入现代化新时期，不同民族的语言，这三个“价值”究竟有什么变化，处于衰变和濒危的语言究竟有哪些，这些都是必须研究的。

参考文献

陈章太 2005 《语言规划研究》,商务印书馆。

戴庆厦 2006 语言竞争与语言和谐,《语言教学与研究》第 2 期。

戴庆厦 2008 构建我国多民族语言和谐的几个理论问题,《中央民族大学学报(哲学社会科学版)》第 2 期。

戴庆厦 2010 语言和谐研究中的几个问题,《语言学论丛》第 42 辑。

戴庆厦、成燕燕、傅爱兰、何俊芳 1999 《中国少数民族语言文字应用研究》,云南民族出版社。

戴庆厦主编 2004 《中国濒危语言个案研究》,民族出版社。

国家民委文化宣传司编 2006 《民族语文政策法规汇编》,民族出版社。

金星华主编 2005 《中国民族语文工作》,民族出版社。

(本文曾以《语言保护的再认识》为题发表于《黔南民族师范学院学报》2016 年第 3 期,内容有改动)

中国语言统一性例说*

张振兴

中国社会科学院语言研究所

根据最新出版的《中国语言地图集》(第2版,2012),我国有130种语言。除了汉语外,其他120多种都是少数民族语言。我国语言资源丰富,是名符其实的语言资源大国。就语言调查研究人员队伍以及调查研究成果来说,大概也算得上是语言资源强国。

中国语言复杂多样。中国语言具有统一性和分歧性的特点。著名语言学家李荣教授在《中国语言地图集》(1987)A1"中国的语言"图的说明里说:"中国语言的基本情况有统一和分歧两个方面。东南各省汉语方言差别很大,全国还有几十种少数民族语言。因此一般人都知道中国语言分歧的方面,忽略中国语言统一的方面。我国人民百分之九十五说汉语,使用全国统一的文字。汉语方言中最重要的官话方言,分布在长江以北和西南各省区的广大地区,……官话方言的一致性很高,通话没有困难。……本图集充分反映了中国语言统一和分歧的实际情况。本世纪推广普通话,进一步加强了语言的统一性。"这段话高度概括了中国语言的最重要特征,反映了老一辈语言学家高度的学术自觉性和政治敏锐性。

---

* 本研究得到国家科技支撑计划项目"三方工程中国语言资源有声数据库技术规范与平台研发"(2014BAK04B00)的资助,谨致谢忱!

中国语言的分歧性不用多说。中国语言的统一性需要强调。《中国语言地图集》(1987、2012)突出地反映了中国语言的统一性方面。许多汉语方言和民族语言学者也非常重视中国语言统一性的调查与研究。例如由丁邦新、孙宏开主编的《汉藏语同源词研究》(2000、2001、2004),里面很多内容是可以用来证明中国语言统一性的特征的。

本文从另外一个角度,以几个实例来观察汉语方言与民族语言之间的统一性。

一　词头"阿"

汉语方言里广泛使用名词词头"阿",或加词头"阿"构成名词或名词性成分,这都是口语里最常用的说法。从读音上说,"阿"多读作[a]或近似的其他读音,但在很多方言里却读作[ka]或近似的其他读音。就是说口语里读作词头的[a]和[ka]或近似的其他读音,都是"阿"。例如游汝杰(1993:28):

	尤溪	龙岩	阳江	梅县
喜鹊	ka^{3} tshi^{7}	a^{1} tshaʔ^{7}	a^{1} tʃhiɛk^{7}	a^{5} siak^{7}
	福州	建瓯	莆田	杭州
跳蚤	ka^{5} ʒau^{3}	ke^{3} tse^{3}	ko^{1} tsau^{3}	ko^{1} tsɔ^{3}

写成文字的时候,读[a]的就写作"阿",如"喜鹊",龙岩叫[a^{1} tshaʔ^{7}],梅县叫[a^{5} siak^{7}],文字上都写作"阿鹊";可是读[ka]或近似的[ke^{3},ko^{1}]其他读音的,调查者一时不明就里,往往写成其他字形。如"跳蚤",福州叫[ka^{5} ʒau^{3}],建瓯叫[ke^{3} tse^{3}],文字上《福州方言词典》(冯爱珍,1998)和《建瓯方言词典》(李如龙、潘渭水,1998)就都写作"虼蚤"。山西长治话"跳蚤"叫[daʔ^{54} tsɔ^{535}],写成文字也是"圪蚤"(侯精

一,1985:105)。山西等地带“圪”字头、“尕”字头的词特别多,细究起来很多都是带词头“阿”的名词。

零声母的[a]类和[k-]类读音在汉语方言里是一对很常见的变音。苏州话和梅县话是最好的说明例子。苏州话和梅县话的指示代词如下:

	苏州话	梅县话
这个	该个 kE⁵⁵ kəʔ⁰	□个 kɛ³¹ kɛ⁵¹
	哀个 E⁵⁵ kəʔ⁰	ɛ³¹ kɛ⁵¹
那个	归个 kuE⁵⁵ kəʔ⁰	□个 kɛ⁵¹ kɛ⁵¹
	弯个 uE⁵⁵ kəʔ⁰	ɛ⁵¹ kɛ⁵¹
这里	该搭 kE⁵⁵ taʔ⁰	□□ kɛ³¹ ɛ¹¹
		ɛ³¹ ɛ¹¹
那里	哀搭 E⁵⁵ taʔ⁰	□□ kɛ⁵¹ kɛ¹¹
		ɛ⁵¹ ɛ¹¹

以上苏州话据《苏州方言词典》(叶祥苓,1993),梅县话据北京大学中文系编《汉语方言词汇》(1995:557、559)。苏州话[E]与[kE]是一对变音,梅县话[ɛ]与[kɛ]也是一对变音。非常有意思的是,这种变音的对应,也见于很多少数民族语言。例如“喜鹊”的叫名(游汝杰,1993:28):

	壮语	傣语	侗语	水语	布依语
喜鹊	ka¹ ɕaːk⁷	ka¹ tsak⁹	a¹ ɕaːk⁹	qa⁰ ɕaːk⁷	a¹ jiaʔ⁷

从词汇层面上看,这里壮语等少数民族“喜鹊”的叫名,跟上文汉语方言尤溪、龙岩等地的说法完全相同,也是“阿鹊”的读音。其实,带“阿”类词头的名词,在少数民族语言里也是很常见的,而且也是零声母的[a]类和[k-]类的变音形式。以下摘录贵阳花溪甲定等地的苗话词头 qa 和 a 的例子,其中 qa 相当于汉语方言里的[ka](乐赛月,1979:203):

词义	甲定	甲浪	雅绒	高摆榜	石门坎
身体	qæ^{13} tɕæ^{13}	qa^{33} tɕe^{24}	qa^{53} tɕɛ^{13}	a^{33} tɕe^{55}	a^{33} tɕe^{55}
嘴	qə^{13} ȵtɕə^{55}	qa^{33} ȵtɕəu^{55}	qa^{53} ȵtɕu^{44}	a^{33} ȵtɕə^{53}	a^{33} ȵdʑɦau^{35}
颈	qɑ̃^{13} qɑ̃^{13}	qa^{33} qaŋ^{24}	qa^{53} qaŋ^{24}	a^{33} paŋ^{55}	
腿	qɑ^{13} pɑ^{13}	qa^{33} pa^{33}	qa^{53} pa^{55}	a^{33} pa^{33}	
骨头	qɑ̃^{13} shɑ̃^{13}	qa^{33} shaŋ^{24}	qa^{53} saŋ^{13}	a^{33} tshaŋ^{55}	a^{33} tshaɯ^{33}
皮	qə^{13} tə^{13}	qa^{33} tə^{24}	qa^{53} taɯ^{13}	a^{33} tɯ^{55}	pi^{33} tey^{33}
尾巴	qɯ^{13} tɯ^{13}	qa^{33} tu^{24}	qa^{53} tu^{13}	a^{33} tɯ^{55}	
叶子	qõ^{31} mplõ^{55}	qa^{33} mplen$^{55-13}$	(mploŋ^{44})	a^{33} mploŋ$^{53-13}$	a^{33} ndlɦau^{35}
穗子	qɑ̃^{31} n̥hɑ̃^{24}	qa^{33} l̥haŋ^{33}	qa^{53} n̥a^{55}	a^{33} l̥haŋ^{33}	a^{33} n̥aɯ^{55}
种子	qõ^{31} n̥hõ^{24}	qa^{33} len^{33}	qa^{53} nɯŋ^{55}	a^{33} nə^{33}	
镰刀	qɛ^{13} lɛ^{22}	qa^{33} læ$^{55-13}$	qa^{53} le^{44}	a^{33} len$^{53-13}$	a^{55} lie^{55}
裹腿布	qõ^{13} ɳʈhõ^{24}	qa^{33} ɳʈʂen^{33}	qa^{53} ɳʈʂhoŋ^{55}	a^{33} ɳʈʂhuŋ^{33}	a^{55} ɳʈhau^{55}

二　吴语的“官”

吴语有的方言用“官”称孩子。例如《崇明方言词典》(张惠英，1998)“小孩”都叫“小官”(声调按照实际读音标注)：

小官(小孩) ɕiɔ^{33} kue^{424}

小官头子(对小孩的轻视说法) ɕiɔ^{424} kue^{55} dɵ^{55} tsɿ

男小官(男孩) ɦȵie^{24} ɕiɔ^{33} kue^{55}

女小官(女孩) ɦȵi^{313} ɕiɔ^{33} kue^{55}

大官(丈母娘对女婿的尊称) du^{313} kue^{55}

张惠英告知，崇明话小孩叫“小官”，所以大孩子就叫“大小官”，很小的孩子就叫“小小官”，新郎官也叫“新小官”。和崇明相邻的启东、海门也有“小官”的说法(参看鲍明炜，1998：400)。

吴语有的地方把“小官”写作“小干”，这是因为吴语很多地方“官、干”同音之故。苏州、常熟、昆山、青浦就用“小干”(苏州也说“小干五”)

指小孩(赵元任,1956:110)。江阴在赵书中未见用“小干”,而在钱乃荣《当代吴语研究》第868页则也有这种说法。

吴方言的这种说法,也见于少数民族语言。云南佤族一般认为属于南亚语系的孟高棉语族。佤族表孩子的词在罗之基《佤族社会历史与文化》(1995:220—223)一书中,就用汉译音“官”或类似的“管、果恩”表示,而对照其国际音标,原来和吴语的“官/干”正相对应。例如:

	西盟县马散大寨	西盟县岳宋寨	澜沧县雪林大寨
儿子	kuan a mei(官阿妹依)	kuan tʌ mæ(管得媒)	kon si me(果恩西麦)
女儿	guan a pon(官阿布恩)	kuan tʌ bʌn(管得崩)	kon bun(果恩布恩)
侄子、侄女 外甥、外甥女	kuan(官)		孙子 kon sau(果恩扫)
孙子、孙女 外孙、外孙女	kuan sai(官赛)		孙女kon sau bun(果恩扫布恩)

以上三个地方[kuan (guan)]和[kon]读音略有不同,反映了佤语方音的差别。记录少数民族语言不用汉字,这里是依音写汉字,所以[kuan (guan)]分别写作“官”和“管”,[kon]就写作“果恩”。实际上都是吴语的“官/干”。

佤语的[kɔ̱n]也用作名词的词头,来表示小称或尊称。据颜其香等(1995:387),摘引例子如下:

tɔ̱k 敲	kɔ̱n tɔ̱k 木槌	mian 拉祜族	kɔ̱n mian 拉祜族(尊称)
sim 鸟	kɔ̱n sim 小鸟儿	pa̱ rauk 佤族	kɔ̱n rauk 佤族
kra̱u̱ʔ 芋头	kɔ̱n kra̱u̱ʔ 芋儿	pui 人	kɔ̱n pui 人们
ŋa̱i̱ 眼睛	kɔ̱n ŋa̱i̱ 瞳孔		

其实,用小称或尊称的音节或字样做词缀,是汉语以及少数民族语言里常用的构词手段。类似的例子如临高话用Be(伯)或Ong-Be(翁伯)、藏语用bod pa(伯爸)、缅语用ba ma(爸妈)、彝语用su(叟)、仡佬仫佬老挝用lao(老)、泰语用Tai(大)做尊称,可能都来自汉语对尊者、长者的称呼。

欧阳觉亚等《京语简志》(1984)指出京语“具有汉藏语系语言的共同特点”,还说“京语壮洞语族诸语言相同或相近的特点就更多”。据欧阳觉亚等(1984:134)的记录,京语称孩子也叫[kɔn^{1}],儿童叫[tɛ^{3} kɔn^{1}],还可以用来称子女一辈,例如“kɔn^{1} jaːɪ 儿子 | kɔn^{1} ɣaːi 女儿 | kɔn^{1} jəu^{1}儿媳 | kɔn^{1} je^{3}女婿”,跟崇明一带的汉语方言“官/干”的用法完全相同。其实,京语[kɔn^{1}]作为词缀,具有更加广泛的用法:

(1)表示某种身份、职业的人,相当于汉语的“子”尾。例如:

kɔn^{1} buən^{1}贩子　　kɔn^{1} nuəi^{1}丫头　　kɔn^{1} haːt^{7}歌女,戏子
子　贩卖　　子　养　　子　唱

(2)用作词头、词尾,表示幼小、细小。例如:

vit^{1} kɔn^{1}小鸭子　ɣa^{2} kɔn^{1}小鸡儿　tsim^{1} kɔn^{1}小鸟儿　bɔŋ^{5} kɔn^{1}小球儿
鸭　子　　鸡　子　　鸟　子　　球　子

(3)也可用作动物名词的词头。例如(据欧阳觉亚等,1984:129—130):

kɔn^{1} tsɔ^{5}狗	kɔn^{1} hum^{2}虎	kɔn^{1} ɣəu^{5}熊	kɔn^{1} moː^{2}蚱蜢
kɔn^{1} tsuət^{8}老鼠	kɔn^{1} ɣa^{2} duk^{8}公鸡	kɔn^{1} ɣa^{2} na^{2}母鸡	kɔn^{1} kiən^{5}蚂蚁
kɔn^{1} vit^{1}鸭子	kɔn^{1} bo^{1} kəu^{1}鸽子	kɔn^{1} kat^{7}老鹰	kɔn^{1} jet^{7}蜈蚣
kɔn^{1} kwa^{6}乌鸦	kɔn^{1} ȵaːn^{6}燕子	kɔn^{1} jəːi^{1}蝙蝠	kɔn^{1} bɔ^{6}蚊子
kɔn^{1} ŋwɛ^{5}青蛙	kɔn^{1} juək^{7}章鱼	kɔn^{1} jui^{1}龟	kɔn^{1} jun^{1} dət^{7}蚯蚓
kɔn^{1} kuə^{1}青蟹	kɔn^{1} ɣɛ^{6}花蟹	kɔn^{1} thaːm^{1}鲎	kɔn^{1} jɔi^{2}蛆
kɔn^{1} jon^{2}海马	kɔn^{1} jan^{5}蛇	kɔn^{1} jaːn^{5}蟑螂	kɔn^{1} bɔ^{6} tsɔ^{5}跳蚤
kɔn^{1} dəm^{5} dəm^{5}萤火虫	kɔn^{1} khi^{3}猴子	kɔn^{1} hiəu^{1}麂子	kɔn^{1} diə^{3}水蚂蝗
kɔn^{1} te^{1} te^{1}穿山甲	kɔn^{1} əŋ^{1}蜜蜂	kɔn^{1} əŋ^{1} vaːŋ^{2}黄蜂	kɔn^{1} jep^{8}臭虫
kɔn^{1} bɯən^{5} bɯən^{5}蝴蝶	kɔn^{1} tsuən^{2} tsuən^{2}蜻蜓	kɔn^{1} ken^{1} kɛt^{7}蟋蟀	kɔn^{1} jen^{6}蜘蛛
kɔn^{1} jan^{2}虱子	kɔn^{1} kiən^{5} taŋ^{5}白蚁		

颜其香、周植志在《中国孟高棉语族语言与南亚语系》(1995:37、70)提供了很多相当于汉语的“儿”在南亚语系中的读音。从这些读音来看,都跟吴语的“官/干”有密切关系。例如:

越南北部	kɔn	苏伊语	kɔɔn	孟语	kɔn	斯汀语	kɔɔn
越南南部	kɔŋ	布鲁语	kɔɔn	乔崩语	kuan	坦普温语	kɔɔn
芒语	kɔn	阿拉克语	kɔɔn	辛语	khwan	仲语	kheen
柬埔寨语	koun	罗文语	kuan	库伊语	kɔɔn	比尔语	khen
拉佤语	kuən	布劳语	kuan	格木语	kɔɔn	巴琉语(徕语)	qoːn

三　名量结构组成名词

刘剑三《临高语话语材料集》(2009)第 26 页有两个值得注意的用例：

mo^{1} hu^{2} van^{2} ŋut^{9} ŋut^{9}，bit^{7} hu^{2} van^{2} hat^{9} hat^{9}。

猪 个 叫 呜 呜 鸭 个 思 哑 哑

(猪"呜呜"地叫，鸭子"哑哑"地叫。引者按："思"似失校，应为"叫"。)

sia^{1} hu^{2} hə^{3} ut^{9} tsiu^{4} tsu^{4} kua^{3} bɔi^{1} vɔ^{3}。

车 部 一 呜 下子 就 过 去 了

(车子"呜"的一声过去了。)

例中"猪个(猪)、鸭个(鸭)、车部(车子)"，都是名量结构作名词。这种名量结构的构词方式，显然和汉语的"纸张、船只、牲口、车辆、布匹"等构词方式一致。但临高话口语中这种名量结构的高频使用，以及多样性的名量组合，却成了罕见而可观的特色。例如(据刘剑三《临高语话语材料集》，下同)：

(一)以通用量词 mɔʔ^{8}、hu^{2}、na^{3}等构成名量结构名词

天个：xu^{2} kuŋ^{1} nə^{4} vən^{2} hə^{3}，fa^{3} mɔʔ^{8} e^{2} lun^{3} tsiŋ^{3} vəi^{2} jɔu^{3}。

求 公 那 天 一 天 个 还 热 像 火 在 (40 页)

(求神那天，天还热得像火烧。)

庙个：bək^{7} tiŋ^{3} na^{4} lip^{8} miu^{4} mɔʔ^{8} lɔu^{4}。

百 姓 才 立 庙 个 进去 (42 页)

（老百姓才给他立了个庙。）

腰个：daʔ^{8} lɔu^{3} mɔʔ^{8} ui^{2}。

直　腰　个　起来　（44 页）

（直起腰来。）

良心个：tsiaŋ^{3} fam^{2}liaŋ^{2} tim^{1} mɔʔ^{8} mai^{2}。

张　范　良　心　个　好　（55 页）

（张范心地好。）

心个：huŋ^{1} diŋ^{2} xaŋ^{3} tim^{1}mɔʔ^{8} tiaŋ^{3}。

洪　定　康　心　个　想　（55 页）

（洪定康心里想。）

狗只：lək^{8} dəu^{2} ti^{4} ma^{1} hu^{2} vɔi^{3}，……

孩子　咱　是　狗　只　了　（59 页）

（咱孩子是狗了，……）

类似的名量结构名词还有"老汉个 be^{2} lau^{4} hu^{2}｜风筝只 jiu^{4} hu^{2} kə^{2}｜人个 leŋ^{1} hun^{2}na^{3}｜人家个 van^{4} na^{3}"，等等。

（二）以专用量词"对 dəi^{3}、舶 hau^{1}、匹 fit^{8}、条 hiu^{2}"等构成名量结构名词

筷子对：səu^{4} dəi^{3} kə^{2} ka^{3}dak^{7} fiaŋ^{2}

筷子　对　它　已　折　边　（245 页）

（筷子已断一只）

船舶：lua^{2}hau^{1} kə^{2} ka^{3} dak^{7} ha^{4}

船　舶　它　已　折　舵　（245 页）

（船儿舵已折）

弓匹：ȵɔ^{2}fit^{8}kə^{2} ka^{3} dak^{7} ləm^{4}

弓　匹　它　已　折　箭　（245 页）

（弓箭已折断）

裤条：xo^3 hiu^2 du^2 ka^1 hun^4 $daŋ^4$

裤 条 都 已 断 筒 （246 页）

（裤子都已断筒）

类似的名量结构名词还有“树枝 dun^3 kam^4 | 草棵 $bɔt^7$ tso^4 | 石堆 din^2 $boʔ^8$ | 床张 $taŋ^2$ $tsiaŋ^1$”，等等。

（三）以助词兼量词 $kə^3$ 构成名量结构的名词

兵（助）：$biŋ^1$ $kə^3$ $siaŋ^2$ $siaŋ^2$ $loŋ^2$ $vɔ^3$ $kiau^3$ $jiau^3$ bek^7 $tiŋ$

兵（助）常 常 下 村 搅 扰 百 姓 （48 页）

（官兵们常常到乡下去搅扰百姓）

人（助）：$tə^3$ $leŋ^1$ hun^2 $kə^3$ $maŋ^2$ tim^1 han^3 $vɔi^3$

使 人 （助） 怕 心 撼动 了 （48 页）

（让人心悸胆跳）

船的：tsu^4 $tsiaŋ^1$ lua^1 $kə^3$ tso^1 in^2 in^1 $loŋ^2$ mia^2

就 将 船 的 租 完 完 下 来 （80 页）

（就把船全部租下来）

钱的：$mə^2$ fai^4 sin^2 $kə^3$ $liau^4$ $ən^1$ $nən^3$ huk^7 ki^3 kai^3

你 败 钱 的 多 这 么 做 什 么 （80 页）

（你费这么多钱干吗）

在临高话中，这种名量结构大量存在。我们把这些频频见到的名量结构看作是语流中出现的现象，因为在临高话的词典或论著中，都没有相关叙述或记录。

四 结语

以上所举的三个例子，涉及汉语方言与少数民族语言在语音、词汇和语法（构词法）方面的联系。我在其他会议的发言也曾经说到南方汉语方言普遍使用的第三人称代词“渠”、助词“个”与一些少数民族语言有着密切的关系。在讨论语言接触的时候，我还举出很多实例，讨论过西宁方言跟藏语、土族语等少数民族语言的接触和融合。其他很多学者举出过更多这样的例子。其实类似的例子很多，几乎俯拾皆是。这些例证有力地说明了中国语言统一性的特征。当然，中国语言统一性的特征也可以从其他方面得到有力的论证。

正在进行中的“中国语言资源保护工程”包含了汉语方言和少数民族语言两个方面，它给汉语方言和少数民族语言的调查研究提供了充分合作的极好平台。这个保护工程的调查研究应该同时表现中国语言分歧性和统一性的本质，尤其需要重视表现统一性的特征。这需要从顶层设计着手。例如在设计少数民族语言调查手册的时候，它的词汇表应该尽可能包括《汉语方言调查手册》的 1200 个词语条目，它的语法调查例句应该尽可能包括《汉语方言调查手册》里的 50 个句子。因为这些词语条目所反映的事物概念，这些句子所反映的表达类型，中国境内的汉语方言和少数民族语言具有非常大的共同性。事物概念和表达类型的共同性是不同语言之间统一性的前提。

我在多个场合里论证汉语方言与少数民族语言的密切关系，并不是要忽视少数民族语言的特殊性，更不是要抹杀中国语言的分歧性。我们大家都知道少数民族语言的特殊性和中国语言的分歧性，可是我们不能夸大这种分歧性，不能用中国语言的分歧性掩盖中国语言的统一性，否则我们就要上当。关于这一点我们有很多教训。

例如，在早期的闽语研究中，有学者不适当地夸大了闽语的特殊性，以至于在一段时间里频频出现所谓“切韵”系统管不住闽语的说法，其实这是严重违背闽语的语言事实的。还有一件事情大家可能记忆犹新。20 多年前有人无限放大粤语的特殊性，主张粤语不是汉语的方言，是一种独立的语言。大家非常明白这种主张的危害性是什么。另一件事情很多人也不会忘记。就在若干年前，有国外学者从斯瓦迪士(M. Swadesh)200个“基础词”里提取出50个字词，而且仅仅根据这50个字词，就要把汉语从汉藏语系里排除出去，并把汉语并入南岛语系。这种把汉藏语系空壳化，把汉语无主化的主张还颇有几个人响应。想一想都让人不寒而栗。

我们相信上面的例子都是学术领域里的事情。它提醒我们，研究中国语言的学者，要时刻关注中国的少数民族语言。调查研究汉语方言的学者，也要调查研究少数民族语言。做比较研究的时候，要做汉语方言本身的比较，也要做汉语方言与少数民族语言的比较。笼统的“底层说”不能解决问题。

这里还要推荐大家读一读《中国社会科学报》2015年7月7日头版头条的一篇重要文章《“新清史”背后的学风问题》。文章严肃地批评了美国“新清史”学派的三个重要观点，其中一个就是所谓“使用满语和其他少数民族语言的重要性”。它让我们确确实实看到语言问题的重要性。

参考文献

鲍明炜 1998 《江苏省志·方言志》，南京大学出版社。

北京大学中文系编 1995 《汉语方言词汇》(第二版)，语文出版社。

丁邦新、孙宏开主编 2000 《汉藏语同源词研究》(一)，广西民族出版社。

丁邦新、孙宏开主编 2001 《汉藏语同源词研究》(二)，广西民族出版社。

丁邦新、孙宏开主编 2004 《汉藏语同源词研究》(三)，广西民族出版社。

冯爱珍 1998 《福州方言词典》，江苏教育出版社。

侯精一 1985 《长治方言志》，语文出版社。

乐赛月 1979 贵阳花溪区甲定苗语的前加成分，《民族语文》第3期。

李如龙、潘渭水 1998 《建瓯方言词典》，江苏教育出版社。

刘剑三 2009 《临高语话语材料集》，中央民族大学出版社。

罗之基 1995 《佤族社会历史与文化》,中央民族大学出版社。
欧阳觉亚等 1984 《京语简志》,民族出版社。
钱乃荣 1992 《当代吴语研究》,上海教育出版社。
颜其香、周植志 1995 《中国孟高棉语族语言与南亚语系》,中央民族大学出版社。
叶祥苓 1993 《苏州方言词典》,江苏教育出版社。
游汝杰 1993 《中国文化语言学引论》,高等教育出版社。
张惠英 1998 《崇明方言词典》,江苏教育出版社。
赵元任 1956 《现代吴语的研究》,科学出版社。
中国社会科学院与澳大利亚人文科学院合编 1987 《中国语言地图集》,香港朗文[远东]出版有限公司。
中国社会科学院语言研究所等 2012 《中国语言地图集》(第 2 版),商务印书馆。

语言资源保持类型与数据采集层次*
——以北方民族语言为例

丁石庆

中央民族大学中国少数民族语言资源保护研究中心

一 北方民族语言概述

中国北方民族主要分布于黑龙江、吉林、辽宁、内蒙古、甘肃、青海、新疆等7个省区所辖的广阔地域，中国北方20个少数民族的人口数量如下（据全国第六次人口普查数据，按人口数量多少排序）：1.满族：10387958人；2.维吾尔族：10069346人；3.蒙古族：5981840人；4.朝鲜族：1830929人；5.哈萨克族：1462588人；6.东乡族：621500人；7.土族：289565人；8.锡伯族：190481人；9.柯尔克孜族：186708人；10.达斡尔族：131992人；11.撒拉族：130607人；12.塔吉克族：51069人；13.鄂温克族：30875人；14.保安族：20074人；15.俄罗斯族：15393人；16.裕固族：14378人；17.乌孜别克族：10569人；18.鄂伦春族：8659人；19.赫哲族：5354人；20.塔塔尔族：3556人。

* 本文系中国语言资源保护工程专项任务“北方民族语言调查项目管理”（YB1508B009）、国家社科基金重点项目“中国北方人口较少民族语言资源保护的理论与实践研究”（15AYY012）、中央民族大学学术团队建设项目“中国北方无文字民族语言保持与可持续发展机制研究”（2015MDTD14B）阶段性调查研究成果。

根据学界近期的调查研究成果，中国北方20个少数民族使用的语言中包括阿尔泰语系20种，其中突厥语族语言8种，蒙古语族语言6种，满—通古斯语族语言5种，印欧语系两种；另有朝鲜语待定语系（语族）。以上语言中含跨境语言10种，学界初步认定的濒危语言9种。此外，新发现语言6种。北方各民族语言及方言分布情况如下：

(1)突厥语族语言

维吾尔语：中心方言、和田方言、罗布泊方言

哈萨克语：东北方言、西南方言

柯尔克孜语：北部方言、南部方言、东北方言

塔塔尔语：新疆伊犁

乌兹别克语：新疆伊犁

图瓦语：新疆阿尔泰

撒拉语：青海街子方言、青海孟达方言、新疆伊宁方言

西部裕固语：甘肃肃南大河方言、甘肃肃南明花方言

(2)蒙古语族语言

蒙古语：东部方言、中部方言、西部方言

达斡尔语：布特哈方言、齐齐哈尔方言、新疆方言、海拉尔方言

东部裕固语：甘肃肃南康乐方言、甘肃肃南青龙方言

土族语：青海互助方言、青海民和方言

东乡语：青海方言、甘肃方言、新疆方言、宁夏方言

保安语：甘肃临夏方言、青海同仁方言

(3)满—通古斯语族语言

满语：黑龙江及嫩江沿岸偏僻村屯

锡伯语：新疆察布查尔等县、市

鄂温克语：海拉尔方言、敖鲁古雅方言、陈巴尔虎方言

鄂伦春语：大兴安岭方言、小兴安岭方言

赫哲语:黑龙江

(4)印欧语系语言

伊朗语族塔吉克语:瓦罕方言、色勒库尔方言

斯拉夫语族俄罗斯语:内蒙古额尔古纳方言、新疆方言

(5)新发现语言:五屯话(青海)、康家语(青海)、倒话(青海)、唐汪话(甘肃)、河州话(甘肃)、艾奴语(新疆)、图尔克语(新疆)

以上语言中,哈萨克语、柯尔克孜语、塔塔尔语、乌兹别克语、图瓦语、蒙古语、鄂温克语、鄂伦春语、赫哲语、塔吉克语、俄罗斯语为跨境语言;满语、鄂伦春语、图瓦语、赫哲语、俄罗斯语、保安语、西部裕固语、东部裕固语、鄂温克语敖鲁古雅方言为濒危语言或方言。

此外需要说明的是,裕固族使用的东部裕固语和西部裕固语分属蒙古语族和突厥语族,在阿尔泰地区哈巴河县居住的部分蒙古族使用突厥语族的图瓦语。此外,居住于黑龙江省富裕县的部分柯尔克孜族使用近似于突厥语族的哈卡斯语,居住于新疆北疆的部分乌孜别克族使用叫作"土尔克"的语言,但这两种语言国内学界还未最后认定。以上 20 个北方民族中有 9 个民族信仰伊斯兰教,分别是:维吾尔族、哈萨克族、东乡族、柯尔克孜族、撒拉族、塔吉克族、保安族、乌孜别克族、塔塔尔族。

二　北方民族语言资源保持类型

2.1　北方民族语言资源保持类型划分

语言资源类型与语言保持状态及语言活力有密切关系。梳理与整合学界相关研究文献尤其是近期研究成果,可以看到语言资源类型的专题研究成果较少,部分涉及该论题的著述也多少有一点偏差。陈章太(2008)将我国的语言资源分为超强势语言资源、强势语言资源、弱势

语言资源、超弱势语言资源、语言活力没有和已经消亡但仍有一定价值的语言资源等五种类型。陈先生的类型划分基本合理，但每种类型中少数民族语言的具体数量及语种有待商榷。孙宏开（2006）和李锦芳（2015）根据中国少数民族语言活力及濒危状态进行排序的个别北方民族语言的归类也似有讨论空间。结合笔者近年来在北方民族地区的各类语言专题调研中的阶段性成果及实地调查所获认识（丁石庆，2015），我们认为，黄行（2001）对中国少数民族语言综合活力的评估及排序有很重要的参考价值。该书中对北方少数民族的 20 种语言活力排序及具体统计数据如下：维吾尔语（287.23）、蒙古语（265.76）、哈萨克语（242.15）、朝鲜语（224.65）、柯尔克孜语（141.04）、锡伯语（132.26）、土族语（37.23）、达斡尔语（27.29）、满语（17.28）、鄂温克语（15.84）、撒拉语（14.10）、西部裕固语（13.56）、赫哲语（9.60）、塔吉克语（9.59）、东乡语（9.18）、鄂伦春语（8.24）、保安语（4.62）、塔塔尔语（2.00）、乌孜别克语（2.00）、图瓦语（0.78）。参考该书中的各类指标数据，并根据实际情况予以微调后，我们对北方少数民族语言资源的类型大致划分如下：

A 类：维吾尔语、蒙古语、哈萨克语、朝鲜语

B 类：柯尔克孜语、锡伯语

C 类：土族语、达斡尔语、撒拉语、东乡语

D 类：塔吉克语、鄂温克语、西部裕固语、东部裕固语 ①

E 类：鄂伦春语、保安语、图瓦语、塔塔尔语、乌孜别克语、赫哲语

F 类：满语、俄罗斯语 ②

笔者认为，经调整后的以上排序可能更符合北方少数民族语言资

① 东部裕固语在该书中未列入综合活力的排序，但根据其他相关语言活力的数据统计，该语言一般排在西部裕固语之后或接近的序列中。

② 俄罗斯语的综合活力也未排在表中，根据我们的调查，该语言同样处于濒危状态。参见白萍（2011）。

源保持的实际情况。其中，A 类是我国北方四个拥有百万人口以上民族的语言，有文字传统及大量本民族文字出版物，有母语媒体传播体系，有从小学到大学的系列教育资源优势。其中，维吾尔语拥有区级，其他三个民族拥有州级行政管理体系。由于以上各种优势，这几种语言充满活力，且语言资源保持与发展态势较好，可划分为完整保持型。B 类属于我国两个人口较少民族的语言，均有文字体系和本民族文字出版物，也在一定范围内施行民汉双语教育制度。其中，柯尔克孜语还拥有州级自治行政机构体系、区级母语媒体传播体系，且属跨境民族的语言，但因国内人口较少，语言和文字适用范围无法与 A 类语言相比。新疆察布查尔县是全国唯一的锡伯自治县，该县内居住的锡伯族均可操用锡伯语，也曾实施锡汉双语教育制度，但因诸多因素锡伯语和锡伯文的使用范围有限，加之近些年来锡伯语使用人口下降，教授双语的学校极度萎缩，语言和文字的使用情况明显不如 A 类语言。尽管如此，柯尔克孜语和锡伯语均因文字优势而仍在一定程度上保持活力，语言资源保持态势良好，属局部完整保持型。C 类是人口数量在 10 万以上民族的语言。除东乡语外，其余三种均属人口较少民族的语言，均拥有县级自治行政机构体系，作为辖区内或聚居区内的主体民族语言，在家庭、社区等场合使用频率较高，甚至还拥有一批母语单语人。但由于无传统文字和真正意义上的民汉双语教育体系，语言活力明显降低，熟练使用母语的多为中老年人群，甚至在一定程度上显露出代际传承危机，语言资源保持态势一般，可归为局部缺失型。D 类是人口数量在 5 万以下的几个人口较少民族的语言。其中，塔吉克语和鄂温克语属于跨境语言，后两种语言是裕固族内两个不同的群体使用的语言。因人口数量较少，且居住相对较为分散，即使在聚居区内的母语社区环境亦相对较差，母语的代际传承已经出现危机，转用汉语或周边少数民族语言的现象较为普遍，整体语言资源保持态势不好，可视为局部濒危型。

E类是人口数量在2万以下的人口较少民族的语言，大多属跨境语言（除保安语外）和活力较差的濒危语言。因人口稀少，族际婚姻家庭普遍，导致家庭母语传承环境受到一定破坏，母语人群普遍老龄化，母语代际传承危机较为严重，转用汉语或周边少数民族语言的现象非常普遍，语言资源保持态势较差，可暂定为濒危型。F类中的两种语言属特殊类型。满语的历史与现状已为众人所熟知，而俄罗斯语的情况则因各种因素在很长一段时间没有得到各方面应有的关注，甚至一直"被"学界遗忘。近年来，随着学界对俄罗斯族的关注，俄罗斯语的诸多极富个性的特点得到了挖掘、梳理。综合笔者近年来对我国唯一的俄罗斯民族乡——内蒙古额尔古纳市室韦俄罗斯民族乡开展田野调查所得的材料，内蒙古室韦乡的俄罗斯族及华俄后裔的俄语使用群体基本上限于70岁以上的人群，较为规范使用的人群的年龄为80岁以上，使用范围仅限于部分家庭和极少的社区环境。这种语言传承断代及极度濒危现象主要受历史政治、俄汉通婚以及经济发展环境和当地教育条件等多元因素影响所致（丁石庆，2015）。新疆俄罗斯族的语言整体保持状态虽好于内蒙古的俄罗斯语，但也因受多重因素影响导致出现语言变异（白萍，2014）。

2.2 北方人口较少民族语言资源保持态势

近年来，我们在北方部分人口较少民族中展开了语言现状及语言资源保持态势的专题调研（参见丁石庆，2014），调研的范围主要集中在北方人口较少民族的聚居区，且以民族人口比例相对较大的居住区域为重点。在这些地方均有许多主要以母语为交际工具的个体，他们自幼生活在这个环境里，绝大多数是农民或牧民等，以中老年居多，其中也不乏母语单语型人群。此类人群可分为60岁以上无教育背景的老人、40岁以上虽有教育背景但因各种因素导致"复盲"的人群及部分学龄前儿童等三类。他们的母语习得时间和习得途径都很一致，即基本上是自小由长辈口耳相传，并在母语交际环境中经常使用而逐渐自然获得的。在北方人口较少民族的聚居村落都不同程度地存在着兼用本民族语言和其他兄弟民族语言尤其是汉语的人群。兼用型人群都能够不同程度地在不同语言之间进行语码转换，但因两种语言熟悉程度不同而以更熟练的一种语言为思维语言，在语码选择的深度和自由度上可能由于自己的语言能力也有所不同。分布于新疆境内的锡伯族、达斡尔族等民族更是熟练掌握两种以上的多种语言甚至多种文字，享有"翻译民族"的美誉。此外，北方人口较少民族聚居区尤其是村落范围内还存在着许多母语氛围较为浓厚的家庭和社区环境，母语人群绝大多数表现出对母语的强烈认同感，体现在自己坚持使用母语，并要求子女和交际对象使用双语交流。他们对母语的使用多数基于较为朴素的母语忠诚、母语感情及对本民族语言保持的历史责任感和使命感。

综上，据所获得的相关语言调查材料综合分析，北方人口较少民族的语言使用现状较为复杂，不仅不同民族之间的语言使用情况有所不同，即使是同一民族内部，也因不同方言区、不同居住格局等而存在一定程度的交叉重叠和不平衡现象，甚至不同年龄、不同职业、不同文化程度的母语人之间也存在一定差异。但从整体上我们可以看到，北方较小民族母语现状不尽相同，语言资源保持模式有别，他们以各种不同的理念和模式对自己民族的传统文化和语言资源进行着传承甚至自发或本能的保护工作。

与上述相对的另一个更为普遍的问题是：北方人口较少民族的母语都存在程度不同的衰变。具体体现在以下几个方面：其一，母语传承途径单一。调查数据显示，北方人口较少民族母语使用者的母语习得时间和习得途径基本一致，大多表现为自小由长辈口耳相传。没有传统文字、也未在学校实行母语文教育的达斡尔、撒拉、鄂温克、鄂伦春、保安等民族的母语人的语言习得途径大多是靠在家庭环境中长辈的口耳相传，语言习得途径相对单一，这对他们的母语的强化十分不利。其二，母语个体数量的比例锐减。调查材料显示，在北方人口较少民族中熟练掌握母语人的数量出现了大幅度减少的现象，且母语个体的老龄化趋势明显。其三，家庭母语环境缺失。北方人口较少民族母语代际传承断层现象极为普遍。其原因很多。一方面是操不同民族语言的配偶组成的家庭数量的增加，导致了母语家庭母语环境的丧失，尤其是在鄂伦春族、俄罗斯族、保安族等人口稀少的民族更为常见。另一方面可能与居住格局相关，如在达斡尔、锡伯、撒拉、鄂温克等民族的散杂居区，即使是同一民族组成的家庭环境也因各种因素出现了母语使用频度减少或逐渐萎缩的态势。随着代际间的逐渐递降，母语的使用频率逐渐由高趋低；而汉语的使用则与之正好相反，年轻一辈普遍发生了或转用汉语或转用其他当地主体民族语言的现象。其四，社区母语强化环境弱化。调查数据显示，由于人口数量的不同，达斡尔、锡伯、撒拉等几个民族相对于其他几个民族来说语言保持状态相对要好。而鄂伦春、俄罗斯、保安等几个民族聚居区的社区母语环境具有显著的年龄层次特征。母语个体仅在社区范围内见面时彼此问候、聊天等场合才使用母语。以上因素逐渐导致了北方人口较少民族的语言功能发生衰变。其结果表现为：对许多耳熟能详的常用词汇的第一反应速度变慢；许多常用词语已淡出母语群体的记忆（丁石庆，2009：第五章第五节）；语言结构发生变异等现象（白萍，2011）。

综上，北方人口较少民族因诸多因素导致的彼此间语言资源传承和保持类型上的明显差异，应视为我们在语言资源保护工作中须重视并进行区别性研究的重要内容之一。

三 语言资源数据采集实践中的问题

北方民族语言大多属于阿尔泰语系，具有严整的黏着语类型语言特点，而属于印欧语系的塔吉克语和俄罗斯语也有其显著的屈折语类型语言特征，和汉语及其方言具有明显的不同。这在我们前期的调查方案及语言调查手册的设计与制订中已有深切的感受，而在后续的北方民族语言实地调查与数据采集实践中更得到了证实。以下结合具体工作实践略述一二。

3.1 1200条固定词汇在实地调查和数据采集实践中的问题

在我们的调查手册中，以《汉语方言调查手册》为蓝本的1200条固定词汇系我国各少数民族语言均需调查和采集的语料之一，但实地调查和数据采集实践中却遇到了许多具体问题。

1. 量词。北方大多数少数民族语言中均无专门的量词，汉语的许多量词多用数词"一"表示。以达斡尔语新疆方言为例，序列号为1085—1118及1121共计35条词语中，除了"双"外，一般都用数词"nək"（义：一）来表示。①

1085	个	nək	1097	领	nək	1109	条	nək
1086	匹	nək	1098	双	dʒuːr	1110	条	nək
1087	头	nək	1099	把	nək	1111	棵	nək
1088	头	nək	1100	把	nək	1112	朵	nək
1089	只	nək	1101	根	nək	1113	颗	nək
1090	只	nək	1102	支	nək	1114	粒	nək
1091	只	nək	1103	副	nək	1115	顿	nək

① 达斡尔语齐齐哈尔方言、保安语、撒拉语新疆方言、维吾尔语中心方言、哈萨克语等相关语言的数据采集也都基本接近或相同。

1092	条	nək	1104	面	nək	1116	剂	nək
1093	条	nək	1105	块	nək	1117	股	nək
1094	张	nək	1106	辆	nək	1118	行	nək
1095	张	nək	1107	座	nək	1121	件	nək
1096	床	nək	1108	座	nək			

2. 某些汉语特色词汇。如食品类、节气类、水果类、蔬菜类名称一般在达斡尔语新疆方言中或无，或为汉语借词和仿译词。

0101	清明	xanʂj	0103	七月十五	无	0105	冬至	无
0102	端午	无	0104	中秋	无	0106	腊月	无

0393	馒头	mantw	0397	馅儿	ʃuanz	0401	元宵	无
0394	包子	baoz	0398	油条	无	0402	粽子	无
0395	饺子	boz	0399	豆浆	无	0403	年糕	无
0396	馄饨	xunton	0400	豆腐脑	无	0404	点心	无

0165	橘子	dʒuiz	0170	栗子	liz
0166	柚子	无	0172	银杏	无
0167	柿子	ʂəːz	0173	甘蔗	dazun muz

0198	菠菜	bəːtsai	0206	洋葱	pijaz	0214	南瓜	woːgəː
0199	芹菜	tʃin tsai	0207	辣椒	tʃundʒo	0215	荸荠	无
0200	莴笋	wosun	0208	茄子	tʃəːz	0216	红薯	digua
0201	韭菜	qaler nuɣa	0209	西红柿	jaʂəz	0217	马铃薯	janjoː
0202	香菜	anti nuɣa	0210	萝卜	loːb	0218	芋头	无
0203	葱	əl	0211	胡萝卜	qoloːb	0219	山药	无
0204	蒜	suanda	0212	黄瓜	moːd kənk	0220	藕	无
0205	姜	dʒiaŋ	0213	丝瓜	无			

据查阅，以上共近百条词汇在北方其他民族语言中或直接采用汉

语借词的形式，或没有相应的表现形式，从数据采集的信息量上来说价值不大。

此外，我们在实地调研和数据采集过程中还发现，某些动物词汇与人体生理方面的词汇，在某些信仰伊斯兰教的民族中属于较为敏感的禁忌词汇。同时它们在北方许多不信仰伊斯兰教的民族中也基本不常用。例如：

0267	猪	gɑgj
0268	种猪	xɑu gɑgj
0269	公猪	tɑmən gɑgj
0270	母猪	məgdʒiː
0271	猪崽	dʒɑldʒig
0272	猪圈	gɑgi xorj
0273	养猪	gɑg tədʒbəi
0408	猪血	gɑɣi tʃoz
0409	猪蹄	gɑɣi toroː
0410	猪舌头	gɑɣi xəl
0411	猪肝	gɑɣi xələg

3.2　1800 条扩展词在实地调查和数据采集实践中的问题

在北方民族语言资源保护专项任务实施中，除了朝鲜语和俄罗斯语外，其他语言均按照语族设定 1800 条扩展词表。[①] 阿尔泰语系三个语族的扩展词大约一半以上是相同的。在实地调查和数据采集中，我们发现了以下几个问题。

1. 没有兼顾到虽为一个语系同一个语族的语言，但由于物质、制度、文化等背景的差异而导致的词汇差异。如同属阿尔泰语系突厥语族的哈萨克语、柯尔克孜语是长期从事游牧生产的民族的语言，许多常

① 塔吉克语以突厥语族的调查手册进行调查和数据采集。

用词语反映了游牧文化背景，与同为突厥语族的维吾尔语、撒拉语等长期从事农耕生产的民族的语言有明显不同。与此同时，属于蒙古语族的蒙古语虽与同一语族的其他语言在许多方面有差异，但却与哈萨克族、柯尔克孜族等民族的语言有很多共性。因此，这种按照语族来进行调查和数据采集的方案需要进行重新讨论。

2. 扩展词不同义类的词汇在量上明显不平衡，义类划分上也存在细疏不当等问题。例如：生育、生长、诞生、感情、失恋、恋爱等词的语义可能太过细腻。有些词的归类、数量及排序也不尽合理，以蒙古语族语言调查手册为例，其中有关各类人物的名称多达 136 个(1962—2098)，与其他义类词条极不平衡。

3. 新词中新老借词比例不当，新借词如电视机、照相机、电脑、电话、电线、电池、手机、手表、洗衣粉、香皂、铅笔、钢笔、毛笔、圆珠笔等均为直接音译词，无太多信息价值。

4. 某些抽象词语的设定还需斟酌，例如对无文字民族来说，许多政治、文化类的抽象词语如科学、誓言、理想、圆梦等不适宜采录，如硬性采录可能会导致发音合作人直译、生造等结果。另外，对具有某种宗教信仰的民族来说，相关宗教类词语需要重点采集，但对其他民族来说同样的词汇可能就没有必要采集太多。

3.3 100 个语法调查条目在实地调查和数据采集实践中的问题

1. 北方民族语言的语法表是统一的，100 句语法条目要求每个句子仅体现一种语法要点。根据目前调查的初步结果和数据采集情况来看，对黏着性特点十分明显、语法标记比较丰富的阿尔语系语言，尤其是对屈折语特征异常鲜明的塔吉克语与俄罗斯语来说，可能有点少。这些语言中一些较为常用但更为细微的语法手段和语法范畴无法具体体现。

2. 在语法条目调研和数据采集中，还发现句子中出现的诸如“阿山”“叶山”“哈森”等突厥语族民族中常见的人名并不符合各民族的语言习惯，应允许不同民族据其语言习惯予以适当变通。

3. 句子中的某些条目设置可能不太自然或语义模糊，导致发音合作人出现套用、模仿和硬性翻译的现象。

3.4 口头文化条目在实地调查与数据采集实践中的问题

这部分的调查内容和采集方式具有很大的自由度，适应度比较高。据目前的初步结果来看，采集工作基本比较顺利，采集的内容也异常丰富多样。但其中所要求采集的各民族语言中的骂人话和禁忌词等在一些民族中也都是较为敏感和忌讳的语言成分，同样不适宜普遍采集。

另外，在某些调研点的调查需要将调查手册翻译为相应的民族语或调研点民族所熟悉的另外一种民族语，或在提示时需要同时使用多种语言进行发问，这不但给调研人员提出了新的要求，也要求手册的制订需要兼通多种语言的语言学家来参与设计和具体制作工作。

四 讨论

目前，教育部启动的少数民族语言资源保护工程是一项严肃而重大的科研项目，同时也是一项重要的政治任务，其宗旨和目标都很明确，目前所取得的成果令人振奋，但从精益求精的原则出发，我们还需要讨论一些细节问题。

1. 目前手册中的词汇表既考虑按照义类进行语料设计，同时兼顾了名词、动词、形容词、数词等具有丰富的形态变化的词类和特殊词类如量词，也有少量语气词等虚词的设计。语法表中以句子语料为主，兼顾各种语法形态。口头文化的语料中有篇章语料。这样的设计基本考虑到了所有大的语言问题。但就北方民族语言来说，可能还缺少了一些在阿尔泰语系形态较为丰富的副动词、形动词、后置词及词组语料条目的设计。另外，俄罗斯语的屈折语特征尤其是朝鲜语的混合型特征等均由于使用统一的语法调查表而打了一定的折扣。这些具有特色的语料内容可以在后续的调查研究工作中补充并完善。因此，可能需要制订具有一定弹性或补充性质的调查手册，为手册和相关调查文件包中增加少量的补充调查表格，以便统一表中缺失但又具有特色的内容的补充调查，从而弥补因语料缺少而出现的数据采集中的各种问题和缺憾。

2. 开展大规模的语言资源数据采集工作着实不易，目前语言资源保护工程所获得的音像俱全的语料无论从哪个方面讲均是空前的，在语言资源的保存、保护工作方面迈出了坚实的一大步，为语言资源的保护尤其是少数民族弱势语言和濒危语言的抢救做了一件实事。但我们不能满足于此，还应为今后的学术研究和数据库建设提供符合规范并且实用的语料。从这个角度来说，我们也需要进一步补充和完善该工程的调研和开发手段，并努力实现与声学参数数据库的专业研究语料库对接，如所收集的词汇在结构上应要求有单音节、双音节、多音节等不同类型，口头文化篇章语料的后期整理也应要求补充所有语料的描写、标注及相关分析，以满足后续各种需求。

3. 我国少数民族语言资源的分布与类型极度不平衡，即使是每个语言的不同方言也存在一定的差异。我们需要根据不同的语言资源类型建设不同的音档库，并据此整合以往的各种相关资源。这里可能还需要考虑数据库采集语料的统一性与差异性如何结合，估计目前的所有数据库都难以解决这一难题，也不可能在短期内找到一个更为科学合理的工作方案来避免之。但我们应该为实现这一工作目标而努力探索具有高度可操作性的方案。

4. 少数民族语言资源保护工程进入启动和实施期，许多方面需要依赖已经开展数年的汉语方言保护工程的资源和经验，但与汉语及方言的数据采集和建设所不同的是，中国少数民族语言资源相比汉语方言更丰富、更多样化，同时也存在着由于语言类型不同、文化背景差异而导致的更为繁复的复杂性和不平衡性，这给我们目前语言资源保护工程的工作也带来了一定的难度。中国少数民族语言资源的确存在着强势、弱势、濒危等不同的类型，但目前这样的分类还只是停留在文字层面上，无论是政府还是学界或者学者都存在认识和实际分类等操作上的分歧。学界应尽快进行相关论题的讨论，以制订科学合理的研究规划和可行的操作方案。另外，语言资源保护工程极具科技含量，目前涉及少数民族语言资源保护工程方面的顶层设计与具体调查手册初定稿的编纂，尽管有部分语言学专家的参与，但他们大多以描写与分析语料见长，对数据库技术和相关专业知识不甚熟悉。因此，急需既熟悉少数民族语言，又长期从事数据库建设工作的专家的参与，以使该项工作从一开始便健康地运行在科学的专业轨道上。

五　结语

综上，我们获得了以下几点认识：

1.中国少数民族语言的情况非常复杂，在语言资源类型上存在很大差异，在数据采集和数据库建设中显然不能采用一刀切的做法，应提供具有选择性的语料调查手册，以便不同的语言按照各自的特点进行采集工作，同时也应允许进行一定的变通。目前，应树立抢救语言为先，学术研究及保存或制作数据库为善的原则，抓紧先将所有语言尤其是濒危语言的语料予以抢救和保存，以防失传。在此基础上再考虑特色词汇数据库及话语材料的收集工作，以便为后续研究工作提供蓝本。

2.语言资源保护工程的实施，标志着以往靠口耳记录和描写分析的陈旧方法将遭淘汰，基于新的科技手段、极富时代特征的少数民族语言研究方法论将会有较大的提升和飞跃。

3. 目前无论政府还是学界都在语言资源的保护方面达成共识，并开始实施共同的计划和具体措施。但我们应该清醒地认识到，语言资源保护工程任重而道远，我们现在只是迈开了万里长征的第一步。少数民族语言学界应抓住这个千载难逢的绝佳机遇，每个参与者都应积极投入到这项伟大的事业中去，并为此努力奋斗，做出自己应有的贡献。

参考文献

白萍 2011 《内蒙古额尔古纳俄罗斯语研究》，中国社会科学出版社。

白萍 2014 《跨境俄罗斯语——新疆俄罗斯族语言研究》，中国社会科学出版社。

陈章太 2008 论语言资源，《语言文字应用》第 1 期。

丁石庆主编 2009 《莫旗达斡尔族语言现状与发展趋势》，商务印书馆。

丁石庆 2014 中国北方“七小民族”语言保持态势，载张公瑾、丁石庆主编《浑沌学与语言文化研究新思维》，中央民族大学出版社。

丁石庆 2015 《语言保持论稿》，辽宁民族出版社。

黄行 2001 《少数民族语言活力研究》，中央民族大学出版社。

李锦芳 2015 中国濒危语言认定及保护研究工作规范，《广西大学学报（哲学社会科学版）》第 3 期。

孙宏开 2006 中国少数民族语言活力排序研究，《广西民族大学学报（哲学社会科学版）》第 5 期。

中国语言资源保护中的问题意识*

刘晓海

北京语言大学语言资源高精尖创新中心

本文所说的"问题"指的是"需要研究讨论并加以解决的矛盾、疑难"。在保护中国语言资源的过程中必然会存在各种各样大大小小的问题，我们应善于发现问题，以这些问题为导向，通过科学有效的手段不断加以解决，只有这样才能最终达到保护语言资源的目的。在解决问题时，应注意如下几点：

1. 实用性。保护语言资源本身就是一种实践活动，因此其中的问题也主要是形而下的，现实性和应用性是其主要特性。在语言资源保护过程中不管我们采取什么理论、使用什么方法，最终都要能够实实在在地解决问题，必须将实用放在首位。比如，为了保护中国语言资源，除了大力进行宣传和呼吁以争取多方支持之外，还需要科学规划，制订详细的实施方案，整合力量组建团队，筹措经费汇聚资源，并严格按照时间表推进，其中的每一个环节都要有很强的可操作性。

2. 系统性。任何问题都不是孤立存在的，它们通过各种联系有机地构成一个整体，在解决每一个问题的同时要尽量兼顾其他，当有几种

* 本研究得到教育部人文社会科学研究青年基金项目(13YJC740058)、国家社科基金项目"城镇化背景下农村方言的社会分层研究——以浙江的10个村庄为例"(13AYY003)以及北京语言大学校级重大专项项目(中央高校基本科研业务专项资金资助)"城镇化进程中农村方言文化的困境与出路"(13ZDY01)的资助。

解决方案可供选择时，要优先选择与系统总目标相一致的方案。比如，在对语言资源进行多媒体调查采录过程中需要设定采录标准，而这里的标准与后期的语料整理、音像产品加工等都有直接联系。因此制订采录标准时必须统筹考虑语料整理和音像加工等环节的实际需要，选择最优方案，避免重复劳动。

3. 层级性。中国语言资源保护过程中的种种问题并非都处在同一个层面上，有些是事关全局的顶层规划问题，比如如何保证语言资源保护工作具有可持续性，哪些重点任务要先行开展；有些是在主体实施阶段的问题，比如语言资源的调查采集工作应如何根据调查内容进行分工，具体分解到哪些项目上；还有些是底层的细节性问题，比如用于语言调查的录音软件的某些具体功能如何实现；等等。

4. 时序性。需要解决的问题在时间顺序上有不同的优先级，这里有两种情况：一是问题的重要性决定其优先级，例如在语言资源调查采集时，如果其他条件相同应优先调查采集濒危程度高的语言和方言；二是某些问题属于工作流程中的关键节点，只有在完成这些节点的任务之后才能顺利开展其他任务（包括更重要的任务），例如，在进行语言资源调查采集时必须要先制订统一的标准和规范，不按规范采集到的数据由于内容、格式等不统一将成为无效数据，或者为后期的整理加工带来巨大的困难。

下文举例说明在中国语言资源保护不同层面如何确定并有针对性地解决一些重点问题。

一　顶层规划层面：凸显价值，构建自足生态体系

“语言是资源”“语言资源需要保护”，这些理念是在经历了不短的时间后才逐渐开始被人们所接受的，且至今仍未达到被社会大众普遍

认可的程度。究其原因,一是限于历史和社会条件,人们对保护语言资源的意义和价值认识不够,因此缺乏舆论支持;二是没有为语言资源保护事业构建一个自足的生态体系,产出与投入不匹配,无法通过内生动力不断获取资源支持。因此在顶层规划层面需要重点考虑解决上述两方面问题。

1.1 进一步凸显语言资源保护的意义和价值

关于语言资源保护的意义和价值,张普(2007)、陈章太(2008)、李如龙(2008)、曹志耘(2009)、李宇明(2011、2012)、戴庆厦(2013)、孙宏开(2013)等已进行了比较详尽地阐释。不过随着社会飞速发展,新的时代又赋予此项工作新的意义,我们应继续深度挖掘其价值,尤其要注意进行具体化和实例化,以便将此项工作如何满足社会实际需求充分展示出来。

1.1.1 提升社会信息化水平

信息化是当今社会不可逆转的发展方向,而社会信息化的基础是语言文字的信息化。人类目前已经获得的信息化成果很大程度是建立在文本编码标准化基础上的,也就是说任何人在任何计算机上基于任何操作系统使用任何输入法录入同一个通用的文本符号(例如英文字母和常用汉字)都能够被计算机认为是相同的,这为全球信息资源的互联互通奠定了基础,并为后来的信息大爆炸创造了条件。而因为语音才是人类语言最自然的表达方式,所以如果要将社会信息化水平提升到新高度,对人类语音进行标准化编码将是一个重要途径,通过让大多数人在自然状态下说的话都能被计算机识别,社会的智能化程度将极大增强。这一点通过微信、语音搜索等产品或技术的成功便可见一斑。微信上已经保存了大量的自然口语,我们如何获取、整理、分析、加工,如何检测等都是需要研究的问题。对语言资源进行采集、加工、分析将为语音编码标准化打下坚实的基础,以语音识别技术为例,目前以苹果、谷歌、百度、科大讯飞等为代表的科技公司都在普通话语音识别领域取得了一定的成绩，但对不标准的普通话以及汉语方言和少数民族语言进行语音识别还有不小难度，若想在这些领域取得突破，获取大量高品质的自然语声样本是非常重要的，而这正是语言资源保护的主要任务之一。因此按照统一的规范和标准在全国范围内调查、采集、整理、加工、保存和展示海量的多媒体语言资源（除语声之外，还可包括视频），将能够极大地促进语言信息化和社会信息化。

1.1.2 争取国际学术话语权

目前在国际上通常根据世界少数民族语文研究院（SIL）的 Ethnologue：Languages of the World 网站所提供的信息来确定语言种类的数量，包括中国的语言，国际标准化组织（ISO）也据此给各种语言分配代码，比如汉语和粤语就被分配了同级别的两个代码，被标示为不同的语言（孙宏开，2013a）。虽然这与我国语言学界的研究结果并不相符，但作为国际标准，这种分类法将在全世界范围内的众多行业和领域发挥影响作用。而以往由于缺少全面的大规模语料的支持，我国语言学界并未提出非常有分量的方案，对已有方案的意见也得不到国际同行和国际组织的认可。只有通过大力保护本国的语言资源，国内学术界才能充分利用丰富的语料数据开展相关研究，提出符合本国语言国情的分类方案，进而以大量的语言事实为依托来申请成为国际标准，在国际上发出自己的声音。

1.1.3 促进行业开发利用

围绕语言资源能够衍生开发出众多数字媒体文化产品。以近些年来比较流行的方言文化产品为例，比如方言电视连续剧、方言电影、方言小品、民歌吟诵等，该类产品在文化娱乐消费市场具有强烈的需求，能产生巨大的社会影响力和经济效益。此外，在社会安全领域，利用语言特征提取及比较技术，在海量媒体语料数据基础上，建设公安刑侦用语言特征数据库，将在嫌疑人身份确认、出生地判断等方面发挥重要的参考作用，为维护社会治安服务。

其他诸如有利于科学保护语言方言及其承载的文化、促进民族团结和国家安全、推动相关学科发展等方面的意义，前贤已充分论述，此处不再赘述。

1.2　构筑自足生态体系

中国语言资源保护是一项需要长期消耗大量人力物力财力的事业，没有足够的资源投入，或者投入大量外部资源而没有实际产出，又或者实际产出与资源投入量不匹配，都不利于此项事业的可持续发展。为中国语言资源保护构筑自足生态体系就是要通过合理规划布局，在尽可能汇聚多方力量的前提下先期将工作开展起来，进而陆续产出具有一定社会效益甚至经济效益的能被社会大众所接受的成果，再以此为基础获取更多的新资源，包括外部资源和内生资源，如此循环往复，最终形成具备较强内生发展动力、自给自足式的语言资源保护生态体系。具体实施步骤如下：

1.语言资源调查采集。充分整合现有的各级各类科研项目，在国家财政和相关企业经费支持下开展标准化规范化的大规模语言资源调查采集。

2.语言资源汇集展示。将获得的全部语言资源汇集到一起建成数据库，开发数据库管理系统和数据库访问工具，面向社会开放展示。

3.学术研究。在语言资源数据库的基础上开展学术研究，以语言资源数据库的开放共享促进相关学术研究的开放与合作，争取产出一批具有重要价值、在国际上有重大影响力的学术成果。

4.产业化应用。与企业充分合作，开展产业化应用研究，争取推出能产生较大社会效益或经济效益、具有自主知识产权的行业产品。

5. 成果反哺。利用研究成果和行业产品从不同渠道获取新增资源，并继续投入到语言资源保护的各个环节，形成体系内的良性循环，逐步摆脱单纯依靠国家财政经费支持的模式。

二　主体实施层面：突出重点，注意分工，强调标准化与规范性

在中国语言资源保护工作的主体实施阶段，语言资源调查采集无疑是首要任务，它是后续所有工作的基础，甚至可以说，语言资源调查采集工作的质量将决定整个中国语言资源保护工作的成败，因此有必要重点讨论。这其中主要有两点问题：一是在现有条件下如何有效开展工作；二是如何保证标准化和规范性。

2.1　以项目为主要形式分工开展调查采集工作

在现阶段，项目仍然是开展语言资源调查采集工作的主要形式，目前已开展的众多全国性的语言资源调查项目在调查内容或者语料数据形式等方面互为补充，基本形成了良好的分工合作局面。下面列举数例。

1. 结合地理信息技术建设覆盖全国的汉语方言资源可比数据库——《汉语方言地图集》《中国语言地图集》。

《汉语方言地图集》是世界上第一部在统一的实地调查的基础上编写的、全面反映 20 世纪汉语方言基本面貌的原创性语言特征地图集。该项目在全国 930 个地点调查采集了 100 万条语音、词汇、语法方面的语料数据并建成可比数据库，课题组还整合地理信息技术建成了方言数据地理信息系统，目前正在进行网络化应用建设。

2. 利用现代技术手段建设大规模语言资源有声数据库——中国语

言资源有声数据库。

“中国语言资源有声数据库建设”项目由国家语委统一规划部署，各级地方语委组织实施，各地专家团队具体承担，具有语言普查的性质。该项目计划对全国各县汉语方言、各少数民族语言的常用语音词汇语法现象、日常话语、地方普通话等进行实地调查，采用先进的录音设备和技术进行录音，以得到一份时间相同、内容对应的中国各地语言、方言、地方普通话的有声语料，最后将在调查的基础上建立“中国语言资源有声数据库”。2008 年汉语方言调查工作开始试点，目前江苏省和北京市已完成调查工作，辽宁、河北、山东、上海、福建、广西、湖北等多省市也已开始正式调查。同时，2014 年正式立项的国家科技支撑计划项目“三方工程中国语言资源有声数据库技术规范与平台研发”，将为中国语言资源有声数据库建设项目打好技术基础、突破技术难题，为大规模语言资源有声数据库建设提供技术保障。

3. 建设音、视、图、文深度融合的多媒体语言文化资源库——中国方言文化典藏。

“中国方言文化典藏”是 2011 年度教育部哲学社会科学研究重大课题攻关项目，该项目选择方言文化为调查内容(即用特殊方言形式表达的具有地方特色的文化现象，包括地方名物、民俗活动、民间文艺、口彩禁忌、俗语谚语等)，兼顾汉语和少数民族语言，并按照统一规划，采用科学方法和现代化技术手段，调查收集实态的方言文化资料，经整理、加工，建设中国方言文化典藏多媒体资料库。该项目强调语言与文化的紧密联系，通过收集音频、视频、图片、文本等多媒体资源，全面展示我国方言文化资源的实态面貌，第一期规划调查 15 个地点，中期规划在全国调查 50—100 个地点，远期设想在学界共同努力下将不限制点数。

4. 基于互联网协作的语言资源采集项目。

此类项目不是通过面对面的田野调查获取资料，而是在互联网上建设开放式平台，由访问者提供资料。

(1)濒危语言项目(Endangered Languages Project)。这是一个由谷歌公司发起的旨在保护全球语言多样性的在线协作平台，通过该网站，人们可以查找和分享濒危语言方面的内容。该资源库涉及我国境内上百种濒危语言，但每种语言的样本数量不多。

(2)乡音苑(Phonemica)。乡音苑是一个用汉语方言、中国少数民族语言来保存口头故事的项目。该项目由志愿者采访自己的家人和朋友，用手头的录音工具进行录音并上传到网站上。

5. 语信司平面、电视、网络媒体语言资源监测。

就上述项目而言，下一阶段要解决的一个主要问题是吸收尽可能多的力量参与进来，开展合作研究，同时也期待国家能在更高层面统筹组织开展更大规模的语言资源调查采集工作。

2.2 统一标准，制定规范

开展大规模语言资源调查采集工作必须要有统一的标准。要将众多项目采集到的语料汇聚到一起，具有可比性，需要制订相应的标准和规范。“汉语方言地图集”“中国语言资源有声数据库”“中国方言文化典藏”项目分别研制了专门的调查手册来规范数据调查采集工作，各类基于互联网的语言资源采集项目也都通过前台说明或后台加工处理来对数据进行规范化，但目前仍有一些规范亟须制订。主要包括：

1. 音标字符编码规范。目前存在多种音标输入法，且各自采取的字符编码并不完全一致，这会造成同样的音标符号在计算机中被视为完全不同的字符。

2. 方言用字规范。方言用字包括本字、俗字、训读字、表音字等多种类型，用字不统一不便于对方言进行记录、整合、加工。

3.汉语声母、韵母、声调规范。目前已有关于国际音标、汉语拼音的规范标准，下一步还应根据汉语语音特点建设关于汉语声母、韵母、声调的规范标准。比如，对能在汉语方言中出现的全部声母、韵母、声调进行统一排序、编号。

4.语言文化多媒体资源规范。目前已有的规范标准多只针对文本数据，随着多媒体资源的不断增多且得到越来越多的重视，对音、视、图等信息资源的规范标准建设也应及时跟进，主要包括多媒体资源的采集流程、参数指标、特征标注等方面。

5.补充完善语言方言通用代码。目前已有GB4881—85中国语种代码这一规范标准，主要用于为我国各语言编制统一代码，下一步应结合最新的调查研究成果对此标准进行补充，并增加方言代码。

6.少数民族语言文字规范标准。应加快制订急需的少数民族语言文字基础规范标准，做好少数民族语言的术语规范化。

尽快制订或完善上述规范，争取获得国家认可并正式发布，将会非常有利于语言资源调查采集工作甚至整个语言资源保护工作的开展。

三　底层：强调质量，注重细节

该层面涉及的绝大多数都是具体的“接地气”的问题，此时应集中力量优先解决那些有助于提高整体工作效率或者能对其他工作产生较大拉动作用的问题，同时，在解决这些具体问题时应本着“细节决定成败”的理念，在细微处下功夫，严格把控质量，只有这样才能保证中国语言资源保护事业健康发展。下举两例说明。

3.1　调查技术工具研发——以“北语录音”软件为例

为了便于在田野调查中采集大批量、多条目的有声语料，北京语言大学语言研究所于2009年组织研发了“北语录音”软件（见图1），该软件的主要功能包括：对调查条目逐条录音，录音时同步显示波形；自动逐条保存并命名录音文件；对已录条目重新录音后自动替换旧文件。

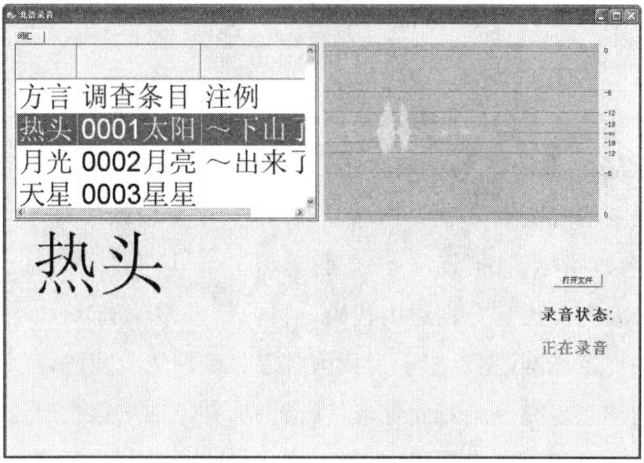

图 1 “北语录音”软件

该软件没有一味追求“大而全”，即没有面面俱到开发过多功能（如语图分析、文件管理等）。相反，它以“小而专”为主要特点，文件小巧，无须安装，操作简单，只聚焦关键需求。该软件以语言调查中的实际问题为导向，以提升用户体验为原则，改变了以往技术工具开发时以软件为中心，用户必须要先花时间进行适应然后才能正常使用的路子，较好地满足了用户的实际需求，因此在较短的时间内得到了一批用户的认可，并在“中国语言资源有声数据库”和“中国方言文化典藏”等项目中被优先推荐使用。

在听取广大用户的改进建议后，“北语录音”2.0 版本（见图 2）新增了如下功能：丰富了录音方式，可设定单条目录制时长后自动逐条录音；可单条或连续播放已录文件，并同步显示文本、图片、波形等信息；可人工或自动修改调查条目中的文本内容，支持国际音标输入。

新版软件仍然秉承了有所为有所不为的设计原则，比如在 2.0 测

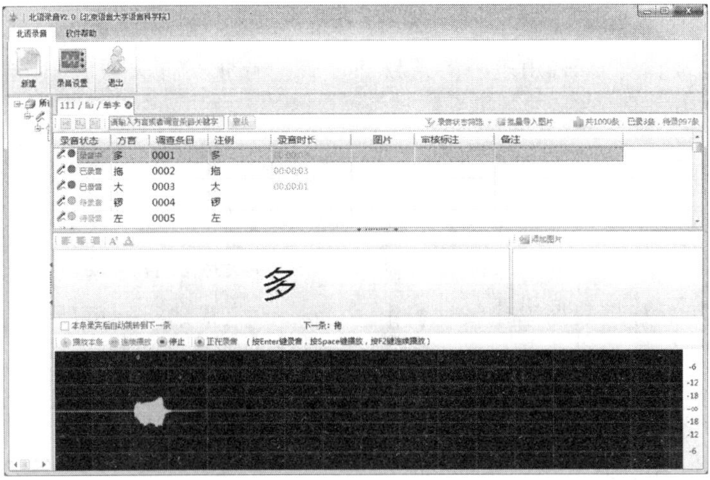

图 2 “北语录音”软件 2.0 版

试版中曾经考虑要将调查地点和调查对象信息采集功能作为必选，但为了聚焦核心需求，尽量降低用户的操作难度，最终在正式版中将这些功能列为可选，在默认状态下不显示。

此外“北语录音”软件在功能细节方面也坚持问题导向，具有较强的现实针对性，例如：

1. 根据录音用表的位置确定新生成的录音文件的位置，同时不限定录音用表的存放位置。这样做的目的是最大限度地增强软件的适用性，尤其是在用于各种大型语言资源调查项目时。此类项目通常要求文件的存放位置必须严格固定，为了减少操作步骤进而避免误操作，只要事先将录音用表的位置规定好，那么生成的录音文件就会自动存储到规范位置，无须再手动对数据进行导入导出操作。

2. 能够根据指定列的内容将多个数据表关联起来，例如将只记录汉字的录音用表和同时记录汉字、国际音标、备注信息的模板表根据调查条目编号关联起来，这样便可以在录音时更精确地判断发音的准确性。

3. 能够将录音用表中的条目和已有的音频文件关联起来，这样便于进行录音核校，等等。

3.2 发音人遴选——以中国语言资源有声数据库为例

发音人选得好不好对于语言资源调查采集工作来说至关重要。以往在田野调查中由于条件有限，可供选择的候选发音人较少。在中国语言资源有声数据库建设过程中，江苏、北京、福建等省市都创造性地采取了海选发音人的方式，由于候选发音人数量多，因此更容易选出条件更合适的正式发音人。此外，这种遴选方式还起到了很好的宣传推广效果，通常会在社会上引起热烈反响，例如北京征集遴选方言发音人工作就引发了社会大众的高度关注和积极参与，被《人民日报》、北京卫视、中央网络电视台等众多媒体广泛报道，极大地激发了当地民众保护北京方言文化的热情，客观上也为北京乃至全国的语言资源保护工作创造了良好的舆论氛围。

对中国语言资源进行保护可以有不同的思路、方法、途径，但只有政府、学界和社会大众一起努力，互通有无，形成合力，不断解决问题，克服障碍，才能不断前进。

参考文献

曹志耘主编 2008 《汉语方言地图集》，商务印书馆。

曹志耘 2009 论语言保存，《语言教学与研究》第1期。

曹志耘主编 2015 《中国方言文化典藏调查手册》，商务印书馆。

陈章太 2008 论语言资源，《语言文字应用》第1期。

戴庆厦 2013 论“科学保护各民族语言文字”，《语言文字应用》第3期。

李如龙 2008 汉语方言资源及其开发利用，《郑州大学学报(哲学社会科学版)》第

1期。
李宇明 2011　语言也是“硬实力”,《华中师范大学学报(人文社会科学版)》第5期。
李宇明 2012　当代中国语言生活中的问题,《中国社会科学》第9期。
李宇明 2012　科学保护各民族语言文字,《语言文字应用》第2期。
孙宏开 2013　关于语言身份的识别问题,《语言科学》第5期。
孙宏开 2013　科学保护各民族语言文字,《中国社会科学报》第543期。
张普 2007　论国家语言资源,《民族语言文字信息技术研究·第十一届全国民族语言文字信息学术研讨会论文集》。
中国语言资源有声数据库建设领导小组办公室 2010　《中国语言资源有声数据库调查手册·汉语方言》,商务印书馆。

论跨境语言资源保护

朱艳华

北京语言大学中国周边语言文化协同创新中心

一 我国是一个跨境语言众多的国家

我国是一个多民族、多语种、多文种的国家，目前已识别的中国境内语言有 129 种。[①] 在这些语言中，有 38 种属于在相邻的两个或两个以上国家使用的跨境语言，即：汉语、藏语、珞巴语、门巴语、彝语、拉祜语、傈僳语、哈尼语、怒语、独龙语、景颇语、载瓦语、勒期语、浪速语、阿昌语、壮语、傣语、布依语、仡佬语、苗语、瑶语、维吾尔语、哈萨克语、柯尔克孜语、乌孜别克语、塔吉克语、塔塔尔语、图瓦语、蒙古语、鄂温克语、鄂伦春语、赫哲语、朝鲜语、俄罗斯语、佤语、布朗语、德昂语、京语。[②]

① 中国境内语言的数量，随着语言调查研究的深入开展而不断增多。20 世纪 50 年代的民族语言大调查识别了 60 多种语言；1988 年出版的《中国大百科全书 · 语言文字卷》认为中国的 55 个少数民族使用着 80 多种语言；2007 年出版的《中国的语言》一书收录了我国 56 个民族使用的 129 种语言。本文采用的是《中国的语言》一书的数据。

② 关于跨境语言的数量，由于对语言和方言的划分标准存在分歧，不同的学者有不同的说法。戴庆厦（1993）列出了 31 种，包括：汉、蒙古、藏、维吾尔、苗、彝、壮、布依、朝鲜、瑶、哈尼、哈萨克、傣、傈僳、佤、拉祜、景颇、柯尔克孜、布朗、塔吉克、怒、乌兹别克、俄罗斯、鄂温克、德昂、京、塔塔尔、独龙、赫哲、门巴、珞巴等。黄行、许峰（2014）按国内语言统计有 50 余种。周庆生（2013）统计跨境少数民族语言为 33 种。本文所说的 38 种是将周庆生（2013）所列的景颇语及其下属的载瓦语、勒期语、浪速语 3 种语言均作为独立的语言对待，另外增加了汉语、图瓦语。

这些语言被我国56个民族中的34个民族所使用，是我国各民族语言群体的组成部分，其中少数民族语言的使用人口约占我国少数民族总人口的61%。本文主要探讨跨境少数民族语言，不包括跨境汉语方言。

分布在不同国度的跨境语言存在以下差异：

1.使用人口不同。跨境语言在境内外的使用人口差别较大，有的是境内使用人口远多于境外，如藏、苗、壮、哈尼、拉祜、彝等语言。其中壮语在中国境内使用人口有1692万，而境外（主要分布在越南）使用人口仅200万。有的是境外使用人口多于境内，如朝鲜、柯尔克孜、塔吉克、俄罗斯、京、景颇等语言。其中俄罗斯语在中国境内使用人口约为1.5万，而境外（主要分布在俄罗斯联邦、哈萨克斯坦、乌兹别克斯坦、吉尔吉斯斯坦、土库曼斯坦等国）使用人口约16000万。（数据引自周庆生，2013年）

2.跨国数目不同。跨境语言有的只跨两个国家，有的则跨好几个国家。如：珞巴语只跨中国、印度2个国家，而乌孜别克语跨中国、乌兹别克斯坦、阿富汗、塔吉克斯坦、吉尔吉斯斯坦、哈萨克斯坦、土库曼斯坦、俄罗斯联邦等8个国家。

3.跨境分化的时间长短不一。有的分化历史久远，如泰国的泰语和中国的傣语。范宏贵（1991）认为“在公元前2世纪以前，壮、泰、傣等族还是一个人们共同体，尚未分化成不同的民族。他们于不同时期、不同路线、分多批次地由北向南迁移”。他认为大迁徙的时间在春秋至汉代以前，即公元前八世纪至公元前二世纪的六百年间进行的（范宏贵，1998）。有的分化历史较短，如缅甸的克钦语和中国的景颇语，分化时间只有100多年。分化时间的长短往往与语言差异的大小存在正相关关系，分化时间长的差异大，分化时间短的差异小。如泰语和傣语的差异大，通话程度低，而克钦语和景颇语差异小，通话程度高。

4.文字使用情况大多不同。有的跨境语言在一国有文字而在另一国没有文字，如：缅甸的勒期语、浪速语近两年已由传教士创制了拉丁字母体系的文字，而我国的勒期语、浪速语还没有独立的文字系统。有的跨境语言分别采用不同的文字体系，如：哈萨克斯坦的维吾尔语采用的是基里尔字母为基础的文字，而我国的维吾尔语仍沿用阿拉伯字母的文字体系。还有的跨境语言尽管字母系统基本相同，但字母的表示方法不同，如：缅甸和中国的载瓦文尽管都是以拉丁字母为基础，但二者在紧元音符号上存在差异。缅甸载瓦文是在声母前添加 h 表示紧元音，而中国载瓦文是在声母之后添加 v 表示紧元音。文字体系相同或基本相同的跨境语言只有朝鲜文、景颇文、藏文等少数几种。

5. 语言地位不同。由于受到使用人口、语言环境、语言政策等因素的影响，跨境语言在不同的国度地位相差悬殊。如：朝鲜语在朝鲜和韩国，俄罗斯语在俄罗斯，哈萨克语在哈萨克斯坦，乌兹别克语在乌兹别克斯坦，宗卡语（在我国称“藏语”）在不丹等，都是国语（或官方语言），但这些语言在我国都是非国语地位的少数民族语言。

二　跨境语言资源保护的价值和意义

跨境语言资源的保护与研究从不同的视角来看会有不同的认识。如果只着眼于中国境内，那么这些语言就只是中国不同少数民族使用的语言，其价值与意义跟土家语、普米语等非跨境语言一样；但如果着眼于中国与周边国家的关系，就能发现这些语言在双边关系中起着非跨境语言不可比拟的作用。从跨境的角度来研究这些少数民族语言，在我国起步较晚。1983 年戴庆厦《论跨境语言》一文首次提出“跨境语言”这一概念。近几年随着国家对周边关系的重视，语言学界出现了“跨境语言”研究的热潮。

在现代化进程的大背景之下，跨境语言与非跨境语言一样，面临着受汉语影响不断衰变，甚至濒危的趋势。为此各级政府、学术界、社会团体等都采取了一些措施对少数民族语言资源进行保护，尤其是对濒危语言给予了极大的重视，但对跨境语言却缺少特别的关注，笼统地将其作为少数民族语言来对待。

与非跨境语言相比，跨境语言资源具有独特的社会功能，因此对跨境语言资源的保护有着特殊的价值和意义。

2.1　跨境语言具有国际交际功能

非跨境语言通常只能作为族际交际语在本民族社区内部使用，而跨境语言不仅是族内交际工具，还可以是国际交流沟通的桥梁。如：我国的朝鲜族掌握了母语之后，不仅可以与国内的朝鲜族交流，还可以与朝鲜、韩国的人士开展国际交往。

跨境民族间的国际交往，大多以双方的国语（或官方语言）为第一媒介语，以母语为第二媒介语。2014 年我们在广西靖西县龙邦镇调查跨境壮语（越南称“侬语”）时，政府部门的人士告诉我们，他们经常要去越南参加公务活动，一般在正式场合，双方都会说自己的国语（官方语言），然后通过翻译来沟通；而在诸如吃饭、聊天等私下交流时双方都说壮语。但是，在民间交往中，如边贸往来、走亲访友、跨境帮工等活动，则基本只用母语，不用双方的国语（或官方语言）。

这几年我们做过中泰拉祜语、中老克木语、中缅景颇语、中哈维吾尔语、中泰瑶语、中越壮语等多种跨境语言的调查研究，我们观察到，这些不同国度的跨境民族在交往中的一个共性就是以本民族语作为交际用语。双方即便是初次见面，只要一开口说民族语，心理距离马上就拉近了。而与外族人交谈时，民族语又可以成为翻译工具，由两国说同样民族语的人士将外族人所说的各自的国语（或官方语言）用民族语翻译给对方。

对于俄罗斯语、哈萨克语、朝鲜语、蒙古语、藏语等跨境语言来说，由于这些语言在境外是一些国家的国语（或官方语言），其国际交际功能更为突出。如俄罗斯语在俄罗斯、哈萨克斯坦、白俄罗斯、吉尔吉斯斯坦、塔吉克斯坦等多国都是官方语言，因此，掌握俄罗斯语的人士就大大增强了其国际交往能力。

2.2 跨境语言具有跨境文化传播功能

语言是文化的载体，不同国度的文化、意识形态可以通过跨境语言来传播，因此，保护、利用好本国的跨境语言资源，有利于在跨境文化传播中掌握主动权。

文化传播具有双向性，包括正向传播和逆向传播。正向传播即向他国输出本国文化，逆向传播即输入他国文化。在我国，借助跨境语言进行的文化传播既有正向传播，也有逆向传播。如：德宏州近几年积极支持双语教学，编写了大量的民族语教材，这些教材不仅州内少数民族使用，邻国缅甸的跨境民族也在使用。今年德宏州就给缅甸克钦邦克钦独立军管辖范围内的小学捐赠了一批景颇文教材，用于这些学校的课堂教学。但同时，缅甸的宗教读物也源源不断地涌入我国边疆地区。据悉，我国的景颇族现在信仰基督教的人口逐年增加，目前约有 25% 左右的景颇族信仰基督教，他们所使用的宗教读物大多是从缅甸流传过来的。周庆生（2013）的调查研究发现，在我国延边新华书店销售的朝鲜文图书有 80% 是韩国出版的，延边大学 10 万册朝鲜文图书中有 7 万册是韩国捐赠的。黄行（2013）指出，在新疆地区，每天有“美国之音”“自由亚洲之声”等 8 个境外电台的 128 个频率，使用汉语、维吾尔语、哈萨克语、蒙古语、乌孜别克语、柯尔克孜语等多种我国少数民族语言广播对新疆进行宣传和渗透。他认为，“我国媒体在国际传播实力方面仍处于绝对弱势的地位，只相当于美国的 14%。国际上以汉语为传播符号的信息量也仅占总量的 5% 左右，少数民族语言的传媒信息量就更是微乎其微”。

2.3 跨境语言具有边防信息收集功能

跨境语言的使用区域是在少数民族聚居的边疆、边境地区，因此，边防管理工作中的信息收集离不开跨境语言。张佃成(2012)指出，近年来朝鲜人非法越境到中国后，又伺机通过第三国再偷渡到目的地国的现象屡禁不止，而我国边防管理部门在侦破这类偷渡案时往往因缺少懂朝鲜语的翻译人员而延误破案的时机。他认为，对于边防管理工作来说，“在业务建设方面，掌握民族语言也是一项基本的要求”。

2.4 跨境语言是跨境民族认同的情感纽带

分布在不同国境的跨境民族，由于受不同国度主流政治、文化、经济等方面的影响造成民族文化传统上出现一些差异，但是民族语言却是发展相对稳定的因素，相同或相近的语言成为增强跨境民族认同的情感纽带。跨境民族间的认同感越强，民族感情越深厚，越有利于两国边疆地区的和谐与稳定。

三 跨境语言调查研究需要注意的问题

跨境语言与非跨境语言的调查、研究及保护有许多共性，如：要研究语音、词汇、语法等共时面貌；要调查该民族的文化传统；要调查使用该语言的民族的社会人文背景；要建语言数据库；等等。但是，跨境语言的调查研究还有一些需要特别关注的问题，主要包括以下几个方面。

3.1 要调查、研究跨境民族的历史，弄清其“源”与“流”

语言(或方言)的划分不仅与该语言自身的特点及其与别的语言差异程度有关，还与该语言使用族群的历史来源有关。跨境民族的分布现状从历史来源看，受多种因素影响，包括自然的和人为的，如国界划分、战争、生计、瘟疫、自然灾害等。分布在不同国度的跨境语言，受当地语言生态环境的影响，必然会出现一些变异，形成新的特征。因此，调查、研究跨境民族的历史，弄清其“源”与“流”是跨境语言调查研究的一个重要内容。

以拉祜族语言调查为例。中央民族大学 985 工程“语言国情”项目组 2009 年年底前往云南省澜沧县调查当地拉祜族的语言使用现状，了解到了澜沧拉祜族的历史来源。大多数学者认为澜沧“拉祜族先民属古代羌人族系”，是由青藏高原逐渐南迁的民族，包括拉祜纳和拉祜熙两个主要支系，这两个支系所使用的语言即拉祜语的两大方言——拉祜纳方言和拉祜熙方言。澜沧拉祜族以说拉祜纳方言为主。拉祜纳支系大部分分布在中国云南省普洱市澜沧拉祜族自治县、缅甸的掸邦和佤邦。20 世纪 50 年代，拉祜纳逐渐由缅甸向泰国迁徙，现主要居住在泰国北部的清莱府和清迈府。

2010 年年初中央民族大学又组建了“跨境语言”项目组，前往泰国清莱府调查了当地拉祜族的语言使用情况。在调查过程中，我们了解到，这个地方的拉祜族是由中国云南经由缅甸辗转迁徙而来，与澜沧的拉祜族有着很深的渊源关系，在他们的语言里仍保留着澜沧的一些地名称呼。两地的语言从总体上看差异很小，通话完全没有障碍。综合考虑二者的族源、文化习俗及语言差异程度，我们认为清莱府的拉祜语应该与澜沧拉祜语一样，都属于拉祜纳方言。

3.2 要把双边语言当成同一个系统来考虑

跨境语言是因分布在不同的国度而形成的一种特殊的地域变体。在调查、研究跨境语言时，要有全局观，要把双边语言当成一个大的系统来考虑。

以中国云南省勐腊县的克木语和老挝南塔省的克木语为例来说明。这两地在地理位置上毗邻，语言差异也不大，但是在调查中，我们发现二者之间有许多差异不能用社会、地理、国别等外部因素来解释，而必须放在同一个语言系统中，用语言内部发展的不平衡性来解释。

如：中国勐腊克木语尚未产生声调，但大多音节有习惯音高。而老挝南塔克木语有声调对立，每个音节都有固定音高，共有三个声调：55、53、33。通过对两地克木语的比较分析，我们发现，老挝克木语声调的产生主要受韵母舒促、声母清浊等因素的制约。其中，高调55调和53调因韵尾的舒促而分，即55调出现在促声韵上，53调出现在舒声韵上。低调33调与高调55调、53调的对立，是声母清浊对立逐渐走向消失的伴随现象。55和53来源于清声母，33来源于浊声母。低调33调的调值还不稳定，有时读为33，有时读为43。读为43时，听感上与53调比较接近。这说明，老挝克木语的声调系统已初步形成，但还呈现出声调从无到有的过渡特征。其声调的产生主要是语言内部因素，外部因素如大批老挝语借词的进入，可能对克木语声调的形成起到一定的促进作用，但不是主要因素。

又如，南塔克木语和勐腊克木语在处置义表达上存在较大差异。勐腊克木语的动词 mɔːt“拿”在一定的语境中可以语法化为处置句的语法标记，动作义消失，主要功能是引入受事。而老挝南塔克木语还没有形成真正的处置句，动词 $mɯɔːt^{33}$“拿”还没有语法化，只能用作动词，当受事属于不能被施事者“拿”的事物时，就不能用 $mɯɔːt^{33}$“拿”来表达。这一差异同样是由于语言发展的内部因素造成的。

3.3　要调查、研究所在国家的语言状况和语言政策

跨境语言会因所在国的语言政策、语言状况不同而出现差异，调查、研究不同国家的语言政策和语言状况，有助于形成对跨境语言的科学、深入的认识。

我们对中缅两国的景颇族（缅甸称“克钦族”）语言进行调查的时候，发现两国景颇族虽然都较好地保留了自己的母语，但不同支系的语言在社会功能上有所区别。在缅甸，景颇语成为景颇、载瓦、勒期、浪速等克钦族不同支系的族内通用语。根据我们的调查，克钦族熟练使用景颇语的比例高达 97.6%，掌握景颇文的比例也高达 96.3%。但在我国，景颇族不同支系却没有形成族内共同语，各支系以使用本支系语言为主，兼用其他支系的比例不高。根据我们对德宏州芒市、瑞丽、盈江等县市 1731 名景颇族所做的调查，景颇族各支系能够兼用其他支系语言的有 716 人次，仅占全部调查对象的 41.4%。其中，兼用最多的语言是载瓦语，有 336 名非载瓦语支系能熟练使用载瓦语，占全部非载瓦支系的 31.3%。

这一现象与两国的语言政策、语言状况有关。一方面，由于缅甸的景颇支系人口占绝对优势，因此景颇语在克钦族内部具有优势地位；另一方面，由于缅甸政府不允许学校开设少数民族语言文字课程，所以在缅甸政府控制的区域内，克钦族无法通过学校教育来学习本民族语言文字，只能通过宗教活动来学习。缅甸的克钦族 98%以上信仰基督教，克钦人接受基督教之后，将民族语言教育与基督教活动结合起来，借助宗教的强大力量，通过教会的形式，学习本民族语言文字。而在我国，从人口比例来看，载瓦支系占大多数，在景颇族内部，载瓦语是优势语言；另外，由于政府支持少数民族聚居区开展双语教学，在景颇支系聚居区有景颇语、汉语双语教学，而在载瓦支系聚居区，则有载瓦语、汉语双语教学，各支系可以在学校学习自己的支系语言，这是我国景颇族没有形成族内通用语的重要因素。

3.4 认识跨境语言的语言活力及演变趋势要内外兼顾

跨境民族之间往往有着密切的联系，在跨境交往中通常以本民族语作为最重要的交际工具。因此，在认识跨境语言的语言活力及其演变趋势时，除了要看在境内的使用现状，还要考虑境外对境内的影响。

以浪速语为例，尽管国内使用人口仅 0.4 万，但却保留得较为完好。根据我们对德宏州不同县市浪速人的抽样调查，171 人中有85.4%

能使用母语交际。这与中缅两国浪速人的密切交往有很大的关系。缅甸浪速人口约10万，由于中缅山水相连，两国浪速人同宗同源，语言相同，习俗相近，来往非常频繁。有缅甸亲戚的浪速人经常去缅甸探亲，缅甸亲属也常来中国购物、探亲，还有把子女送到中国读书的。他们之间交流基本上都使用自己的母语。这种跨境交往，对母语的保留起到了积极的促进作用。

四　跨境语言资源保护的政策与措施

由于跨境语言与非跨境语言迥异的特性，在语言资源保护方面应对跨境语言实施特殊的政策和措施。

4.1　树立全社会对跨境语言资源保护的意识

由于跨境语言资源保护是一个新的命题，许多人对它的重要性并不能正确地理解，往往将跨境语言与非跨境语言同等对待，甚至看不见境外语言文化对境内的负面影响。因此，要采取一些可行的措施，树立全社会对跨境语言资源的保护意识。

4.2　加强对跨境语言文字的推广，对没有文字的语言要帮助创制文字或拼音方案

近一个世纪以来，基督教在我国西南边疆少数民族地区的迅速传播，就与传教士所创制的多种民族文字有着密切的关系。据《云南信息报》报道，全国政协委员祁德川在提交的提案中，以缅甸基督教会利用新创的载瓦文进行宗教传播的事例，说明跨境民族的文字问题倘若解决不好，将会导致边境地区不稳定的局面。①

① 载《云南信息报》2010年3月11日。

4.3　做好跨境语言的分类工作，根据不同的类型在制定语言政策时予以区别对待

对哈萨克语、朝鲜语、蒙古语、藏语等在我国属于少数民族语言而在境外属于官方语言的语种，可考虑将其作为国家级考试的语言类科目，如高考、职称外语考试等；[①]对维吾尔语、哈尼语、苗语、壮语、佤语、拉祜语等区域性强势语言，可将其作为地区性考试科目，如地区公务员招考、特岗教师招考等；对境内外使用人口都较少的弱势语言如阿昌语、仡佬语、赫哲语、鄂伦春语等，则着力做好语言的记录、保护工作，并在此基础上加大母语教育的力度。

4.4　在宣传、教学、宗教、政府公务、文化艺术等领域进一步加强跨境语言文字的应用

语言首先是一种交际工具，其生命力在于应用，无人使用的语言必将成为死语言。将跨境语言文字应用于不同的领域，不仅有利于语言资源的保护，还会对相关工作起到超出预期的效果。比如：德宏州将傣、景颇、载瓦、傈僳四种跨境语言文字应用于宣传工作，坚持"用民族干部宣传、用民族语言讲解、用民族文字阐释、用民族节庆展示、用民族文化体现"的"五用"措施，对党的方针政策进行学习宣讲，收到了很好的宣传效果。少数民族群众反映："用我们的民族语言讲解，让我们更加深刻理解了国家的相关政策，我们足不出户就知道了现在发生的事，真是太好了！"

4.5　以境内跨境语言为基础，逐步拓展到境外跨境语言的调查与研究

我国语言学界对中国境内的跨境语言研究已有了较好的基础，而

---

① 目前高考和全国职称外语等级考试共分英语、日语、俄语、德语、法语、西班牙语六个语种。

境外跨境语言的研究还很薄弱，今后要在境内语言研究成果的基础上，开展境外跨境语言的调查研究，促进我们对境外相关语言文化的了解与认识。

语言保护工程中，对跨境语言的保护是一个薄弱环节，至今未能引起全社会足够的重视。全面开展语言保护工作，必须把跨境语言的保护列入其中。本文的主要目的是在社会上强化对跨境语言资源的保护意识，至于如何保护跨境语言，今后任重道远。

参考文献

戴庆厦主编 1993 《跨境语言研究》，中央民族学院出版社。
戴庆厦等 2011 《云南德宏州景颇族语言使用现状及其演变》，商务印书馆。
戴庆厦等 2012a 《勐腊县克木语及其语言使用现状》，商务印书馆。
戴庆厦等 2012b 《老挝琅南塔省克木族及其语言》，中国社会科学出版社。
范宏贵 1991 泰族起源与迁徙再探，《东南亚研究》第3期。
范宏贵 1998 壮族与傣族的历史渊源及迁徙，《思想战线》增刊。
黄行、许峰 2013 我国与周边国家跨境语言的基本情况与问题，《中国语情》第3期。
孙宏开、胡增益、黄行主编 2007 《中国的语言》，商务印书馆。
张佃成 2012 浅析少数民族语言在边境管理中的重要性，《语文学刊》第8期。
周庆生 2013 中国跨境少数民族语言类型及人口状况，《中国语情》第3期。

（本文曾发表于《贵州民族研究》2016年第3期）

中国濒危语言保护 20 年得失谈
——以仡央语言为例

李锦芳

中央民族大学中国少数民族语言文学学院

一　罕见的语支整体濒危

侗台语族是使用人口比较多的一个语言支系，接近一亿，分布在中国南方和东南亚广大地区，属于汉藏语系，也有人认为与南岛语言关系密切。下分台语（壮、布依、傣、临高、泰、老、掸等）、侗水语（侗、仫佬、水、毛南、拉珈、标、佯黄、莫、茶洞等）、黎语支（黎、村/哥隆）和仡央语支（仡佬、木佬、羿、拉基、布央、恩/依环、普标、拉哈）。

侗台语族四个语支中台、侗水、黎三支不存在某种语言明显濒危的情况，只是部分使用人口较少的语言呈现衰微、萎缩现象或是一些方言土语面临濒危。但是仡央语支面临着严重的整体濒危，8 种语言中分布在贵州毕节一带的羿语和黔东南一带的木佬语已先后于二十世纪八九十年代消亡。分布在贵州、广西、云南和越南北部的仡佬语使用人口较多，但也仅有 5 千人左右。由于方言土语多，每一种的使用人口亦是寥寥，而且大多为中老年人。其他的仡央语言均分布在中越边境地区，使用人口从百余人到两千余人不等，均处于濒危或极度濒危状态。像仡央语支这样整体处于濒危状态的语支是不多见的。该语支语言系先秦时期从岭南迁移至贵州高原，建立了夜郎、勾町、且兰诸方国的百越系民族语言的孑遗，虽然历史上因“夜郎自大”而留下尴尬，但这也说明仡央民族先民秦汉时曾是西南地区一个强大的族群。

二　永远的遗失：与时间赛跑的抢救记录

作为一种国家政府确认民族的语言，仡佬语在二十世纪六十年代开始得到调查，八十年代初出版了语言简志。布央语和普标语在五十年代时也为语言学者知晓，但当时主要从事大语种的调查研究及文字创制，无暇顾及，直到八九十年代才得到初步记录。中央民族大学的陈其光教授在 1982 年中越边境尚布满地雷时深入云南麻栗坡县边境地区记录了普标语，首先发表了调查报告，之后不久越南学者也调查了越南境内的普标语，用越文出版了普标语描写著作。布央语是中国社会科学院民族学与人类学研究所梁敏教授五十年代在云南省广南县做壮语普查时首先发现的，当时他坐在马车上，发现有乘客与路边山坡上的人对唱的山歌并不是壮语，并被告知是“布央语”，但梁先生未能确定这是什么语言，谜底一直等到 30 年后才于 1980 年年末被初步揭开，梁先生经过调查发现这是一支使用人口很少的语言。

羿语是贵州毕节、四川古蔺交界地带使用的语言。八十年代初，最后一位使用者，一位 80 多岁的妇女，躺在病榻上，调查者记录到数百个词和不多的句子，这是该语言的第一次也是最后一次记录，从此永远消失。吸取这一教训，贵州学者们加强抢救记录黔东南一带的木佬语，这一次记录到了更多的语料，有千余词和数百句子，之后北京大学薄文泽教授做了进一步记录。本世纪初，随着最后几位老者的逝去，木佬语也永远退出了历史舞台，而这一语言曾经是流行于黔东、湘西一带，使用人口不少的语言。

进入九十年代中期以后，中外学者加强了对这一濒危语言群的调查记录，除了恩(侬环)语，都出版了描写著作，有汉文、俄文、越南文、英文等不同版本。

中央民族大学李锦芳团队从1994年开始调查记录仡央语言，历经20年，已重点调查记录了仡佬语四大方言的18个语言点，以及布央语两种方言的5个语言点，还有普标语、拉基语。一部分语言点记录到了比较丰富的语篇材料，包括故事、传说、神话、歌谣、祭祀辞等，也有对话，发表论作数十篇部，尚有部分研究成果及大量语料未公开出版。现在正在编写150万字左右的《仡佬语志》。团队在澳洲(Australian National University)和欧盟(PeterLang)分别出版了英文版的布央语、仡佬语描写著作，起到了较好的语言遗产保存和推介共享作用。

除中国境内，越南北部河江、河宣、高平等省也比较集中地分布着仡央语言，我们未能实地开展田野调查，仅记录到了移民到中国的一位红仡佬语人的有限材料。七十年代至今，苏俄学者与越南学者开展了密切的语言调查合作，对象涵盖了部分仡央语言，出版了拉哈语、仡佬语的调查著作。美、日学者也有越北仡央语言调查成果，高平省的恩(侬环)语就是由美国艾杰瑞教授和越南黄文麻教授首先记录的，这是一种接近布央语的语言。越南一侧的拉基语、普标语保存状况较云南方面好，应该还能记录到较丰富的语料，亟待深入调查。

大部分仡央语言仍然未能得到较全面深入的记录描写，还缺乏词典、参考语法等这些基本的记录研究成果，更没能进行规范的录音录像建档，记录保护工作仍须抓紧抓实。

三　规范调查记录，建档典藏，保存活态语料

二十世纪末以来濒危语言保护研究在国内外受到高度重视，在此

基础上产生了新的语言学分支——纪录语言学(Language Documentation),逐步建立了学科理论方法和工作规范。进入这个时期以后,濒危语言保护研究工作逐步进入常规状态。国内外研究立项逐步增多,针对该学科分支的教学与人才培养逐步发展。在这一背景下,针对仡央语言的抢救记录和保护工作也逐步规范。

近十年来,学者们自觉运用纪录语言学理论方法开展仡央语言调查记录,同时也运用社会语言学和人类语言学的方法加以补充,并与非物质文化遗产保护工作相结合。李锦芳团队得到伦敦大学亚非学院濒危语言工程、国家教育部、985基地项目等的立项资助,对仡佬语尤其是阿欧方言的红丰、比工两个土语做了比较全面、规范的记录分析,采集的有声语料有数十小时,对大部分语料进行了注释翻译(直译和意译、汉译和英译)、语法标注,编写多媒体词典,初步构建了多媒体网络数据库框架,出版了语法标注话语材料集、参考语法,建立了宣传网站(壮侗仡佬语言文化网 www.ztgl.net),可供下载语料、歌谣、图片等。团队还与北京市仡佬族文化促进会合作,与民族精英共同推介宣传仡佬族语言文化,推动仡佬族语言维护工作。

语言是文化的承载者,与语言相关的文化事象的调查保存亦是濒危语言保护研究工作的重要项目。我们记录了仡佬族的原始宗教活动、食物服饰用具制作过程说明、动植物食用药用说明等。2007年,贵州镇宁仡佬族著名的泡桐音乐仅剩一位83岁高龄的传承人,能制作、吹奏乐器,在我们记录之后不久老人便离世了。这种音乐曾经陪伴一代又一代仡佬族人度过一个个漫长的寒冬,是农闲时节聚会欢歌时吹奏用的。

政府和语言社区因素是濒危语言维护的关键,可喜的是,贵州省民语委在仡佬语最大的一个语言社区——贵州省六枝特区居都村建立了"贵州省汉语仡佬语双语和谐示范基地",聘任仡佬族教师教授民族语言和文化课程，通过学校教育传承仡佬族语言文化。广西隆林仡佬族同胞也提出了通过小学阶段汉仡双语教学模式来维护语言代际传承稳定性的愿望。政府、社会、濒危语言社区保护语言的愿望正日益强烈。

四　反思和建议

记录保护要及时。以羿语和木佬语为例：因二十世纪八十年代和九十年代末未能及时全面记录，尤其缺少声像记录，已经完全退出历史，遗存资料不多。

仡央语言两千多年前就流行于西南地区，今天已经逐步退出历史舞台，散落在高山深壑之中，应采取措施尽量延续夜郎语言余音，与兄弟民族语言共筑和谐语言家园。

近年来，国家和政府部门先后提出"科学保护各民族语言""记录保护 20 种左右少数民族濒危语言"，仡央语言及其他濒危语言保护研究应顺应形势，加强以下工作。

1. 制订工作规范和技术标准。总结国内外经验，规定应对濒危语言工作的范畴、基本做法，统一田野调查、语言和文化资料采录及编辑整理、存档、出版的技术标准，以提高效率，共建平台，互享信息，传播语言文化，提升语言活力。

2. 强化国内外交流。打破目前国内濒危语言保护研究各自为阵的局面，加强国内外交流，共享信息，加强合作，共同促进保护研究工作的发展。

3. 积极推行双语教学，保护濒危语言，探索实施人口较少语言的双语教育与语言维护的方式，避免出现语言断代。

4. 要善于制造舆论，引起各级政府和全社会的关注。将应对语言濒危工作纳入政府的文化建设、"非遗"保护工作，进入各级语委、民语委部门的工作日程，利用国际母语日等开展宣传，充分利用中央和地方媒体、民间网站、民间文化团体制作濒危语言文化作品，广泛宣传，达成关注、保护濒危语言的社会共识。

布依语语言资源及其调查与保护

周国炎　赵　哲

中央民族大学少数民族语言文学系

一　概述

语言作为人类的重要信息载体、文化载体和交际工具，其价值早已为人们所关注。二十世纪七十年代，“语言是一种资源”的理念被西方学者首先提出，认为使用一种语言的成本和获益可以用衡量一般资源或商品的投入—收益方法进行测定。但也有人持不同的观点，认为语言资源不同于一般资源或商品，不能用经济模式做简单的供需价值测算。因为这种经济模式往往以语言使用者可以自由选择语言为先决条件，但事实上由于受诸如教育体系等各方面因素的制约，人们很难自由选择语言。语言资源是伴随着人类社会的形成而形成的社会财富，语言的社会功能决定了语言资源的社会价值。语言资源的社会价值包括已有的、正在发挥作用的价值，以及潜在和未来价值。具体来说，语言资源的价值表现为信息价值、经济价值、文化价值、教育价值、政治价值。我国政府向来重视语言资源的挖掘、保护、开发和利用，早在新中国建立之初，就投入了大量的人力和物力，对少数民族语言进行了全面的调查，在充分了解少数民族语言资源的情况下，为十多个没有文字或文字系统不完善的少数民族创制了以拉丁字母为基础的拼音文字系统，力图通过语言资源的充分利用，发展少数民族的文化教育事业，提高少数民族的文化教育水平。二十世纪八九十年代以来，市场经济及城镇化建设的发展、社会的转型使少数民族语言的应用受到了前所未有的冲击，大多数语言的使用人群和交际范围在不断缩小，交际功能逐渐衰微，部分语言甚至成为濒危语言。与此同时，部分汉语方言的使用也面临着相似的处境。这一严峻的形势引起了学界的高度关注，国家对此也极为重视。二十世纪末以来，召开了多次学术研讨会，讨论应对语言资源不断流失的相关对策。近年来，抢救和保护国家语言资源作为一件大事被提上了议事日程。2015 年 3 月，包括少数民族语言和汉语方言在内的中国语言资源保护作为国家重大工程立项建设，可谓国家语言规划工作的世纪伟业。本文以布依语语言资源的调查与保护为例，论述该项目对布依语语言资源保护的重要意义。

二　布依语语言资源及其应用现状

2.1　布依语及其地域变异

布依语属汉藏语系侗台语族壮傣语支，与同语族诸语言有着密切的渊源关系，主要通行于贵州省西部、西南部和南部布依族聚居地区，在语言结构上与同语支的壮语、傣语有很多相似特征，尤其与壮语北部方言更为接近。现行布依文拼音文字方案以贵州省望谟县布依语为标准音点，这里以标准音点布依语为例，简要介绍其结构特征。

标准音点布依语共有声母 32 个，其中塞音和塞擦音都没有清浊对立，送气音声母只出现在现代汉语借词中。浊塞音/ʔb/、/ʔd/有明显的前紧喉成分，没有与之对立的清音；鼻音有/m/、/n/、/ȵ/和/ŋ/4 个。擦音有 5 个，除了舌尖擦音之外，都没有清浊对立。布依语声母有腭化和唇化现象，但都不是十分发达。布依语共有 87 个韵母，其中元音韵母 27 个，带辅音韵尾的韵母 60 个。单元音/a/、/e/、/o/带韵尾时有长短之分。复元音韵母 21 个，由主要元音带/-i/、/-u/、/-e/和/-a/等几个单元音做韵尾构成。辅音韵尾有鼻音/-m/、/-n/、/-ŋ/和塞音/-p/、/-t/、/-k/。布依语固有声调 8 个，其中 6 个舒声调，2 个促声调。古汉语借词的声调已经完全融入布依语固有的声调系统中，现代汉语借词的声调与当地汉语方言（西南官话）接近。

布依语词汇按音节构成可分为单音节词和多音节词，按词义构成可分为单纯词和合成词。合成词的构成方式主要有附加式、并列式、修饰式、主谓式、动宾式和补充式等几种。附加式由词根带前加成分和后加成分构成，多数前加成分都具有一定的词汇意义，可充当量词，少数意义较虚。后加成分较少，只有少数没有词汇意义的音节或音节重叠形式可附加在形容词或副词之后表示程度的加深，部分动词之后也可附加一些无词义的双声或叠韵结构表示动作的情貌。修饰式合成词有偏正式和正偏式两种，以正偏式为主，即中心词在前，修饰成分在后。其他几种合成词的构成方式与汉语基本相同。布依语的词汇一词多义现象比较普遍，同音词也比较多，需要借助特定的语境才能正确辨别词义。同音词主要是语音发展所造成的，塞音韵尾脱落是产生同音词的一种主要方式。布依语中有大量来自汉语的借词，可笼统地分为早期借词和现代借词两大类。

布依语基本词类有名词、动词、形容词、数词、量词、代词、副词、助词、连词、介词、感叹词等类。量词丰富是布依语的主要特征。除了专用的量词以外，不少名词和动词还可以临时借用为量词。数词本身只能做基数词，表序数时需要在数词之前加/ta^{11}/，相当于汉语的“第”。数词一般放在被修饰成分之前，但数词/$ʔdeu^{33}$/“一”除外，而且常常可以省略。代词分为人称、疑问和指示三种，第一、第二人称代词通过词汇形式来区分单复数，第三人称采用单数加前加成分的形式表示复数。

多数地区第一人称复数有包括式和排除式之分。布依语的基本句子顺序为“主＋谓＋宾”。名词或名量词做主语或宾语受定语修饰时，基本顺序是中心语在前、修饰语在后。副词修饰动词或形容词时，通常也出现在被修饰成分之后，但有时也出现在被修饰语之前。布依语的句式以单句为主，复句用得比较少，复句中的关联词大多借自汉语。

布依语内部一致性较大，根据语音差异和部分词汇的不同，布依语划分为黔南土语、黔中土语和黔西土语，习惯上又称为第一土语、第二土语和第三土语。黔南土语通行范围最广，从最东边的黔南州荔波县到最西边的云南省罗平县均属于该土语。第二土语通行于以贵阳市为中心的贵州中部地区，包括黔南州北部的几个县，安顺市的部分地区，以及贵州省西北部的黔西、织金等县。第三土语通行于贵州省西部，包括六盘水市、黔南州的普安、晴隆等县（市）和安顺市的镇宁、关岭等地区。

2.2　布依语语言资源基本现状

目前，在布依族分布的各地区，由于受聚居程度、周边环境等因素的影响，布依语的使用情况各不相同，大致可分为以下四种情况。

2.2.1　布依语作为家庭、社区和跨社区本民族内部的主要交际语

在布依族聚居的黔西南和黔南部分地区，布依语在家庭成员间语言交际中是十分重要的甚至是唯一的交际工具，在社区语言生活中也承担着重要的交际职能，本民族成员之间的交际均用布依语，有时，同村其他民族与布依族交流时，也会选用布依语。不同村寨本民族之间的交际也主要使用布依语。在望谟、册亨、罗甸等布依族分布相对集中且布依语保持较好的地区，布依语在集镇乃至县城仍是布依族成员之间的主要交际工具。

2.2.2　布依语作为家庭和社区的主要交际语，同时在多数场合兼用汉语

分布在贵州的布依族多与当地汉族或其他少数民族杂居，在一些

地区，布依语使用频率很高，但兼用汉语的现象也比较普遍。通常情况下，布依语是家庭成员之间的主要交际语言，存在族际婚姻的家庭除外。村寨内部，与本民族成员交际时多使用布依语，同时兼用汉语，用于与本村或外来的汉族或其他少数民族交流。与外村本民族成员交流时是否使用布依语通常要根据双方的熟悉程度来决定，比较熟悉的用布依语，不太熟悉或不认识的一般只用汉语。由于族际婚姻和外出打工等情况普遍存在，部分家庭出现了母语断代的现象。

2.2.3　布依语作为家庭和社区部分场合的交际语，更多的场合使用汉语

在邻近城镇或交通相对便利的地区，布依语主要在家庭内部年长的本民族成员之间使用，青年人多数情况下使用汉语，在社区内，布依语也仅作为部分老年人的交际用语，青年人之间或长辈与晚辈之间主要使用汉语，跨社区之间的族内交际也多使用汉语。这类地区的布依语已经出现了濒危现象，布依语使用人群逐渐减少，交际范围也在不断缩小，母语传承的断代现象突出。

2.2.4　布依语仅作为社区内少数老年人的交际用语

在一些布依族散居的地区，布依语的交际功能已严重衰微，由于第二、第三代已经完全放弃本民族语，汉语成了家庭、社区内部的主要交际语言，社区之间的交流也只使用汉语，布依语只在祖父（母）辈之间偶尔使用，由于使用频率低，使用者所掌握的也仅限于少量常用的基本词汇，连词成篇能力较弱，句子结构多仿汉语。这类地区的布依语已处于严重濒危的状态。

2.3　布依语的书面语资源

书面语言资料也是重要的语言资源，也是语言资源保护的重要对象。布依语的书面语言资源主要包括在民间流传的古籍文献、今人用

拼音文字或国际音标整理出版的各种资料以及在各种媒体上以不同形式出现的布依语资料。

2.3.1　传统书面语资源

布依族历史上没有出现过广泛通用的文字系统，过去主要使用汉字，民间广泛流传着以汉字或类汉字作为记音符号记录的布依语资料，所记录的内容是布依族的摩经，一部分为与社会习俗相关的内容。此外，在贵州省西部以及云南省北部布依族散居的地区，流传着用一种类似“水书”的文字记录的宗教文献，不过，其内容大多已无法解读，因此，该文种的来源尚待进一步考证。贵州水城县的金盆乡流传着一本用柏格理苗文记录的摩经，二十世纪九十年代中期发现，现在大多数内容已得到解读。布依族古籍文献有着丰富的内涵，是研究布依族古代历史、社会、经济和文化习俗等的珍贵资料，虽然人们在诵读这些经文时用的是今天的布依语，但其中的一些词汇和句子结构与现代布依语有着显著的区别，反映了历史上某个时期布依语的面貌，对研究布依语的历史演变、探索布依语的发展脉络以及侗台语乃至汉藏语系语言的历史比较研究都有着极其重要的价值。

2.3.2　布依语语言类出版物

二十世纪五十年代以前，国内外很少有人涉足布依语的调查与研究，几乎没有相关的出版物。新中国建立以后，随着二十世纪五十年代初语言大调查的开展，相关的成果和资料陆续整理出版，其中包括大量的布依族民间文学资料和古籍文献资料以及其他方面的读物。这些出版物有的采用原文、国际音标、新创布依文和直译四行对照的形式，有的则采用新创布依文翻译或创作的形式，不仅为人们多角度研究布依语提供了重要素材，同时也是布依语语言资源库的重要语料。

2.3.3　媒体中的布依语语言资源

这类语言资源包括报纸、广播电视、网络以及影视剧中的布依语语料。

二十世纪八十年代，随着布依文试行方案推广工作的进一步深入，在罗甸、望谟等布依文推行力度较大的地区，曾经创办过布依文报，专门刊登用布依文创作的诗歌、散文等作品和从布依族民间收集到的民间文学资料，既为布依文学习者提供了施展才华的平台，同时也积累了大量书面的布依语语料。可惜这类报纸存在的时间不长，随着民族文字推行工作走入低谷，这种由地方自发创办的报纸也即停止。二十世纪八十年代以来，在布依族聚居的黔南和黔西南一些县，布依语广播电视工作时断时续。2009年，黔西南州广播电视台开播布依语和苗语（黔东南方言）新闻节目，最开始为广播节目，后来改为电视节目，每天虽然只有短短10分钟，但几年下来，也积累不少宝贵的语言材料，为布依语的语言资源库提供了珍贵的音像素材。网络方面，进入新世纪以来，随着互联网的普及，出现了不少热衷于布依族语言文化的网络爱好者，他们有的将自己采集到的布依语语音资料上传到网上，有的用布依语拼音文字或自创的文字在网上进行创作或发表自己的见解，相关的网站有“布依族网”“布依族吧”“僚人家园”等。这些出现在网络上的布依语语料虽然零散，缺乏系统性，但不乏其原创性和真实性。影视方面，布依语原创影视作品较少，二十世纪七八十年代曾经上映过几部布依语配音的电影。目前仅有的一部布依语原创电视剧是2013年由贵州省望谟县拍摄的15集电视连续剧《金龙练》。该剧取材于布依族民间故事，全部采用布依语对白，剧中演员为望谟县当地的布依族，掌握地道、熟练的布依语。

此外，在黔南、黔西南布依族分布比较集中的地区，一些民间音乐爱好者自发地担当起布依语语言资源保护者的角色，他们用自己的摄像机，把布依族原生态的母语民歌拍摄制作成DV，在赚取微薄利润的同时，也为布依族语言资源的抢救和保护做出了贡献。

三　布依语语言资源的调查

布依语语言资源的调查包括语言本体、语言使用情况和书面语资源的调查。

3.1　语言本体调查

布依语语言本体的调查始于二十世纪五十年代初。1950年，中央人民政府组织中央访问团，访问西南各省民族地区。其中的第三分团在贵州开始进行布依语的局部调查工作。1952—1953年，中国科学院语言调查队和贵州民族学院组织工作组对布依语方言进行了试探性的全面调查。1956年，中央对少数民族语言调查的范围进一步扩大，由有关的几个单位组成的少数民族语言调查第一工作队的任务之一就是调查布依语方言。参与调查的专家和学员共40多人，分5个组进行，从当年的七月到九月历时三个月，调查了32个语言点的材料，加上此前调查的3个点和1957年补充调查的5个点，共40个调查点，全部材料汇集于1959年出版的《布依语调查报告》，是研究布依语难得的素材。

二十世纪八九十年代，一些学者出于自身研究的需要，对部分地区的布依语进行了零星的调查。如贵州民族学院的吴启禄先生对贵州中部第二土语的布依语进行了调查，并出版了著作《贵阳布依语》；王伟、周国炎先后对贵州水城布依语和云南罗平的布依语进行了调查，相关资料刊布于《云南民族语文》和1993年贵州省民委语文办主编、贵州民族出版社出版的《布依语文论集》中。

二十世纪九十年代末，当时的贵州民族研究所副所长伍文义和世界少数民族语文研究院研究员辛维等开展了对布依语的又一次全面调查，共选择了24个调查点，其中20个点与50年代的调查点相同。通过对 50 年前大多数有代表性的调查点做跟踪调查，将所获取的材料与《布依语调查报告》中的语料进行对比，以观察 50 年来布依语在语音方面所发生的变化，从而揭示布依语语音发展演变的规律。

3.2 语言使用调查

二十世纪五十年代的布依语调查虽然重在本体方面，但也在一定程度上摸清了当时各地布依语使用的基本情况。二十世纪八十年代后期，中国社会科学院民族研究所和国家民委文宣司共同主持了一个国家社科基金课题——“中国少数民族语言使用情况和文字问题调查研究”，其中也包括了对布依族主要分布的两个自治州、三个自治县的布依语使用情况的调查。其成果汇集于《中国少数民族语言使用情况》一书中，基本反映了二十世纪七八十年代布依语的使用情况。

进入二十一世纪以后，布依语使用情况的调查进一步深入。2006 年 6 月，由著名语言学家戴庆厦教授主持的中央民族大学“985 工程”项目——“中国少数民族语言使用情况个案研究”正式立项，笔者承担了其中的“布依族语言使用情况个案研究”，从当年 7 月至 2008 年 2 月，先后 4 次率课题组对贵州省 8 个县(区)的 18 个乡(镇、办事处)37 个村委会 58 个自然村(村民组)进行全面的调查，掌握了大量有关布依语使用现状的第一手材料。2010 年，笔者申请的国家民委课题——“西南民族杂居地区语言关系与语言和谐研究”获准立项，课题组先后赴云南、贵州和广西毗邻地区进行调查，除了了解布依语使用现状以外，还对布依族与周边各民族的语言接触、文化接触以及语言关系等进行了调查。调查成果汇集于 2009 年出版的《布依族语言使用现状及其演变》和 2013 年出版的《西南民族杂居地区语言关系与多语和谐研究——以滇黔桂毗邻民族杂居地区为研究个案》两本著作中。

3.3 书面语言资源的调查

流传于布依族地区民间的大量布依族古籍文献是珍贵的布依语书

面语言资源。二十世纪五十年代进行语言本体调查期间，这部分语言资源就已经受到了关注，但全面的调查直到八十年代才开始。经整理、翻译、出版或内部编印的文献资料有中国民间文艺研究会贵州分会1984年8月编印的《民间文学资料》(第65集上、下)(黔中·布依族礼俗歌·牛经书)；贵州省安顺市民委和镇宁县民委合编，贵州民族出版社1993年出版的《古谢经》；黄义仁、黎汝标等搜集、整理和翻译，贵州民族出版社1998年出版的《布依族古歌》；黄荣昌、周国炎、黄仕才搜集、整理和翻译，贵州民族出版社1994年出版的《安王与祖王》；黄镇邦搜集、整理和翻译，贵州人民出版社出版的《布依摩经——母祝文》(2009年)和《布依嘱咐经》(2011年)；周国茂搜集、整理和翻译，民族出版社2013年出版的《布依族温经》；等等。这些文献均采用了原文(国际音标标注)、汉语逐词翻译和意译的形式，极大地方便了多方位多视角的学术研究。网络和其他媒体的布依语语言资源的调查目前尚未开展。

四 “布依语语言资源保护”课题及其实施情况

2015年5月，“布依族语言资源调查与保护”作为一个课题列入“中国语言资源保护工程”的“南方少数民族语言资源保护”项目，并于2015年7月下旬正式启动。课题调查内容主要依据中国语言资源保护中心(简称语保中心)拟定的“中国语言资源调查手册(民族语言·壮侗语族、苗瑶语族)”，包括3000个词汇，其中前1200个为通用词汇(即中国语言资源保护工程涉及的所有语言共同的词汇)，后1800个为扩展词汇(即各语族根据语言实际情况自行增设的词汇)，100个语法例句，民族语话语材料(从“手册”设定的7个话题中选择，其中话题1—3优先选择)，口头文化(包括歌谣、故事和自选条目若干)，地方普通话等。从布依语的实际情况来看，调查内容基本涵盖了布依语口头语言资源。

4.1 调查点的选择

在调查点的选择问题上，课题论证时曾进行过慎重的考虑，是选择已经接近濒危的语言点还是保持状况较好的语言点？是选择第一土语还是选择第二、第三土语？最后，考虑到在本次语言资源保护工程中布依语不是作为濒危语言而是作为普通语言来加以保护的，调查的目的是了解该语言目前的基本现状，因此最终确定以贵州省望谟县王母办事处（即原望谟县复兴镇城区部分）作为调查点。之所以选择这个点主要是出于以下几个方面的考虑。

4.1.1 当地布依语活力相对较强

望谟县位于贵州省黔西南州东部，全县人口近30万，其中布依族人口20余万，占全县总人口的64%。除极少数在城镇出生的青少年和儿童以外，绝大多数人都以布依语作为日常交际的工具，无论在家庭、社区、工作单位、各种场合，布依语都显示出较强的活力。在布依族相对集中的村寨，一部分杂居其中的其他民族也较熟练地掌握了布依语，并能用于交际。在当地民间仍活跃着一批布依族母语文化的传承者，部分六七十岁的老人还能用本民族语言讲述民间故事，其中一些还是说唱结合的叙述形式，当地布依语称为 ɕuə^{31} ɕeu^{33} kon^{35}，音译“削肖贯”。三四十岁以上的有相当一部分人还能用本民族语演唱民歌。布依族传统宗教在民间得到了较好的传承。

4.1.2 当地布依语内部较为一致，通行范围广

望谟县布依语绝大部分属于布依语的第一土语，与其周边毗邻的册亨、罗甸、紫云、镇宁、安龙、贞丰等县布依语完全可以进行无障碍交流，这一片区布依族人口大约在60万左右，是布依语使用人口最多、最集中的一个片区。望谟境内布依语（第一土语）大致可分为两种口音

（相当于次土语），以县境桑郎、昂武、乐旺等乡镇为代表的东部口音比较接近罗甸布依语，除上述乡镇之外的其他地区属另一种口音，与周边的册亨、安龙南部、贞丰南部和镇宁南部布依语口音基本相同。但这两种口音都仅仅是声调和个别词语上的差异，不影响内部交流。此外，望谟县东北角的打易镇有一小部分布依族（约几千人）使用布依语的第三土语，与当地第一土语的布依语有较大的差别，但这些人一般都懂望谟当地大多数人使用的第一土语布依语。

4.1.3　树立布依语标准音点的权威地位

1956年创制了以拉丁字母为基础的布依文方案，实行布壮文字联盟，即布依语与壮语共用一套文字系统。布依语以惠水县羊场（现属龙里县）为参考音点。由于历史原因，该方案推行不久即停止，二十世纪八十年代贵州省民委组织专家对布依文方案重新进行修订，放弃了布壮文字联盟，同时由于羊场布依语所属的第二土语通行范围较小，使用人口较少，在修订方案时通过多方协商讨论，最后确定以望谟县复兴镇布依语为标准音点。但长期以来，地处贵州省南缘珠江水系上游河谷地带的望谟县交通相对闭塞，经济、文化、教育等各方面相对落后，外界对望谟县以及望谟布依族缺乏了解，望谟布依语在整个布依族当中缺乏应有的影响力，而作为一种语言的标准音，需要具备一定的知名度和权威性。此前，各级政府部门以及布依族民间团体已通过举办各种活动做了大量宣传工作。本课题将望谟布依语作为调查对象也是树立标准音点权威地位的一次良机。

4.2　课题调查过程简述

课题调查过程主要涉及发音人（包括布依语发音人、口头文化发音人以及地方普通话发音人）的遴选、词汇和语法的纸笔记录以及摄录工作。

4.2.1　发音人的遴选

根据语保中心所提出的条件，民族语的发音人必须为男性，年龄在56至65岁之间，初中以上大专以下文化程度，长期在本地生活，离开母语语言环境的时间最长不超过两年。按照这些条件，在望谟县城范围内物色一位布依语发音人是比较容易的。在朋友的帮助下，我们很快确定了王封祥先生作为我们的布依语发音人。口头文化的发音人对年龄、性别和文化程度没有严格的规定，但在望谟县城找能用布依语讲故事和唱布依语民歌的母语人并不是十分容易，相比之下，地方普通话的发音人则更容易一些。不过，最后这几方面的发音人我们都顺利找到了。

4.2.2 纸笔记录

用国际音标将词表中的词汇和语法例句先记录下来，可以减少发音人在录音过程中思考的时间，提高录音的效率，同时也可以降低错误率。望谟布依语是布依文方案的标准音点，此前的调查比较充分，迄今正式出版的两本布依—汉词典都是在这个点的布依语词汇基础上编纂的，因此，纸笔记录的过程实际上是了解发音人对母语的熟练程度的过程。通过纸笔记录，笔者发现，该发音人在面对调查时的语言熟练程度不及平时语言交际，这可能是有些词在日常交际中使用频率不高的原因。另外，发音人在组词成句时常常受限于汉语句子的语法，越是复杂的句子越难摆脱束缚。在后续的摄录过程中，我们花了很大的力气才矫正过来。

4.2.3 语料摄录

语料摄录是调查的最重要环节，也是课题成败的关键。据了解，不少课题组跳过纸笔记录，从一开始就直接进行摄录。在有关部门的协调和帮助下，望谟五色花布依文化传媒公司将其录音室无偿提供给我们作为摄录场所。录音和摄像器材按照语保中心建议的型号和品牌购置。在摄录的最初阶段，视频的背景噪音和结尾的按键音成为困扰课题组的一大难题，经过多次调试，仍达不到规定要求，最终解决的办法是更换设备。

五　布依族语言资源保护的可持续性

语言资源保护不是一朝一夕的事，是一项重大的工程，要有可持续性，针对具体的语言必须制订详细的保护措施，分阶段、有计划地加以保护，否则就会前功尽弃。

布依语内部差异相对较小，不分方言，但由于分布范围广，地区之间缺乏联系和往来，空间的阻隔造成不同区域间无法用本民族语进行交际，如第三土语和第一土语之间。即使属于同一土语，由于空间距离太远，语音差别较大，通话也相当困难，如三都县周覃镇一带的布依语和兴义市南盘江镇（巴结）一带的布依语都属于第一土语，但实际上彼此无法用本族语进行交流。此外，由于聚居程度、周边环境、城镇化建设速度等客观因素的影响，不同地区之间布依语的使用情况也不完全相同，如上文所划分的四种类型。因此，不同地区，不同土语，不同语言使用情况，都应作为研究课题予以立项，采取不同方式加以保护。

保护工程首先从目前语言保持状况相对较好、语言资源相对丰富和完整的地区开始，此次实施的课题所选择的望谟县复兴镇布依语就属于这种类型。布依语共分三个土语，每个土语都存在活力相对较强和较弱的情况。第一土语是目前保持相对较好、使用人口较多的，也是活力相对较强的。第二、第三土语也有活力相对较强的部分，第二土语如安顺市的西秀区黄腊与平坝县和黔南长顺毗邻部分，第三土语如镇宁、关岭北部相邻部分，目前都仍保持较强的活力，应该各选择一个代表点进行调查。处于濒危状况的地区应该是下一步调查和保护的重点。贵州省中部、南部属于第二土语的大多数地区，布依语活力相对较弱，其使用范围仅限于家庭或社区，出现了明显的断代现象，如贵阳市郊的花溪、白云、乌当一带，大多数村寨仅50岁以上的中老年人掌握布依语并仅在有限的场合使用。这些地区的布依语在未来的二三十年内将完全消失，我们应该在这一结局发生之前，将珍贵的语料保存下来，尤其是以前从未调查过的语言点。

目前，汉语方言的调查和保护除了学者以外，还调动了地方政府和职能部门的力量，这对项目的实施起到了强有力的推动作用，而少数民族语言的调查和保护则主要依靠学者。语言作为一种资源，其服务对象是整个社会，政府也是受益者，因此，作为少数民族地区的管理者，应该担负起少数民族语言资源保护的职责。

参考文献

范俊军、肖自辉 2008 语言资源论纲，《南京社会科学》第4期。
伍文义、辛维、梁永枢 2000 《中国布依语对比研究》，贵州民族出版社。
中国科学院少数民族语言研究所 1959 《布依语调查报告》，科学出版社。
周国炎 2009 《布依族语言使用现状及其演变》，商务印书馆。
周国炎主编 2013 《中国西南民族杂居地区语言关系与多语和谐研究——以滇黔桂毗邻民族杂居地区为研究个案》，中国社会科学出版社。

论贵州少数民族语言文化资源的保护

文　静

黔南民族师范学院旅游与资源环境学院

一　贵州少数民族传统文化形态及其传承形式

贵州现有民族 49 个，其中有苗族、布依族、侗族、土家族、彝族、仡佬族、水族、回族、白族、瑶族、壮族、畲族、毛南族、蒙古族、仫佬族、满族、羌族等 17 个世居少数民族，苗族、布依族、侗族、仡佬族、水族人口分别占全国同一民族总人数的 50%—98%以上，少数民族人口比重居全国第 3 位（见《贵州省民族志》第 1 页）。贵州长期处于相对封闭的状态，又是西南古代百越族系、百濮族系、氐羌族系、苗瑶族系等四大族系族际的分布连接点，民族历史悠久，文化源远流长，原生态文化系统保存完整，各民族原生文化种类繁多，特色鲜明，蕴含深厚。其传统文化形态可分为三大类。

物质文化。物质文化指人类社会模式化了的物质产品和创造方式，如饮食、服饰、住宅、特产、田园、牧场及生产交通工具等。贵州少数民族特有的物质文化包括：特色建筑，如苗族、布依族、水族、瑶族等少数民族的“吊脚楼”，布依族的“石板房”，侗族的“鼓楼”“风雨桥”；特色饮食，如苗族、布依族、侗族的“花米饭”，苗族、瑶族的“酸汤鱼”，水族的

“韭菜包鱼”，侗族的“油茶”，土家族的“血豆腐”，布依族的“虾酸”；特色服饰，如苗族的“银饰”；特色医药，如苗药、“侗药”、“瑶药”；特色工艺，如布依族、苗族、瑶族等民族的“蜡染”“织锦”，苗族的“挑花”“刺绣”，水族的“马尾绣”；等等。

制度文化。制度文化指人类社会组织体制和运作方式，对个人参与社会活动具有规范性意义，如婚丧民俗、节庆民俗、礼仪民俗及娱乐竞技等。贵州少数民族丧葬形式多样，如苗族、瑶族有“岩洞葬”，苗族有“树葬”，布依族有“石棺葬”“瓮棺葬”，瑶族有“厝葬”，仡佬族有“倒埋坟”“竖葬坟”；婚恋活动风情独特，如瑶族的“谈婚房”“谈婚洞”，布依族、苗族、水族、瑶族的“浪哨”“赶表”“抢婚”“填房”；节庆仪式隆重而神秘，如苗族的“吃新节”“牯脏节”，布依族的“雅蛔节”，侗族的“抬官人”“吃细鱼”，水族的“端节”“卯节”，瑶族的“盘王节”，毛南族、彝族的“火把节”；礼俗原始而意义深重，如苗族仍保留女儿继承制、幼子继承制，布依族、苗族、水族民间“议榔制”盛行，瑶族的“寨老制”“石牌制”保存完好；娱乐竞技丰富多彩，如苗族、水族、布依族、瑶族喜爱“芦笙舞”“铜鼓”，苗族有“斗牛”“苗拳”“飞歌”“反排木鼓舞”“上刀梯”，水族有“赛马”，布依族有“姐妹箫”“牛骨胡琴”“花灯戏”，侗族有“侗族大歌”，毛南族有“猴鼓舞”，瑶族有“打猎舞”。

精神文化。精神文化指人类社会集体性意识形态，如道德观、伦理观、宗教信仰等心理习惯和语言习惯、民间文学等。贵州少数民族由于长期以来经济文化一直比较落后，缺医少药，因而普遍相信鬼神，中老年人尤甚，如苗族信奉的鬼神很多，一般人能叫出名字的鬼神至少有十几种，鬼师们能叫出名字的鬼神就更多，诸如“土地菩萨”、“家神”、善神（用鸡或鸭来敬祭）、灶神（用猪头祭的雷神、用小黄牛祭的雷神、用小水牛祭的雷神）、火鬼，酿鬼、井水鬼、肚痛鬼、老虎鬼、石头鬼、树鬼等；水族信仰的鬼神有七八百个之多，被相邻的布依族、侗族、苗族、汉族称为“水家鬼多”；布依族天上有山神、石神、树神、门神、灶神，地上有无长鬼、倒路鬼、摆子鬼。布依族、苗族、水族、瑶族等少数民族还保留着“姑表亲”“还娘头”“背带亲”“坐家”“抢婚”“填房”等习俗，表现在语言习惯上，布依语、苗语中祖父、外祖父，祖母、外祖母，哥哥、姐夫、表兄、表弟，姐姐、嫂嫂、表姐，妹妹、表妹，舅母、姨母等亲属称谓相同，可以看作是这些少数民族历史上从母居社会生活的孑遗。贵州少数民族也通过口耳世代相传，传承发展了辉煌灿烂的民间文学，如《苗族古歌》、《侗族大歌》、瑶族《盘王大歌》、彝族古籍文献、水族水书等。

贵州少数民族传统文化主要以两种形式进行传承。

1. 实体文化形式。以物质文化形态传承发展民族文化。如上述文化形态中的建筑、饮食、服饰、特产、田园、生产交通工具、民间百乐舞蹈、传统与民间表演艺术、民间手工技艺等。

2. 语言文化形式。语言文化是指一个民族的语言中具有文化承载功能的特征词、民俗语词、人名地名和口碑文学（故事、歌谣、传说、诗歌）。语言是构成民族的最基本、最明显的特征。语言是文化的重要组成部分，是一种特殊的文化现象。语言对文化的作用主要表现为：语言记录和保存文化，语言反映文化，语言传播文化，语言制约文化。德国语言学家雅各·格林说：“关于各个民族的情况，有一种比骨殖、工具和墓葬更为生动的证据，这就是他们的语言。”语言沉淀了一个民族大量的历史文化信息，是民族社会文化的“活化石”。一个社会的世俗文化、历史文化的方方面面都会反映在语言上，形成当地特有的语言现象。反之，通过这些语言现象也能透视当地民俗文化（文静，2010）。如贵州省都匀市王司乡的苗族银头饰，每一种造型都寓意深刻。其中“双鸾兰花”造型，兰花代表美好的生活环境，两只鸟代表两个苗族支系，鸟名是部落首领的名字音，用以代指首领。“双鸾兰花”曾是“三苗时代”生活在黄河下游一带苗族的族徽，清朝以前男女都戴，清以后只是女人戴，根据银匠打制规定和民间传说，可推知苗族社会历史生活。[①] 又如贵州省贵定县谷撒苗语亲属称谓有外亲内亲不分的特点，其祖父、外祖父、舅公、公公（丈夫之父）、岳父共用一词，祖母、外祖母、岳母称呼不分，母亲、婶婶、伯母不分，表哥、姐夫不分，女儿、侄女、外甥女称呼不分，在语言中遗留了较为明显的苗族原始社会群婚阶段的文化特征，在这一阶段，一个苗族部落的一群男性与另一苗族部落的一群女性交配，小孩子只知其母而不知其父。[②] 再如苗族古歌，黔东南和黔南的各支苗族都有自己的古歌，大致讲述了苗语的重大社会事件。就拿迁徙而言，各支苗族古歌唱到的迁徙路线不同，可以反映出苗族的族源。

贵州世居少数民族大都没有传统文字，其社会历史文化靠口耳相授、世代相传，因此，语言文化成为少数民族文化的最主要的载体。一旦语言文化失传，民族文化也面临消失的困境。

二　贵州少数民族语言文化的保存、保护与发展

2.1　少数民族语言文化生态

文化生态是人类在社会历史实践中所创造的物质财富和精神财富所显露的美好姿态或生动意态，以及其生存的状况和环境。文化生态具有不可再生性，许多历史文化遗产一旦毁损，传统风格一旦变异，人居环境一旦破坏，将是人类文明不可逆的损失。语言文化生态同理。在现代化、城镇化建设进程中，贵州少数民族语言文化呈现出两种弱化生存状态：一是逐渐消失的语言文化。一些庄重、神秘、有着一套严格

① 根据笔者 2009 年 9 月在贵州省都匀市调查所得。调查对象：陈朝魁，男，1932 年出生，原贵州省都匀市民委退休干部。

② 苗语材料根据 2009 年 2 月曹志耘教授带领文静、栗华益、张勇生、贾坤在贵州省贵定县对谷撒苗语进行的田野调查材料整理所得。

程序的民族节日活动，如“牯脏节”“龙舟节”，已经简化甚至消失；一些古歌、故事、歌谣、传说等口碑文学随着歌师、巫师的去世，慢慢失传；能熟练使用本民族语言的年轻人越来越少；年轻人不再通过“跳芦笙”“游方”“谈婚洞”等传统方式恋爱结婚。据调查，贵阳市郊的布依族母语已处于濒危状态，掌握母语的人群老龄化，母语传承断代问题突出（吴峰，2009）。苗族人口达到97％的贵州省台江县，35岁以下的年轻人，有70％的男子不会吹芦笙，50％的女子不会挑花、刺绣；2002年反排举行鼓社祭祖活动，竟找不出一个通晓祭祖完整仪式的鼓头（吴一文，2006）。二是外部引入的文化。如现今许多苗族、布依族、瑶族、毛南族等少数民族过的“年节”，实际上来源于汉族传统节日（春节）；居住在交通便利的民族村寨的少数民族日常着装逐渐改用轻薄简便的汉式服饰；房屋建筑开始舍弃民族传统的木榫结构，采用经济实惠的现代砖混结构；苗族、水族、布依族等少数民族婚丧嫁娶和节庆礼品在保留一部分酒肉、糯米饭等传统元素外，开始引入钱币、冰箱、消毒柜、电视机等现代元素；从语言使用情况上看，更多少数民族村寨的儿童、青少年在逐渐成为操本民族语、汉语方言和普通话的双语人。

不容置疑，贵州少数民族语言和文化正处于弱势状态，有些甚至濒临灭绝。那么，对现有的民族语言文化开展全面的调查记录、收集和保存，其必要性和重要性应当是毋庸置疑的。而对其中处于弱势和濒危状态的语言文化进行抢救性调查和保存，则更是迫在眉睫的任务。实际上，少数民族语言文化的消失和流失现象已引起社会各界的广泛重视，现有濒危语言的调查研究、非物质文化遗产的申报、“民间文化年”、“中国民族民间文化保护工程”、民族生态博物馆、民族风情节、民俗旅游村、双语教学、民族传统文化进校园活动、民族文化或民俗文化网等种种形式来抢救和保护、开发和利用民族语言文化资源，也取得一些成效。但我们也看到存在的诸多问题：一是少数民族语言文化的保存、保护和发展概念界定不清；二是对少数民族语言文化资源的保存已得到重视，但对民族语言文化的保护和发展认识不清，没有给予应有的重视；三是少数民族语言文化研究未能破解点与面的难题，民族语言文化研究成果转化不能满足现实发展需求；四是现今政府主导民族地区语言文化资源的开发利用，但缺乏科学研究基础和有效管理，"伪民俗"现象丛生；五是少数民族语言文化教育缺少统一规划和要求，民族文化教育和传承仍处于零散、低层次运转状态；六是全社会对少数民族语言文化发展缺乏足够的关怀，少数民族自体发展没有得到应有的指导、帮助和实惠。人类在进步，社会要发展，这是历史规律。在全球经济一体化的进程中，那些在原始落后的生存条件下形成的文明必然会受到现代文明的冲击，民族文化在高科技推动下迅速走向世界的同时，也会因注入了新的文明内涵而悄然同化。我们怎样面对这个不可逆转的社会现实？怎样才能让我们绚烂多彩的民族传统文化植根于丰润的土壤，得以健康发展？我们认为：文化具有生态性，在自然状况下生存下来的原生态文化，是民族民间文化与民族乡土环境、人文历史、民俗风习融为一体的文化，具有真正的活力。从建设民族传统文化的生态文明的角度来讲，需要正确处理民族语言文化的保存、保护与发展的关系。

2.2 少数民族语言文化的保存

少数民族语言文化保存是指对已经无法保持、延续或恢复活力的传统语言文化现象，通过全面、细致、科学的调查，把其实际面貌记录下来，并进行长期、有效的保存和展示。其对象是现今已不能适应现代社会的物质文化形式、制度文化形式、精神文化形式，如抢婚、填房、岩洞葬、古语词等。

少数民族传统文化的保存理念应该是建立以高校和研究机构为核心，民族本体协作参与，政府和社会团体给予支持的保存体系。高校和研究机构是高层次人才聚集地，可以采用更为科学、规范和有效的手段记录、保存和展示优秀的民族语言文化传统。

少数民族语言文化保存的途径主要有三个：

1. 语言记录保存。现有中国濒危语言资料记录（联合国教科文组织项目）、中国濒危语言方言调查研究与新编《中国语言地图集》（中国社会科学院项目）、汉语方言地图集（教育部和北京市项目）、中国少数民族濒危语言语音资料库（教育部项目）、中国濒危语言个案对比研究（国家社科基金项目）、西南地区濒危语言调查研究（教育部项目）。

2. 音像记录保存。现有中国语言资源有声数据库，包括汉语方言、少数民族语言、地方普通话三大分库。每一分库包括文本（文字和音标）、声音、图像（照片和录像）三种形态，三种形态之间的内容具有对应性和链接功能。中国语言资源保护工程（财政部、教育部、国家语委项目），包括汉语方言调查、少数民族语言调查、语言文化调查、濒危语言调查、采录展示平台建设，用声像资料、文字记录、图片资料等多种现代方式保存。

3. 实体博物馆。除了传统的通过文物、照片进行静态的展柜式陈列之外，可通过艺术场景，再现或还原少数民族生活中的某种场景和生活状态，或通过数字化的展示方式，展示少数民族音像、图片和视频资料。

2.3 少数民族语言文化的保护

少数民族语言文化保护是指对能够延续或恢复活力的传统语言文化现象，通过各种有效的政策、措施、手段，保持民族传统文化的活力，使其得以持续生存和发展，尤其是要避免弱势和濒危民族文化衰亡。其对象是尚能适应现代社会的物质文化形式、制度文化形式、精神文化形式。

少数民族传统文化的保护理念应该是建立以政府为核心，高校和科研机构、民族本体为辅助的保护体系。此体系通过建立以高校和科研机构研究成果转化为基础，以政府和社会团体政策、财力投入为支撑，以民族自体需求为导向的循环结构完成少数民族语言文化良性健康发展。

少数民族语言文化的保护途径如下：

1. 国家政策扶持。包括尊重少数民族风俗习惯、保护少数民族文化遗产、繁荣少数民族文化艺术事业、发展少数民族传统医药、发展少数民族传统体育运动等方面。我国现已制定了《非物质遗产保护法》，出台了《国务院关于进一步繁荣发展少数民族文化事业的若干意见》《国家"十二五"少数民族语言文字出版规划》《"全国生态文化村"遴选命名管理办法》等。

2. 建立健全组织机构。国家成立了全国少数民族古籍整理出版规划小组和办公室，组织和领导全国少数民族古籍整理工作。全国现有25个省、自治区、直辖市，130个自治州、地、盟建立了民族古籍整理与研究机构，民族院校也建有古籍整理与研究机构。

3. 人才培养。全国5个民族自治区和云南、贵州、吉林等省有24所高等和中等艺术院校，专门培养少数民族艺术人才。

4. 生态博物馆。生态博物馆是一种以村寨社区为单位，没有围墙的"活体博物馆"。它强调保护和保存文化遗产的真实性、完整性和原生性。生态博物馆的概念最早于1971年由法国人弗朗索瓦·于贝尔和乔治·亨利·里维埃提出。目前，全世界的生态博物馆已发展到300多个。中国已有16个生态博物馆，其中贵州4个：梭嘎苗族生态博物馆、镇山布依族生态博物馆、隆里古城汉族生态博物馆、堂安侗族生态博物馆；广西10个：南丹里湖白裤瑶生态博物馆、三江侗族生态博物馆、靖西旧州壮族生态博物馆、贺州客家围屋生态博物馆、长岗岭商道古村生态博物馆、融水安太苗族生态博物馆、那坡达文黑衣壮生态博物馆、金秀坳瑶生态博物馆、龙胜龙脊壮族生态博物馆、东兴京族生态博物馆；云南1个：云南西双版纳布朗族生态博物馆；内蒙古1个：敖伦苏木蒙古族生态博物馆。

5. 生态文化村。是生态环境良好、生态文化繁荣、生态产业兴旺、人与自然和谐、示范作用突出的典范。2015 年，全国共有 120 个行政村被授予“全国生态文化村”称号。

2.4 少数民族语言文化的发展

少数民族语言文化的发展是指对具有活力的传统语言文化现象，通过改革、创新，注入新的文化要素，建设适应新时代的民族原生态文化环境，保持民族文化强劲活力，使其得以持续生存和发展。

民族传统文化的发展理念是建立以民族本体为核心，高校和科研机构、政府和社会团体为辅助的发展体系。少数民族语言文化的传承发展要尊重少数民族本体的自述，高校和科研机构、政府和社会团体要根据少数民族自身发展的需求，给予充分的支持和帮助，不可外力强加或压制打击。

少数民族语言文化的发展途径主要有两个：

一是源自民族内部的传统文化创新。如贵州苗族房屋建筑伴随社会经济文化的发展，经历了“叉杈”结构→“并干式”结构→“杆栏式”结构的发展，屋顶用材也经历了茅草顶→树皮顶→瓦顶的发展过程，现代苗族建筑需要在保持传统建筑风格特点的基础上，进一步完善房屋的防火、防水等安全功能和水、电、通信、卫生等现代化生活功能，使传统苗族建筑能更加切合现代苗族社会生活的需求，注入新的文化内涵。

二是源自外来影响的传统文化创新。少数民族语言文化可以吸收外来语言文化的优秀成分，在保持原有文化属性特点的基础上，进一步创新原有文化的内容和形式，融入时代发展进程。如苗族芦笙制作技艺，可以采用现代技术进行完善，使其制作更加精良，音律更加优美和谐。水族“马尾绣”、苗族“银饰”可以打造出更加精细和多样化的旅游商品，以此增强传承活力，推进民族社会经济文化的发展。

三　结语

少数民族语言文化保存、保护和发展是一个需调动全社会力量共同完成的系统工程，研究、教育、规划、实施、帮助不可偏废，只有建立以少数民族本体需求为主导，政府、研究机构、社会力量共同参与的立体保护系统，才可能真正实现少数民族语言文化资源保护目标。其关键在于转变观念、深化认识，加强教育。因此，对少数民族语言文化资源保护教育项目立项就显得极为重要。通过制订统一的少数民族语言文化资源保护教育培养目标，建立"语言资源保护教育"体系，整合政府、高校及科研单位、社会等各方面力量，建立少数民族语言文化资源保护教育培训体系。其意义和价值表现在：1. 可以提高全社会对语言文化资源的保护意识；2. 可以提高全社会对语言文化资源保护的能力水平；3. 可以转化语言资源保存和研究成果，促进少数民族地区经济社会发展，让少数民族在语言文化资源保护中得到科学的指导，获得真正的实惠。

参考文献

贵州省地方志编纂委员会 2002　《贵州省志·民族志》，贵州民族出版社。

文静 2010　论民族地区语言文化的保存和利用，《前沿》第 24 期。

吴峰 2009　贵阳市郊布依族语言濒危现象研究——以白云区牛场布依族乡为个案，中央民族大学硕士学位论文。

吴一文 2006　台江苗族文化多样性保护与世界遗产申报，载贵州省中华文化研究会编《全球化背景下的贵州民族民间文化》，贵州民族出版社。

（本文曾以《再论贵州少数民族语言文化的保存、保护和发展》为题发表于《黔南民族师范学院学报》2016 年第 5 期）

红河州哈尼族语言文化资源保护实践

李松梅[1]　常俊之[2]

1 云南省红河州民族研究所

2 聊城大学文学院

一　红河州哈尼族语言文化资源保护的历史背景

哈尼族源于长江和黄河上游甘青川藏接合部的古羌族群。由于族群的分化、战争等原因，逐步向南迁徙，渐渐完成了游牧文化向农耕文化的嬗变转型，并定居于红河、把边江、澜沧江流域，哀牢山和无量山之间，小部分已迁至泰国、缅甸、老挝、越南等国家。

红河州的哈尼族主要聚居于红河、元阳、绿春、金平四县，建水、石屏两县也有一定数量的哈尼族人口分布，总人口已达70万。红河州的哈尼族至今完整地保留着自己的语言、服饰及风俗习惯等，这除了地域环境的相对封闭外，主要是由于其文化系统对自然环境的适应性，这种适应性体现了这种文化较为强大的生命力，也体现了其存在的合理性。而举世瞩目的红河哈尼梯田，则是这种文化部分的外在形式。

中华人民共和国成立前，哈尼族没有自己的文字，文化传习一直靠口授心记。1952年，中央政府为帮助哈尼族人民解决文字问题、全面提高哈尼族社会发育程度，组织了有哈尼族干部参加的哈尼语文工作队，开始进行哈尼语调查研究。经过几年的努力，于1957年写出了《关于划分哈尼语方言和创制哈尼文的意见》的哈尼语调查报告，制定了拉丁字母形式的《哈尼文字方案》(草案)。哈尼文以哈雅方言的哈尼次方言为基础方言，以绿春县大寨哈尼语的语音为标准音。这个方案于1957年3月在昆明召开的云南省少数民族语言文字科学讨论会讨论通过，又经1958年4月在北京召开的全国第二次少数民族语言文字科学讨论会讨论，呈报中央民族事务委员会批准试行。

在漫长的历史岁月中，哈尼族创造了灿烂的文化，并以口头传述的方式得以保存。哈尼族口传文化总其类有神话、传说、故事、童话、寓言、笑话、谚语、格言、古歌、儿歌、情歌、山歌、风俗歌、史诗、祭词、咒语等。哈尼族口传文化是哈尼族人民世世代代创造的知识宝库，充分展示了哈尼族人民的聪明才智和创造能力，是认识和了解哈尼族必不可少的历史教科书。

哈尼族口传文化拥有一个数量众多的迁徙史诗诗群，这在古今中外是罕见的，它丰富了中国和世界文化宝库。例如：迁徙史诗《哈尼阿培聪坡坡》系统地演唱了哈尼族从诞生、发展到迁徙各地的路线、历程、生产生活和社会形态，描写了多次重大战争，是哈尼族叙史诗中最周详、气势最宏大的作品，尤其它塑造了哈尼族女英雄戚姒扎密这一血肉丰满、饱含着哈尼族独有的智慧和勇毅精神的艺术形象，是中国文学史中少见的，极大地丰富了中国古典文学的艺术长廊，是中国文学史上一颗闪闪发光的珍珠。

在全球一体化的经济、文化背景下，哈尼族语言文字面临着汉化的严重挑战。现在的哈尼山寨，年轻人不会唱本民族民歌已经是普遍情况，哈尼族语言也在不断消失。而哈尼族口传文化的主要传承人老莫批和老歌手们不断谢世，更使哈尼族口传文化雪上加霜。可以说，一个莫批或歌手的辞世，就是带走了一座哈尼文化的图书馆。哈尼族口传文化已经到了濒危的边缘，当务之急是抢救。

二　红河州哈尼族语言文化保护的措施

哈尼族口传文化是一个其他民族文化不可替代的、具有宝贵价值的文化系统，对它的继承和发扬，不仅有利于哈尼族地区经济社会的发展，也有利于中华民族文化和世界多元文化的发展。近几年来，红河州政府为哈尼族语言文化的保护采取了各种措施。

2.1　启动《哈尼族口传文化译注全集》的编译工作

红河州人民政府高度重视各民族文化的挖掘、整理和保护工作。2008年，红河州决定依靠各地有关部门的合力，牵头组织开展哈尼族口传文化编译出版工作，从2008年起，用数年时间，完成搜集、翻译、整理、出版《哈尼族口传文化译注全集》100卷的任务，地区范围包括中国哈尼族居住的红河州、普洱市、西双版纳州、玉溪市、昆明市和楚雄州，同时尽可能搜集缅甸、泰国、越南、老挝等国哈尼族及其阿卡人的口传文化资料。

哈尼族口传文化的调查、搜集、整理、研究是从20世纪50年代开始的，先后形成了两次高潮。

第一次是1958—1959年，由云南省委宣传部组织了一批文化单位的专业人员和各大学中文系的学生，组成"云南省民族民间文学红河调查队"，到红河、元阳、禄春、金平进行了为期一年的调查，搜集到一批珍贵的资料。可惜这些资料大半在"文化大革命"中遗失，只有《不愿出嫁的姑娘》等少数作品得到发表。

第二次是改革开放30年以来，由各地区、各单位的哈尼族文化专家、学者、爱好者和民间文化传承人推动的。他们虽然分散各地，但却怀着对哈尼族文化的满腔热情，孜孜不倦地辛劳。他们中的许多人是土生土长的哈尼族，没有语言障碍，熟悉情况，与莫批、歌手有着紧密的联系。因此，到目前为止的数千万字资料和已经发表的绝大多数作品，都是这一时期的成果。值得一提的是，1981 年元阳县在文化馆长杨叔孔的主持下召开了“元阳县民族民间(莫批歌手)文学讨论会”，这是“文化大革命”以来第一次正式召开的哈尼族口传文化讨论会。与会的莫批、歌手近百人，著名老作家李乔、王松分别代表云南省文联和中国社科院云南少数民族文学研究所，哈尼族学者史军超代表《山茶》杂志社，朱宜初教授代表云南大学中文系出席了会议。这是一次历史性的盛会，会上成立了“元阳县民族民间文学研究会”，由此拉开了改革开放后哈尼族口传文化搜集整理的序幕。通过这次会议，成立了由史军超、卢朝贵、杨叔孔、朱小和组成的哈尼文化工作组，开始了长期的搜集、翻译、整理、研究工作。这个小组在 20 多年时间里搜集到的哈尼族口传文化资料达 1000 多万字，大型古歌《窝果策尼果》、长篇迁徙史诗《哈尼阿培陪坡坡》是其中的典型成果。接着《山茶》杂志开辟专栏，发表了第一批重要作品。1984 年 1 月 1 日红河州民族研究所成立后，李期博、张佩芝等搜集整理了《普嘎纳嘎》《斯批黑遮》等一批重要作品。西双版纳州则在阿海、施达带领下整理出版了《雅尼雅嘎赞嘎》等作品。

在泰国、缅甸等国，形成了以荷兰著名学者阿尔丁·汪·刘·格索博士为首的学术团体，开展哈尼族阿卡文化的调查研究工作，也取得不少成绩。

经过长期努力，已经搜集到较多的哈尼族口传文化。其中已经出版发表的主要有大型系列古歌《窝果策尼果》《十二奴局》、长篇迁徙史诗《哈尼阿培聪坡坡》《雅尼雅嘎赞嘎》《哈尼先祖过江来》《普嘎纳嘎》、古歌《天地人鬼》《阿培阿达埃》《木地米地》《都玛简收》、英雄史诗《迁徙悲歌》、神话史诗《罗槃之歌》、长篇殡葬祭词《斯批黑遮》《阿妈去世歌》、悲剧叙事诗《依牙俄碧之歌》《妥底玛依之歌》《不愿出嫁的姑娘》、长篇风俗歌《哈尼族风俗礼仪歌》《哈尼族四季生产调》《欧夏奕》《哈尼族情歌》《斯奴检奴》、格言集《哈尼朵阿玛》、大型民歌集《中国云南红河哈尼族民歌》等;此外还有《哈尼族神话传说集成》《西双版纳哈尼族歌谣集》《西双版纳哈尼族传说故事集》《木人克沙》等。

已经出版的作品获得了文化界的广泛好评,史军超等整理的《窝果策尼果》,白祖额、白碧波、李克忠、阿黑整理的《哈尼族风俗礼仪歌》分别获得云南省文化艺术最高奖项“云南省文学艺术奖励基金会”一等奖;阿海、施达整理的《雅尼雅嘎赞嘎》获得二等奖;国平、阿罗整理的《妲耶与央才》,李期博、郭纯礼、赵官禄整理的《斯奴检奴》获得三等奖。许多作品还被介绍到美国、英国、荷兰、瑞典、日本、韩国和东南亚各国,产生了一定的国际影响。

2008 年 8 月 6 日在红河州蒙自县召开了云南省《哈尼族口传文化译注全集》编译工作第一次协作会议,来自云南省社科院、省古籍办、西双版纳州、普洱市、玉溪市和红河州各市县有关领导和专家 90 多人参加了会议。与会领导和专家就《哈尼族口传文化译注全集》编译工作协作组织机构、协作方案、任务分解等进行了深入细致的讨论并达成了共识。

2008 年 8 月 26 日至 9 月 8 日,编译办在红河州委党校举办了为期 15 天的编译工作业务培训班,来自红河州、西双版纳州、普洱市、玉溪市的 56 名编译工作业务人员参加了培训。培训期间,重点学习了哈尼文、国际音标、翻译理论、民族民间文学的收集与整理等知识,为会后从事编译工作打下良好的基础。

到目前为止,《哈尼族口传文化译注全集》共完成出版 35 卷,内容主要是哈尼族口传文化中的迁徙史诗、古歌、祭词、谱牒等。《全集》采用哈尼文、国际音标、汉字音译加注释的形式排列,以阿拉伯数字标明谱系序号。目前已经出版的有:第一卷《窝国策尼果(一)》;第二卷《窝国策尼果(二)》;第三卷《窝国策尼果(三)》;第四卷《哈尼阿陪聪坡坡》;第五卷《格郎莎》;第六卷《哈尼四季生产调》;第七卷《都玛简收》;第八卷《白宏莫搓搓能考(一)》;第九卷《白宏莫搓搓能考(二)》;第十卷《红河州哈尼族谱牒(一)》;第十一卷《红河州哈尼族谱牒(二)》;第十二卷《红河州哈尼族谱牒(三)》;第十三卷《红河州哈尼族谱牒(四)》;第十四卷《红河州哈尼族谱牒(五)》;第十五卷《红河州哈尼族谱牒(六)》;第十六卷《红河州哈尼族谱牒(七)》;第十七卷《红河州哈尼族谱牒(八)》;第十八卷《红河州哈尼族谱牒(九)》;第十九卷《红河州哈尼族谱牒(十)》;第二十卷《红河州哈尼族谱牒(十一)》;第二十一卷《阿培瞿羽炎雅(一)》;第二十二卷《阿培瞿羽炎雅(二)》;第二十三卷《独玛沃》;第二十四卷《贝纳纳拉枯》;第二十五卷《搓西能批突(一)》;第二十六卷《搓西能批突(二)》;第二十七卷《罗美耐扎饶(一)》;第二十八卷《罗美耐扎饶(二)》;第二十九卷《窝哲查》;第三十卷《玉姆杜达(一)》;等等。

2.2 政府部门制定政策,加强对非物质文化遗产保护工作的领导

红河州委、州政府在“十一五”规划中将贯彻实施《云南省民族民间传统文化保护条例》,保护、挖掘、整理、开发民族民间传统文化工作纳入整体规划、年度工作计划和州政府的目标责任制考核内容。2000年制定了《红河民族文化大州建设纲要》,2004年出台了《中共红河州委、州人民政府关于加快文化体制改革繁荣文化事业发展文化产业的决定》,2008年下发了《中共红河州委、红河州人民政府关于加快民族文化大州建设、推动红河文化大发展大繁荣的意见》。2009年《中共红河州委办公室、红河州人民政府办公室关于加强农村公共文化服务体系建设的意见》明确建立州、县市非物质文化遗产保护中心。鼓励建立传习场所,资助传承人开展传习活动。对民族民间传统文化进行动态整体性保护,系统发掘和整理民族民间传统文化重要项目、重要作品、重要技艺,逐步建立科学有效的抢救保护和开发利用机制。实施农村特色文化品牌战略，对各级政府公布的保护项目和命名的传承人配套相应的保护经费，对已公布的传统文化保护区、传承人、保护项目的保护给予补助。

2.3 形成统一的民族文化传承机制

政府文化部门通过组建专业团队、扶持业余队伍的方式，加大对非物质文化遗产传承载体的建设。稳定州歌舞团，恢复、组建绿春等县级歌舞团，组建了元阳民族文化传习馆，扶持红河民族文化传习馆等专业性较强的表演队伍，鼓励农村、社区建立业余文艺演出队。目前，全州有8个传承示范点和传习所、17个民族文化传承班，12个县市有专业性文艺表演团体，业余文艺演出队已突破3000支。

红河州还开展了非物质文化遗产保护传承进校园活动。把非物质文化遗产传承工作与校园基础教育紧密结合，推动优秀民族民间传统文化的普及与传承。例如红河县开展了“乡土文化进校园”活动，把民族歌舞推进校园。

2.4 开展民族文化旅游特色村的建设

云南省委省政府为建设旅游强省，要求建设150个民族特色旅游村寨，在依托民族文化促进旅游发展的同时，也保护了民族传统文化。如红河县普玛奕车文化特色旅游村，坚持群众性文化活动与民间艺术资源的发挥相结合，极力传承叙事长诗《普嘎纳嘎》《十二月生产调》《母的米的》《阿资资斗》《阿扎夺拉》《觉玛普德》《母什米嘎》等口头文学资源，走出了一条保护传承并举、经济文化共荣的新路。

2.5 培养哈尼语专门人才

红河州政府依托云南民族大学，每年定向招收哈尼语专业的学生，培养专门的哈尼语人才。州政府与云南民族大学合作办学期限为5年，时间为2012年8月至2016年8月。所招学生进入该校中国少数民族语言文学专业进行本科教育学习。目前哈尼语班开设三年，已有

84 名学生，都是来自不同地区不同支系的哈尼族。我们相信，这批学生毕业以后，可以真正地学以致用，为传承、保护哈尼语言文化做出自己的贡献。

2.6 充分利用新媒体宣传哈尼文化，引导年轻一代掌握哈尼文化

随着网络及新媒体的出现，哈尼文化研究机构和个人纷纷使用建立网站、微信群、QQ 群和百度吧等形式宣传哈尼文化，引导年轻一代了解、学习、传承哈尼文化。如哈尼族网站 www. hanizu. cn；中国哈尼族微信公众号 Hanizucn；QQ 群 40063498；国际哈尼/阿卡文化网 http://www. hnakw. com；中国哈尼/阿卡网 http://www. chinahani. com；哈尼文/文化学习群 219118310；百度贴吧——哈尼族吧；等等。通过这些形式，培养了一批热爱本族语言文化的年轻人。他们已经能够熟练使用哈尼文记录自己民族的传统诗歌与民间传说故事等。

三 面临的困境与思考

虽然云南省委、省政府及红河州已经采取各种措施保护民族语言文化资源，但哈尼族语言文化资源的保护仍存在一些问题。

3.1 专业人员匮乏

红河州政府启动的《哈尼族口传文化译注全集》编译工作，极大地保护了哈尼族口传文化，但目前来看，仍存在一些问题，特别是专业人员匮乏，语言记录的准确性及翻译的正确性都有待提高。哈尼族支系众多，语言差异大，也对编译人员提出了较高的要求。

3.2 文化传承仍有断代危险

从民间调查看，在经济利益的驱动下，许多哈尼族青壮年选择了进城务工，大多数年轻人对民族文化的保护、传承已不感兴趣，认为学习、保护、传承民族优秀传统文化挣不到钱，养不了家，缺乏自信、自尊。哈尼族传之既久的口传文化与非物质文化遗产仍面临着遗忘、消失的威胁。

2015 年 5 月 14 日，教育部、国家语委下发了《关于启动中国语言资源保护工程的通知》。《通知》指出，“为贯彻党的十八大和十七届六中全会关于大力推广和规范使用国家通用语言文字，科学保护各民族语言文字的精神，落实《国家中长期语言文字事业改革和发展规划纲要(2012—2020 年)》的任务要求，教育部、国家语委决定自 2015 年起启动中国语言资源保护工程(以下简称语保工程)，在全国范围开展以语言资源调查、保存、展示和开发利用等为核心的各项工作”。“目标是利用现代化技术手段，收集记录汉语方言、少数民族语言和口头语言文化的实态语料，通过科学整理和加工，建成大规模、可持续增长的多媒体语言资源库，并开展语言资源保护研究工作，形成系统的基础性成果，进而推进深度开发应用，全面提升我国语言资源保护和利用水平，为传承中华优秀传统文化、促进民族团结、维护国家安全服务。”

我们认为，红河州可以积极争取参与国家的语保工程，或者采用纪录语言学的方法，用录像、录音、图片和文本方式对哈尼族语言文化进行全方位的记录，建立全面、系统、科学的语言文化档案。这不仅有利于语言资源的保护，还可以让语言学、人类学、历史学、民俗学、文学、音乐学、生物学等各学科的学者受益。

针对专业人才匮乏问题，可以通过加强专业培训或者与国内外专家学者共同做课题的形式，逐步提高本民族专业人才的学术水平和专业水准。

参考文献

戴庆厦 2000 《中国哈尼学》(第一辑),云南民族出版社。

戴庆厦 2005 《中国哈尼学》(第三辑),民族出版社。

戴庆厦 2010 《藏缅语族语言研究(五)》,云南民族出版社。

戴庆厦、段贶乐 1995 《哈尼语概论》,云南民族出版社。

《哈尼族简史》编写组 2008 《哈尼族简史》,民族出版社。

李永燧 1990 《哈尼语语法》,民族出版社。

李永燧、王尔松 1986 《哈尼语简志》,民族出版社。

从九河白族乡普米语的保留、衰变、复苏看小语种的生态环境

杨　露　余金枝

云南民族大学汉藏语研究院

引言

九河白族乡隶属于云南省丽江市玉龙纳西族自治县，位于玉龙纳西族自治县东南部。南与大理白族自治州剑川县交界，北同迪庆藏族自治州香格里拉县隔金沙江相望，东与玉龙县太安乡红麦村相连，西北与玉龙县石头乡、石鼓镇接壤。全乡辖10个村(居)民委员会，79个村(居)民小组，共7372户，26969人。境内有白、纳西、普米、傈僳、藏、汉等6个世居民族。其中，白族14300人，占总人口的53.02%；纳西族10185人，占人口总数的37.77%；普米族1150人，占人口总数的4.26%。

九河乡的普米族主要分布在金普和河源两个村。金普村的普米族人数最多，有584人，其次是河源村456人，这两个村的普米族占了全乡普米族人口的90.43%。其余的110人散居在甸头、关上、中古、北高等多个行政村。考虑到人口因素，我们选取金普和河源两个村作为考察对象，通过对这两个村普米语的调查，我们发现该地普米语的保留可分为“保留型”“衰退型”“复苏性”三类。

分布于同一个乡的普米语存在三种不同的使用类型，这对小语种

活态保护研究很有价值。本文依据实地调查所得到的第一手材料，从九河乡普米语的保留、衰变、复苏看语言生态环境对小语种保留的意义。

一　母语保留型

母语保留型是九河乡普米族母语使用的基本类型，主要出现在金普村。该村共有1210人，其中普米族人口最多，占全村总人口的48.26％，其次是纳西族548人，占全村总人口的45.29％，傈僳、汉等其他民族仅占6.45％。该村辖13个村民小组，普米族主要分布在拉普、小马坪、大马坪、大梨树、冷水沟、大麦地、通海乐、老左落等8个小组。这8个小组的普米人母语使用现状基本相同，都属于母语保留型。下面是母语保留的例证分析。

1.1　普米语的使用具有全民性

金普村拉普寨是普米族聚居的自然寨，普米族占该寨人口的82.95％。我们随机抽取68位村民，统计不同年龄段母语的掌握情况。具体数据见下表：

表1　拉普组普米族普米语使用情况表

年龄段（岁）	人数	熟练		略懂		不会	
		人数	百分比	人数	百分比	人数	百分比
6—19	12	10	83.33	2	16.66	0	0
20—39	26	26	100	0	0	0	0
40—59	23	23	100	0	0	0	0
60以上	7	7	100	0	0	0	0
合计	68	66	97.05	2	2.94	0	0

上表显示，四个年龄段的 68 人，除了 6—19 岁年龄段有 2 人的母语水平为“略懂”以外，其余三个年龄段的人均能熟练使用母语。这两位母语“略懂”的人是两兄弟：10 岁的熊根福和 8 岁的熊根强。父母都在丽江做事，把他俩带到丽江读书。虽然他俩长期脱离拉普寨这一普米语社区，但寒暑假在拉普寨的短暂生活仍能帮助他们习得母语。这可以证明普米语在拉普寨语言社区中的强势地位。

还有拉普小组的和万宝（男，50 岁，普米族）家的上门女婿，是四川的汉族，刚来时他不懂普米语，两年左右他的普米语讲得就很流利了。

从和完全一家三位家庭成员的普米语水平，可以窥见普米语的强劲活力。和完全是金普村通海乐寨的普米族，他的大女婿是金普村大丰乐寨的纳西族，他的妻子是河源村的普米族。他们三人都能说一口流利的普米语，他女婿的普米语是在大丰乐就学会了。他们三人分别来自三个不同的村寨，金普村的通海乐和大丰乐、河源村都是普米族聚居的自然寨。这说明普米语在这三个寨子很强势。

此外，河源村个别村寨的普米语使用现状也属于母语保留型。例如：河源村荞地坪小组普米族的人口占该村总人口的 77.35%，该人口比例使普米语成为荞地坪寨的强势用语。中古村雄古二组的两位普米族和月仙（女，30 岁）与和庭娟（女，21 岁）都是从河源村嫁过来的，她俩的第一语言是自己的母语，母语非常流利。这些都成为普米语保留完好的例证。

1.2　不同代际的母语水平差距不大

拉普寨 6—19 岁、20—39 岁、40—59 岁、60 岁以上四个不同年龄段的普米人绝大多数都能熟练使用自己的母语。我们所调查的 68 位普米人，母语熟练的人数比例达 97.05%。

母语四百词测试也显示不同代际的词汇量大致均衡。如 16 岁的熊凤娟、37 岁的李福限、61 岁的和完全、76 岁的熊占仁 A 级词汇分别是367、385、388、400。四位不同代际者的词汇量没有明显的差距。

1.3 普米语是族群内部首选的语言交际工具

九河乡的大多数普米人除了掌握自己的母语以外，还兼用汉、白、纳西等多种语言，从而成为一个全民多语的语言群体。我们抽查金普村拉普小组的68位普米人，发现他们全是会说普米、汉、纳西等三种语言的多语人，有的人会说的语言甚至多达7种。

虽然同族人在交际时存在语言使用的多选性，但实际的情况是只要是族内交际，普米人都不约而同地选用母语。母语的选用只受到交际对象族群身份的制约，不受交际场合的制约。无论是在家庭还是在村寨、学校、卫生院等公共场合，无论是日常闲聊还是正式会议，只要交际对象是普米人，普米语便成为首选的交际工具。

如金普村委会村主任张怀军(男，42岁，普米族)，他的母亲是普米族，他俩的普米语和汉语都很好，但他跟他母亲说话，还是习惯用普米语。张怀军这一语言选择现象具有一定的代表性。我们在拉普寨随机调查的17户人家，家庭成员都是多语人，他们在家庭交流中都喜欢用母语交流。

在金普村拉普寨和河源村荞地坪寨这样的普米族聚居寨，普米语是村落强势语。无论红白喜事还是饭后闲聊，只要大家聚在一起就都说普米语。在拉普寨，我们看到普米人遇到陌生人，首先用普米语打招呼，见对方不会普米语，才改用纳西语或汉语。金普卫生院，聚集着下棋和闲聊的一些人，他们说的也是普米语。和完全医生告诉我们说："我习惯跟病人说普米语，除非病人不懂普米语。"

二　母语衰退型

母语衰退表现为熟练使用母语的人数比例低、母语水平出现代际差异，甚至部分人出现语言转用。该类型主要出现在河源村河源小组。该小组母语衰退表现为以下几个方面。

2.1 熟练使用母语的人数比例低

河源小组共有41户，其中只有6户是普米族，其余35户都是汉族。我们穷尽调查了这6户27人的语言使用情况，统计出不同年龄段母语“熟练”“略懂”“不会”的人数和比例，对其母语衰退情况形成量化的认识。

经统计分析得出，60岁以上和40—59岁两个年龄段母语熟练的比例均为100%，但到20—39岁这一年龄段，剧减到18.2%，再到6—19岁这一年龄段缩减为0%。这三个数据的变化，反映出母语的活力呈“老年—中青年—青少年”的下降趋势，到了青少年这一年龄段，6人中只有3人略懂母语，这清楚地说明河源小组普米人母语使用由盛而衰。能够熟练使用母语的只有12人，且多为中老年人，占总人口数的44.4%，相比前述拉普寨熟练掌握普米语97%的人口比例，河源小组的比例明显偏低。

2.2 母语水平出现代际差异

我们梳理了河源村河源小组和双秀一家三代人的母语使用情况，借此进一步认识河源村河源小组普米族的母语衰退趋势。下表列举的是其家庭成员的语言使用情况：

表2 和双秀一家三代母语使用情况表

代际	家庭关系	姓名	民族	年龄	文化程度	第一语言及水平	备注
第一代	母亲	和四花	普米	78	文盲	普米，熟练	
第二代	妻子	和双秀	普米	50	初中	普米，熟练	
	丈夫	刘正刚	白	54	初中	普米，略懂	
	妹妹	和玉喜	普米	48	小学	普米，熟练	

（续表）

代际	家庭关系	姓名	民族	年龄	文化程度	第一语言及水平	备注
第三代	女儿	和君珠	普米	18	大一	汉，熟练	普米，略懂
	侄女	和晓玲	普米	24	大专	普米，不会	
	侄子	和亚雄	普米	22	高中	普米，不会	

上表显示和氏祖孙三代母语水平的变迁：第一代和第二代母语都熟练，第三代只有 1 人略懂，其余 2 人都不会了。而且，略懂母语的和君珠是她 14 岁时，母亲和双秀开始有意教她的，14 岁之前她不会普米语。和双秀之所以教她的女儿学普米语，是由于她有丢失母语的危机感。她说："说不定到我孙子那一辈，普米语可能会丢完掉。因为不教不讲，就会丢失。"

河源村河源小组普米语衰退跟普米族在河源小组的人口比例太小有关。6 户普米族与 35 户汉族的数量比，使普米语在河源小组居于绝对劣势地位，必然导致语言功能的衰退。

2.3 部分人出现语言转用

在我们调查的 27 位普米族中，有 8 位不会母语的普米人，发生了母语转用的现象。他们的语言信息列表如下：

表 3 河源小组普米族母语转用村民的语言使用情况表

姓名	性别	民族	年龄	文化程度	第一语言及水平	第二语言及水平
和君珠	女	普米	18	大学	汉，熟练	普米，略懂
和晓玲	女	普米	24	大专	汉，熟练	
和亚雄	男	普米	22	高中	汉，熟练	
和红星	男	普米	31	小学	汉，熟练	
和国华	男	普米	26	初中	汉，熟练	
和天红	女	普米	36	小学	汉，熟练	
张东玲	女	普米	9	小学	汉，熟练	
张东明	男	普米	6	学前	汉，熟练	

上表显示，这8人第一语言均转用为汉语，年龄都在36岁以下。由于河源小组39岁以下的一共只有17人，而这17人中就有8人发生母语转用的情况，这个数字反映了普米语在这一年龄段的生存危机。

不但如此，我们还对母语水平为“略懂”的7人进行了调查。调查后发现他们的母语水平是“听”的能力和“说”的能力不平衡，听的能力强，说的能力弱。会说的普米语词汇不多，如会说“父母、爷爷、奶奶、哥哥、姐姐”等普米语的亲属称谓，但要跟汉语词汇合在一起说。例如：“爷爷，吃饭了”，说成“阿布(普米语“爷爷”的音译)，吃饭了”。略懂母语的青少年中，有一位是18岁的和君珠(女，普米族，大学一年级)，她在14岁以前不会说普米语。14岁以后，她的母亲和双秀开始有意识地教她学说普米语。现在所会说的一些简单的普米语句子都是近四年来学会的。虽然和君珠的母语习得是人为习得，与母语的自然习得方式不同，但这说明河源村已经有人产生了失去母语的危机意识，在进行力所能及的抢救。不管这一行为能否起到使河源普米人母语复活的效果，但普米人自觉保护自己母语的行为令人欣喜。

三　母语复苏型

小栗坪社是河源村大栗坪小组所辖的三个社之一。该社有15户，都是普米族。小栗坪社和河源小组有类似之处，也有不同之处。类似之处是都出现了母语衰退，不同之处是小栗坪社衰退之后又出现了母语复苏。

3.1　青少年熟练使用母语的人数比例上升

我们对该社15户47人的普米语使用现状进行了穷尽性的调查。下表是不同年龄段母语水平的统计数据：

表 4　小栗坪社普米族普米语使用情况表

年龄段（岁）	人数	熟练		略懂		不会	
		人数	百分比	人数	百分比	人数	百分比
6—19	7	5	71.4	0	0	2	28.6
20—39	21	7	33.3	8	38.1	6	28.6
40—59	16	16	100	0	0	0	0
60 以上	3	3	100	0	0	0	0
合计	47	31	66.0	8	17.0	8	17.0

上表显示，60 岁以上、40—59 岁、20—39 岁、6—19 岁四个年龄段母语熟练比例分别为：100％、100％、33.3％、71.4％，这四个数字显示普米人的普米语水平由衰退到复苏的变化趋势。其中 6—19 岁熟练使用普米语的人口比例的骤然回升，反映了小栗坪社的普米语经历了中年危机后，在青少年阶段开始回温和复苏。

3.2　部分青少年有意识地学习自己的母语

导致小栗坪社普米人母语衰退的原因主要与族际婚姻和周边的民族分布有关。小栗坪社所隶属的大栗坪小组有 60 多户，大多是白族，而且小栗坪社的 15 户中有 7 户娶了白族媳妇。外围的民族分布与寨内的族际婚姻合力削弱了普米语在小栗坪社语言社区的语言势力，导致小栗坪社 20—39 岁的普米族母语水平衰退，有的甚至转用白语。

小栗坪社 6—19 岁的普米族母语得以复苏的原因主要是得益于国家的特少民族政策。从 2006 年起，九河乡的普米族每年都享受国家对特少民族的资助项目，高考加分、引水工程、通路工程、扶贫资助等多项优惠照顾政策。国家的关怀唤醒了普米人抢救自己文化的意识，于是出现了普米语水平上升的良好势头。河源村大栗坪小组的组长彦江平（男，38 岁，白族）告诉我们："从 2006 年开始，有的普米族人家开始有意识地跟自己的孩子说普米语。"金普村村委会在村主任张怀军的带领下，已经开始着手普米族语言文化的保护工作。

四　从普米语的保留、衰变、复苏看小语种的生态环境

九河乡的普米族共有1150人，仅占人口总数的4.26%。因而，其语言的使用人数也相对较少，属于区域小语种。探究该地普米语发生保留、衰变、复苏现象的生态环境，能够为小语种的生态保护和可持续发展起到一定的参照和启示作用。

生态语言学认为，世界上任何语言系统都不是孤立存在的，都置于一个与它紧密联系、相互作用、不可须臾分离的生态环境之中。它的产生和发展都与自然、社会、文化、人群等环境因素密切相关。语言与它所处的生态环境构成生态语言系统。下面我们从自然、人文和社会环境三个方面阐述九河乡普米语的语言生态环境特征。

4.1　相对封闭的地理位置为普米族高度聚居提供了难得的自然环境

在九河乡，普米族人口相对较少，属于区域弱势族群。但其母语在个别村寨依旧能够顽强地保留下来，究其原因，主要与普米族局部的高度聚居有关。比如普米语保留情况比较乐观的金普村以及河源村荞地坪小组，通过实地观察两地的生态环境，我们发现这些普米人寨子的周边都分布着白族、纳西族等人口占绝对优势的民族，形成一个个普米族孤岛，但这两地的普米语并没有被周边的强势语言吞噬，关键在于高度聚居的分布形态，促成了普米语的交际语域，营造了使用普米语的氛围。

这一点在对当地人的访谈中也得到了证实。当我们问及"荞地坪的普米人为什么都能熟练使用普米语"时，村民们的回答都是：寨子里都是普米人，天天都要说普米话。看来高度聚居可以使语言孤岛上的

普米人保留自己的母语。

可见，聚集的族群分布是小语种能够在大语种包围中生存下来的重要自然因素。如果这一条件遭到破坏，就会威胁到小语种的存活。九河乡河源村大栗坪小组小栗坪社和河源村河源小组的普米族母语衰变就主要是普米族人口比例小、居住分散导致的。

4.2 平等的语言政策和对特少民族的政策扶持为普米语的复苏提供了良好的社会环境

新中国成立后，国家颁布了一系列有关民族语言文字的方针政策，这些政策的核心思想是强调语言平等和语言的自由使用。这些政策主要包括两方面的内容：一是各民族不分大小，都有使用和发展自己语言的自由，其他人不能干涉，更不能歧视。二是政府根据各民族的意愿帮助他们使用和发展自己的语言。十七届六中全会又进一步规定："科学保护各民族语言。"

近年来，国家不仅对少数民族语言实行语言平等政策，还对一些少数民族及地区加大了扶持力度，出台了很多惠及少数民族的政策。既保障了少数民族的经济利益，又极大塑造了一些民族的民族自豪感。出于民族感情和经济发展的需要，很多少数民族越来越意识到民族语言的重要性。一些有识之士开始注意培养年轻一代掌握民族语，同时鼓励年轻一代利用学习等机会，尽量多学些当地的民族语，使得有些地区的小语种重新焕发生机，熟练掌握母语的人口趋向低龄化。例如：河源村河源小组普米语的熟练掌握比例在青少年阶段出现回温现象。

4.3 语言兼用、民族认同和深厚的母语情感为普米语的生存提供了人文环境

我们一般认为语言兼用会引起兼用语冲击母语，从而危及母语的保留。但是小语种要保留自己的母语活力必须兼用其他语言来弥补母语交际功能的不足。

九河乡的白族、纳西族除了使用自己的母语以外，大都兼用其他语言。如白族兼用汉语，纳西族兼用汉语、白语，普米族兼用纳西语、汉语、白语。这三个民族兼用语言的数量与该民族在九河乡的人口数量大致成反比，即白族人口最多，兼用的语言最少，只兼用汉语一种语言；普米族人数最少，兼用的语言最多，兼用纳西、汉、白三种语言。由于普米族人口少，所以其他民族兼用普米语的人数也少。为什么会形成这一兼语现象？当地的老百姓都说：普米人会说的语种多是由于普米人有语言天赋，学习语言容易。其实这是语言功用的大小在起作用。语言的功用大小在很大程度上取决于语言使用的人数。普米族只有区区的一千人，分布区域仅限于金普山上的八个村落和河源村的几个村落，不兼用强势语言，普米人的语言生活就无法正常运转。因此，普米人兼用纳西语、白语以满足与周边民族交往的需要，兼用国家通用语以满足更高层次的需要。普米人兼用的任何一种语言都是对母语交际功能不足的补充。这种补充对普米人母语的保留起到重要的作用。

内因是事物发展的根本动力。小语种的永续发展最终要靠母语人的使用和传承。九河乡的普米语之所以存在保留和复苏的现象，与普米族强烈的民族认同感和深厚的母语情感息息相关。同时，他们也对母语的传承充满信心。在拉普寨调查时，当被问到“您担心您的后代将来不会说普米语吗”时，我们的 7 位调查对象都异口同声地回答：“那是不会的。”因为，普米语代代相传，一直是他们挂在嘴边的交际工具。拉普寨经济来源少，寨中的青壮年大多外出打工，这些外出谋生的普米人，只要一回到拉普，见到同胞，张口便是自己的母语，大家都觉得回到自己的家乡不讲母语非常别扭。

由于有强烈的民族认同和母语情感，普米族中的有识之士很关心本民族的语言文化，金普村村委会主任张怀军告诉我们说：“村里正打算请人记录普米族的传统文化，从丽江的服装厂买了 40 套普米族服装,30 套女装,10 套男装。”语言是一个民族文化系统最重要的构成要素。民族文化的保留、本民族的认同感,都会对语言的保留起到良好的促进作用。乡干部和双秀(普米族,50 岁)教自己的女儿学普米语。河源村有部分普米族家庭在有意识地跟孩子说母语。这样的人虽然为数不多,但这表示九河乡少数有识之士开始意识到自己民族的语言文化是一笔财富,这样的人会越来越多。

五 启示

九河乡普米语使用的三种类型,使我们对小语种的生命力有了进一步的认识。小语种的生存、保留、衰变和复苏既有共性,又有个性。共性是小语种由于使用该语言的绝对人数较少、使用域仅限于村庄、没有成为学校教育用语、没有成为传媒工具,其生命力大多比较弱,容易受到国家通用语普通话、地域通用语云南汉语方言或当地强势的少数民族语言的冲击,从而出现濒危或消亡。也正是由于这个共性,小语种的生存问题受到了学界、政府部门的重视,甚至有人认为小语种一定会濒危、消亡。但九河乡普米语使用的三种类型使我们看到小语种的存亡是由多个因素决定的,小语种的存活情况、发展趋势并不是只有“保留—衰变—濒危—消亡”这一条路径,我们可以通过政府手段进行干预,通过大众传媒进行宣传,唤起小语种使用者语言文化的自觉,为小语种的存活创造良好的社会和人文环境,使我国的小语种出现以下三种情况:1. 使用人口少的语言不一定会濒危;2. 濒危的语言不一定会消亡; 3. 国家政策的积极引导,能够使小语种复苏。从而长久地维护我国语言的多元性。

参考文献

娜么塔、胡书津 2005　语言生态与双语教育，《西南民族大学学报（人文社科版）》第 1 期。
玉龙纳西族自治县九河白族乡党委政府编 2007　《九河乡志》，内部资料。
张公瑾 2001　语言的生态环境，《民族语文》第 2 期。

（本文曾以《地理环境对语言功能演变的影响——以九河乡普米语小语种的生态保护为例》为题发表于《青海民族研究》2016 年第 4 期，内容有改动）

湖南的语言资源保护

罗昕如　陈　晖

湖南师范大学文学院

一　湖南省的语言资源

湖南省有着丰富的语言资源，汉语方言资源尤其丰富。湖南境内不仅有湘语、赣语、西南官话、客家话等多种大区方言，还有湘南土话、乡话、平话等系属暂未确定的方言。湖南境内还分布着瑶语、苗语、侗语、土家语等少数民族语言。湖南具有得天独厚的语言资源优势。

湖南境内有些语言已处于濒危状态。例如湘南与湘西一些偏远山区的土家语、苗语、瑶(勉)语和侗语，以及湘南地区的土话、湘西的乡话和小土话、平话等。在现代化和城镇化的高速进程中，少数民族语言与汉语方言正在以前所未有的速度发生变化，在湖南尽快启动语言资源保护工程已是迫在眉睫的工作。

二　湖南省汉语方言研究基础和研究队伍

湖南是全国汉语方言研究的一个重要基地，从二十世纪五十年代的湖南方言普查开始，到改革开放以来，尤其是近二十年来，涌现出了大量研究成果。突出的研究成果可以归纳为以下 4 个方面。

1. 出版了近百部湖南方言研究的著作，尤其是其中的 4 套丛书奠定了湖南方言研究在汉语方言学界的优势学术地位。这 4 套丛书是：

《湖南方言研究丛书》(1998—1999)，共 20 本专著，对湖南境内 20 个单点方言进行了深入细致的研究。

《湘方言研究丛书》(2006—2007)，共 5 本专著，分别从概况、语音、词汇、语法等方面对湘方言进行了全面深入的研究。

《湖南方言语法系列丛书》(1996—2007)，共 5 本专著，分别研究了湖南方言的动态助词、介词、代词、语气词、副词。

《湖南濒危汉语方言研究丛书》(2015—2016)，共 10 本专著，对湖南境内 10 个单点濒危汉语方言进行了全面系统的研究。

2. 发表有关湖南方言研究的论文 1000 余篇，其中在《中国语文》《方言》《当代语言学》《民族语文》等权威刊物上发表了数十篇论文，对湖南方言进行了多角度、多层面的研究，产生了很好的学术影响。

3. 成功举办了多次汉语方言国际学术研讨会，扩大了湖南方言研究的国内、国际影响。召开了全国汉语方言学会年会暨国际学术研讨会 1 次(第五届)，土话平话国际学术研讨会 2 次(第二届、第七届)，湘语国际学术研讨会 3 次(第三届 2015 年 10 月召开)，濒危方言国际学术研讨会 2 次(第二届、第三届)，2015 年汉语方言类型研讨会，2015 年全国语言学田野调查学术研讨会。

4. 已取得一批有声语言资源保护研究成果。从 1997 年的《长沙话音档》《湘潭话音档》到 2015 年的中国语言资源保护工程中所承担的湖南 3 个濒危方言点(泸溪乡话、通道本地话、宁远平话)、3 个语言文化调查项目(宁远、衡山、双峰)，湖南的方言研究者已取得一批有声语言资源研究成果。

湖南拥有一支训练有素、方言专业基础扎实的研究队伍，这支研究队伍以湖南师范大学为核心，相关研究人员遍布湖南全省和外省及国外部分高校。省内高校如湖南师范大学、湖南大学、湖南科技大学、中南大学、中南林业科技大学，外省及国外高校如南京大学、中央民族大学、华中师范大学、复旦大学、澳大利亚墨尔本大学等。

2003 年 9 月湖南师范大学成立了湖南方言研究所，2014 年成立"湖南语言资源保护与研究中心"。湖南师范大学 1987 年开始招收汉语言文字学方言方向的硕士研究生，1999 年开始招收汉语言文字学方言方向的博士研究生，已培养了数百名方言学硕士生、近 30 名方言学博士生，他们（尤其是博士生）正成为方言研究的主力军。这支研究队伍中，还有一些博士毕业于中国社会科学院、北京语言大学、中山大学、复旦大学等名校。

这支研究队伍汇集了老、中、青三代学者，而且在不断壮大。仅具有高级职称的方言学者就达 60 多人。学者们历经长期的方言调查研究，积累了丰富的方言调查研究经验，取得了丰硕的成果；其中中青年学者能与时俱进，熟练地掌握和运用现代技术手段保存与研究方言，有的已承担或完成了这方面的重要项目。

总之，这支实力雄厚的方言研究队伍完全有能力肩负起湖南语言资源保护与研究的任务，他们将在已有研究的基础上为中国语言资源的保护与研究做出更大的贡献。

此外，湖南已有民间组织在开展较大规模的方言保护工作。湖南电视台著名主持人汪涵对方言情有独钟，一直以来非常关注方言，并立志为此做出一番事业。他主持的一档脱口秀娱乐节目《越策越开心》，经常运用方言来制造娱乐效果，2013—2015 年间，这一档节目前后推出两季"方言听写大会"，第一季 18 期，第二季 15 期，完全以方言为中心。汪涵选择"方言听写大会"这一形式，除娱乐的目的外，还有扩大方言影响、保护方言的用心。近两年汪涵策划了一个湖南方言的保护项目，他个人出资 400—500 万，计划用 5—10 年的时间，组织 10 支调查团队，对湖南 57 个方言点进行调查录音摄像，保存方言资料，最后捐献给湖南省博物馆永久保存。2015 年 7 月 5 日，由汪涵发起的湖南方言调查“响应”计划项目启动仪式在长沙举行，当年暑假各调查团队正式开始在湖南全省各地开展方言调查。

三 湖南省语言资源保护规划

3.1 调查点确定

湖南省共辖 13 个地级市、1 个自治州、35 个市辖区、16 个县级市、64 个县、7 个自治县，共 122 个县级行政区（不包括经济开发区和风景名胜区）。调查点的确定根据中国语言资源保护工程调查规范，以一县一点和多区一点为基本原则，必要时一县两点。现已初步确定在全省设 100 个左右汉语方言调查点，永州市、郴州市下属各县为官话、土话双方言区，这两市可能根据具体情况适当增设方言点。民族语言的调查将适时启动。

3.2 基本要求

按照中国语言资源保护工程统一规定的要求与技术规范采录各个方言点的语言资源，为中国语言资源保护工程提供湖南语言有声资源实态数据，包括各个汉语方言调查点的基础数据和地方普通话的基础数据资料。资料形式包括声像资料、文字记写资料和图片资料。

数据的采集及技术处理：数据采集包括录音采集和录像采集；数据库建设，在对规定内容进行调查、录音、摄像、记音和数据整理的基础上，按照规定格式要求建立电子档案。

3.3 工程建设规划和预期成果

湖南省语言资源保护工程计划在 5 年内完成，分为两个阶段。

试点阶段：2015 年 9 月—2016 年 9 月。主要任务是：成立“湖南省语言资源保护中心”，组建“湖南省语言资源保护工作专家组”，申请中国语言资源保护工程湖南工程立项；按照国家规范开展一期工程建设，成立 20 个调查团队、5 个预验收团队，遴选 20 个方言调查点，开展前期培训、试点调查工作，完成 20 个点的调查与数据采集、存储工作。

全面铺开阶段：2016 年 10 月—2020 年。主要任务是：按照国家规范，完成全部调查任务和数据采集、存储工作。在试点基础上增加调查团队，经培训后，在专家组的指导下展开调查工作。每年完成 20 个左右调查点的调查和数据采集工作。

预期成果是湖南 100 个左右方言点的语言资源有声数据库。该数据库的数据可反映湖南 100 个左右方言点的语言实态，包括各调查点方言的基础数据和各调查点地方普通话的基础数据资料。资料形式包括声像资料、文字记写资料和图片资料。

四　湖南语言资源保护工程的有利条件

4.1　湖南省委省政府、有关部门高度重视湖南语言资源保护工作

湖南省语委历来高度重视湖南语言文字和文化事业的发展，高度重视湖南语言资源保护工作，专门成立了“湖南省语言资源保护工作领导小组”和“湖南省语言资源保护中心”，统筹和规划湖南语言资源保护工作的开展，由湖南省语委办具体负责实施。

4.2　湖南省语言研究队伍阵容强大

湖南是全国汉语方言研究的一个重要基地，湖南拥有一支训练有素、语言专业基础扎实的老中青结合的研究队伍，这支研究队伍以湖南师范大学为核心，相关研究人员遍布湖南全省和外省及国外部分高校，有一定数量的学者通过主持或参与国内语言资源保护的相关课题已经掌握了数字化调查和保护语言的方法，必将成为湖南省语言资源保护

工作的中坚力量。

4.3 有现成标准可以遵循，有成熟经验可供借鉴

其一，目前，国家语委已在试点的基础上制定发布了数据库建设的技术规范《中国语言资源有声数据库调查手册：汉语方言》，2010年由商务印书馆出版发行。在此基础上的《中国语言资源调查手册：汉语方言》也已正式出版，正在使用和推广。其二，有成熟经验可供借鉴。已经完成调查任务建库并通过专家验收的江苏、北京和上海等省市有声数据库建设的经验较为成熟和完善，可供借鉴；浙江、福建、山西、重庆等省市已先行开展了语言资源保护工程工作，其经验也可学习。这些经验的学习和借鉴，将大大减轻我们工作的难度。

4.4 有丰富的语言调查和研究成果可以参考

据统计，在半个多世纪的时间里，已出版湖南方言研究专著近百部、发表相关学术论文1000余篇，还有数百篇博士、硕士论文，所调查研究的方言地域覆盖了湖南全省。这些研究成果可为湖南语言资源建设提供大量可供参考或印证的文献资料。

补记：截至本文修改时，湖南省语委办领导已于2015年9月下旬赴北京参加教育部语言文字信息管理司召开的会议，得知湖南省"关于启动中国语言资源保护工程湖南工程项目的请示"已获批准，湖南省语言资源保护工程项目在教育部语信司、国家语委、中国语言资源保护中心的指导与支持下正式启动。

衡山方言文化资源保存现状、问题及对策

杨慧君
广东外语外贸大学中国语言文化学院

一 衡山地理概况

本文所说的"衡山"是指明清衡州府衡山县的范围，相当于今衡山县、衡东县和南岳区。"衡山人"是指生活在这三个地区的人，"衡山县"特指今衡山县。

衡山位于湖南省中部偏东，湘江中游，介于北纬26°58′～27°28′、东经112°27′～113°21′之间。北界为湘潭、湘乡，西与双峰县、衡阳县毗邻，南与衡阳市、衡南县、安仁县接壤，东为株洲、攸县。衡山内部的三个区域地理分布如下：衡东县西濒湘江，与衡山县隔水相望，南岳区北、东、南三面分别与衡山县福田、沙泉、师古、祝融、马迹、东湖、望峰、岭坡等8个乡镇接壤，西面与衡阳县界牌镇毗连。

衡山总面积约为3039.5平方公里，其中衡山县境内以山、丘、岗为主，兼有河溪、平原，其地貌具有带状阶梯式分布的特点。南岳区境内多山地、丘陵。衡东县则是一个丘陵为主，低山、高岗为辅，兼有中山和平原的地方，素有"六山一水两分田，一分道路和庄园"之说。

目前该地区总人口约为116.36万人，基本为汉族人。

二　衡山的方言文化资源

2.1　衡山的方言

衡山方言主要有两种："前山话"和"后山话"，前者属于湘语衡州片衡山小片，后者属于湘语娄邵片湘双小片。衡山县和衡东县包括县城中心的大部分区域以及南岳区的南岳镇、岳林乡南部基本说前山话。衡山县的后山地区，即县境西北部的白果镇、东湖镇、新桥镇、马迹镇、岭坡乡部分地区、望峰乡部分地区、长青乡部分地区、贯塘乡、江东乡和南岳区的拜殿乡、岳林乡北部主要说后山话。两种方言的交界地带，即望峰乡东部至岭坡中部，说的是两种方言的混合体，俗称"夹山腔"。衡山周边方言情况复杂，与其他县境接壤的地区分布的往往是混合方言。如北部福田、岭坡与湘潭交界的地方，其方言近湘潭方言，属于湘语长益片长株潭小片。西部靠近衡南县、衡阳市的乡镇，如店门镇、大浦镇、石滩乡等地，其方言近衡阳方言，属于湘语衡州片衡阳小片。东部南湾乡、高塘乡、草市镇、高湖镇及杨林镇的东部，其方言比较靠近攸县话，属于受衡山方言前山话影响的赣语。而荣桓镇、蓬源镇和杨桥镇的东部说的则是带攸县口音的衡山方言前山话。

2.2　衡山方言文化资源的种类

中共衡山县委宣传部(2002)在《浅谈衡山县域文化的底蕴和特点》一文中将衡山县域文化简要地分为名山文化、书院文化、民间文化、名人文化四大类。刘建平(1997)的分类则细得多，他将南岳衡山文化分为佛教文化、道教文化、书院文化、南岳画派、民俗文化、石刻文化、楹联文化、雕刻文化、饮食文化、建筑文化、工艺文化、文学艺术、名人故居、名人墓庐、考古遗址、戏剧文化等十六类。谢莉(2006)补充，曾作为抗日战争中的军事指挥中心的南岳衡山，其抗战军事文化旅游资源亦可用来开发。

根据 2012—2014 年的实地调查，结合当地文化的典型性和独特性，我们把衡山的方言文化资源分为：方言资源、宗教文化、山河文化、抗战文化、建筑文化、民俗文化、美食文化、名人文化、农业文化、工艺文化、戏剧文化、艺术文化等。

2.3 衡山方言文化资源的特色

衡山存在多种源头不同的文化，融合之后形成了当地独有的特色。

这里佛道共存一山，同居一庙，这种景象堪称中国乃至世界名山一绝。衡山历史上少有大的宗派冲突、宗族械斗，即便是国共矛盾最严重时，隔江相望的军队所谓“交锋”，也往往只是做做样子。这种包容性可从地理上找到根据：衡山自古就是水陆要道，尤其是水运要道，当地人见多了来来往往的“外地人”；本地资源丰富，交通便利，谋生的方式多种多样，本地人无须因生存问题来排挤“外地人”，故而心态要平和、友善得多。正是因为如此，外地人也往往愿意选择在此定居、生根发芽。如此循环反复，包容就逐渐成为一方居民的性格特点。

方言也具有这种包容性。历史上衡山方言曾被划为赣语，后又被划为湘语长益片。鲍厚星、陈晖(2005)将旧衡州府中衡阳市、衡阳县、衡南县、衡山县(前山)、衡东县、南岳区的方言从长益片中单列出来，称为湘语衡州片，分布最广的衡山方言前山话则属于其中的衡山小片。湘语衡州片被湘语长益片、湘语娄邵片、湘语永州片、湘东和湘南的客赣方言包围，具有明显的过渡性质。衡山小片更为特殊，当地方言的声调与湘语长益片趋于一致，但古全浊声母今读遵循“平送仄不送”的规律，这在湘语中是极个别的现象。此外，古知章组字和见组字大量读作[t th]，跟周边的赣语区非常相似。

2.4 衡山方言文化资源的影响力

1965 年发掘的彭家岭遗址显示，衡山的文明至少可以追溯到新石器时代。在漫长的历史当中，衡山在各个方面都显示了其深远的影响。

以宗教为例，南岳衡山分别是道教上清派和佛教南禅宗的发源地。道教是最早进入衡山的宗教，在南岳影响最大的道教人物是东晋的“南岳夫人”——魏华存。她创立了上清派，该派当时在整个江南地区发展得很快。唐代是南岳道教发展的高峰时期，当时这里道观林立，信徒云集，当时唐玄宗的天师司马承祯道士遍游名山，在此待的时间最长，并在南岳有众多弟子。这种盛况虽无法重现，但在后来的历朝历代，这里仍然高道辈出。南禅宗下分南岳怀让和青原行思两大系，他们都以南岳衡山为中心发展其宗派，其传承遍布全国，甚至远至朝鲜、日本和其他东南亚国家。

衡山对儒家文化同样功不可没。这里有中国历史上最早的书院——邺侯书院。清光绪年间，南岳衡山先后建了 27 所书院，在同时代，湖南平均每县只有 4 所，全国平均每县不到 2 所。书院对以儒家学说为主流的中国传统文化的继承和传播起到了至关重要的作用。大批名人、贤士，如朱熹、胡国安、王夫之纷纷来南岳讲学，并开创了湖湘学派。

这里的建筑、泥塑、竹雕、石雕、木刻、陶瓷等工艺，精湛得让人拍手称绝。以建筑为例，这里现存中国江南最大的古建筑群——南岳大庙，其有“南国故宫”的美称。

衡山有很多美食，斋席更是久负盛名，通常有“一品香、二度梅(霉)、三鲜汤、四季青、五灯(炖)会、六子连、七层楼、八大碗、九如意、十样景”之说。南岳云雾茶有两千多年的历史，在唐代就被列为“贡茶”。这里的豆腐制品，如香干、腐乳等也闻名远近。

这里的戏剧曲艺地位也不一般。中国皮影戏有“南影”“北影”之分，湖南属于“南影”，衡山皮影戏在湖南占有重要地位。清顺治初年衡山皮影戏在衡山福田村兴起，新中国成立后获得飞速发展。1957 年衡山皮影戏《草船借箭》被文化部调到北京参加国际木偶皮影艺术节。1995 年湖南省文化厅先后命名衡山县福田铺乡为“群众文化艺术之乡”、衡东白莲镇为“皮影艺术之乡”。2000 年福田铺乡被文化部社文图司命名为“中国民间艺术(皮影)之乡”。2014 年 7 月,衡山县皮影戏作为“中国皮影”的一部分,被联合国教科文组织列入《人类非物质文化遗产代表作名录》。

然而现在,随着时代的发展、社会的变迁,衡山逐渐与其他城市趋同,变得越来越没有个性。比如旧建筑被推倒,当地人手工制作的日常用具、衣服鞋帽逐渐被流通全国的商品取代,传统手艺人生存艰难,年轻人不愿意继承手艺,转而奔向大城市。曾经世代相传的民俗、文化传统逐渐被大众淡忘,有的人甚至已经连方言都不会说了。衡山的方言文化在急剧衰亡,处于极度濒危的状况。

三　衡山方言文化资源的保存现状及问题

3.1　衡山方言资源保存现状

到目前为止,与衡山方言相关的论著只有一本,即彭泽润的《衡山方言研究》。此外,还有硕博士论文 8 篇,期刊论文 20 余篇。这些研究成果,大多数是研究某一地区的语音情况,部分研究某一语法现象,极个别研究词汇现象。

现有的研究“重”前山话,“轻”后山话,前山话的研究也多停留在单点。彭泽润《衡山南岳方言的地理研究》调查了衡山县、南岳区的 350 个村子,是现有文献中涉点最多的。然而衡东县也不在其调查范围之内,他在论文中给出的代表音系仅 3 个,调查项目只有 82 个,调查对象主要是中学的学生。

整个衡山地区详细的语言面貌至今仍不清晰,方言使用情况更是从未有人涉足研究。我们认为，要真正地了解、保存该地区的方言，至少应该以乡镇为单位设点，进行全面细致的普查，内容包括语音、词汇、语法以及方言使用情况等。有条件的话，还可考虑以自然村为单位，对一些内部有差异的条目进行调查，并绘制出语言地图。

这样的调查不仅能为我们保留珍贵的历史材料，还可以为学术研究提供鲜活的语言材料。衡山存在湘语、赣语等多种方言，每一种方言下又分多种口音，存在很多有价值的语言现象，比如中古知组字今读[t]组声母，不同方言在长期接触过程中相互影响，甚至形成了诸如“夹山腔”之类的混合方言。

随着城市化进程的加快和普通话的推广，地方方言普查、保存工作刻不容缓，衡山亦是如此。以衡山县城为例，二十世纪九十年代以后出生的孩子，有相当一部分方言很不地道，有的甚至完全不会说。受广播、电视、网络的影响，很多本身已经习得衡山方言的人，其方言越来越带“普通话腔”，一些字词的说法发生了改变。

3.2 衡山文化资源保存现状

衡山方言资源的保存目前基本还是靠学者们“单打独斗”。相较之下，衡山文化资源的保存工作规模大得多，也有组织得多。

2003 年 10 月联合国教科文组织通过《保护非物质文化遗产公约》。2006 年，第一批国家级非物质文化遗产名录公布。2011 年，我国第一部《非物质文化遗产法》公布。非物质文化遗产越来越得到全社会的重视。各级地方政府先后成立非物质文化遗产保护中心，专门从事非物质文化遗产的保护工作，相当规模的工作人员长期从事该项工作，而且由政府提供专项拨款资助相关工作。在这种背景下，衡山文化馆、衡东文化馆、南岳区文化馆等非物质文化遗产保护单位先后对衡山地区的非物质文化遗产进行了调查，并成功申报十余项国家级以及省、市、县级非物质文化遗产。

表 1　衡山地区非物质文化遗产项目

	传统技艺	传统戏剧	其他类别
衡山	席草龙(市级) 衡山豆腐(市级) 长江陶瓷(县级)	影子戏(国家级) 花鼓灯(省级)	岳北山歌(省级)
衡东	土菜烹饪技艺(市级) 手狮舞(县级) 纸龙舞(县级) 宗教手势舞(县级)	皮影戏(市级)	山歌(市级) 大桥乡剪纸(市级)
南岳	竹木雕(市级)	神戏(市级)	朝圣(省级)

这些项目当中,最多的是传统技艺类的,其次是传统戏剧,其他类别还有传统音乐类、传统美术类以及民俗类。最受重视的是传统戏剧类的项目。衡山影子戏不仅入选国家级"非遗"名录,2014 年 7 月,还作为"中国皮影"的一部分,被联合国教科文组织列入《人类非物质文化遗产代表作名录》,这是衡山地区乃至整个衡阳市首个入选世界"非遗"的项目。

衡山文化资源保存工作主要依托于"非遗"项目,这既是优势,也是局限所在。申遗成功的项目只能算当地文化资源中的沧海一粟。以非物质文化遗产中的民俗为例,目前只有"南岳朝圣"一项为"非遗"保护项目。实际上,当地民俗非常丰富,婚育丧葬均有特别的仪式和讲究:结婚有"吵扒灰佬";生孩子要"做三朝";老人做寿则要请来戏班子唱花鼓戏或影子戏,有的儿孙甚至还会给死去的长辈庆祝生日;葬礼上更有下号、入棺、封丧、做法事、上山、送灯烧包等繁复的礼仪。当地人对"七月半"的重视以及过节的方式,也是其他地区少见的。日常生活中的很多活动也值得记录,比如赶集、乔迁、打牌、打扑克、儿童游戏等。除了去南岳朝圣,更多与信奉相关的活动还是在日常生活中,比如拜佛、敬祖、算命、看相、抽牌、测字等。尚待记录的技艺也不在少数。比如传统的烧造类（制瓦、制陶、制砖）、石雕类、编织类以及食品制作类（如制茶、制豆腐、制红薯）等。

在衡山，与日常生活相关的物质文化遗产保护工作被人们所忽视。以建筑为例，只有南岳的中心地段还保留一些老的石板街和宗教建筑，很多看上去古老的民居、商铺其实是后来在当地政府的引导下仿建的。而那些极少数未被推倒的老住宅、老码头、渡口、祠堂、凉亭、老戏台、古窑址等，大多仍未被重视，其命运仍处于“听天由命”的状态。如果现在不保存、保护，日后再开展相关工作必定“事倍功半”，要投入更多的人力、物力、财力，而且有的东西一旦消失，花再多的时间和金钱可能都无法复原。

3.3 衡山方言文化资源保存的问题

3.3.1 缺乏科学、系统的研究、规划

到目前为止，还没有人对衡山方言文化资源保存的问题做过系统的研究，这是保存工作无法全面、高效开展的原因之一。另外，虽然这两县一区在方言、文化上共性大于差异，但因为他们属于平级单位，所以统筹自然也较难实现。在这样的背景下，出现了大量“跟风”的行为，只要一个单位“申遗”成功，其他单位马上如法炮制类似的项目。以戏曲为例，衡山、衡东两县的“非遗”项目，就同时有皮影戏、山歌。这造成了人力、物力的巨大浪费，也使人们无暇去顾及本应受到保护的项目。

3.3.2 资金、人力投入少

目前衡山方言文化资源保存的经费主要来自政府，具体地说，是非物质文化遗产项目保护专项经费，而经费只拨给申请成功的项目和传承人（这是前面所说“跟风”现象的根源）。民间资金投入机制尚未建立，资金严重不足。目前参与衡山方言文化资源保存工作的主要是政府的文化部门，其次有少量的学者偶尔进行相关的工作，当地的民众基本没有投入其中。

3.3.3 保存资源数量、类别过少，质量参差不齐

从现今的情况来看，衡山方言文化资源保存的数量、类别过少。从表1可以看到，目前三个地区只对朝圣、皮影戏、山歌、剪纸、舞龙、舞狮、宗教舞蹈、剪纸、竹木雕、陶瓷、豆腐、土菜等有限的数十项资源进行保护，而且其保护力度并不一样。当地的民俗、日常活动、传统技艺、与日常生活相关的物质文化遗产等都未被关注。而目前政府文化单位所获取和处理过的材料往往很粗糙，以他们所保存的花鼓戏材料为例，里面的唱词有不少错漏之处。

3.3.4 方言与文化保存工作严重分离，保存行动与理论研究严重分离

如前所述，在衡山，保存方言资源的主要是学者，其方式往往是行文著书；保存文化资源的主要是地方文化单位，主要方式是“申遗”。学者和政府部门进行相关保存工作时，往往“各自为政”。因此，学者们想研究，却苦于手头没有活材料；政府工作人员拥有获得材料的途径，却往往不知如何科学、有效地调查，如何对材料归类、分析。

四 如何有效保存、保护衡山方言文化资源

4.1 政府部门系统布局，分工合作

三地政府建立一个统筹部门，实现各部门的沟通协调，统一规划，分工合作，减少重复劳动，提高保存效益，从而实现多赢。比如可以对整个衡山地区的方言进行普查，画出语言地图；南岳可以重点保存与宗教、商业建筑等相关的资源，衡东可以重点保存与农业、宗族建筑、美食等相关的资源，衡山可以重点保存戏剧、传统民居、渔业等方面的资源。

4.2 拓宽资金渠道

除了政府加大投入，也可考虑从民间企业、组织吸纳一部分资金，

甚至可以将某些方言文化资源产业化，比如传统手工艺制成品（如草鞋、陶艺品、竹雕、木雕等）可以商业化，其收益可用于方言文化资源保存工作。

4.3 政府、专业人员、学者、民众协作

最好能实现“政府统筹、学者理论指导、地方工作人员具体实施、民众参与”的模式。尤其是要突出民众的主体作用，让他们积极参与“使用方言、传承文化”的活动（比如参与讲故事、唱山歌比赛），让他们协助学者记录、梳理已经消失的、濒危的、使用中的方言文化（比如回忆过去的历史、老民俗），捐出或者廉价转让有价值的老住宅、老物件。

4.4 建立方言文化博物馆，实现保存形式的多样化

首先可以因地制宜，建立实体博物馆。博物馆可建在有代表性的传统建筑中，内可设方言展示厅、日常生活展示厅、民俗展示厅、曲艺戏曲展示厅、农业和工艺展示厅、互动区、档案馆，既可以摆实物，又可以利用电子技术还原一些已经消失的方言文化，既有供人观看的制成品，又有民众可以参与的部分（比如故事、歌谣语料采录，地方知识竞赛，猜谜语等）。

此外，亦可以建立数字方言文化博物馆，这种方式成本低、见效快、宣传覆盖面广，同时民众可以快速、有效地参与进来。比如当地民众既可以浏览，也可以上传各种文字、语音、图片、视频材料。

4.5 将保护工作体系化、制度化、常规化

要使方言文化资源的保存工作长久地进行下去，必然要将工作体系化、制度化、常规化。政府部门可以设立相关的部门，颁布相关的保护政策，定期举行活动（比如庙会、传承人技艺表演）、鼓励当地中小学开设具有当地特色的文化课程等。

参考文献

鲍厚星、陈晖 2005　湘语的分区(稿),《方言》第 3 期。

曹志耘 2010　关于建设汉语方言博物馆的设想,《语文研究》第 2 期。

衡山县志编纂委员会 1994　《衡山县志》,岳麓书社。

刘建平 1997　论南岳衡山人文旅游文化资源及深度开发,《湘潭大学学报(哲学社会科学版)》第 5 期。

刘田心 2011　衡山影子戏民间戏曲瑰宝,《中国文化报》7 月 1 日第 007 版。

彭泽润 1999　《衡山方言研究》,湖南教育出版社。

彭泽润 2003　衡山南岳方言的地理研究,湖南师范大学博士学位论文。

谢莉 2006　衡山抗战军事文化旅游资源开发探索,《热带地理》第 4 期。

杨璧菀 2014　关于建设标话语言文化博物馆的设想,《文化遗产》第 2 期。

中共衡山县委宣传部 2002　浅谈衡山县域文化的底蕴和特点,《学习导报》第 1 期。

岭南方言声调数据库的建设与理论思考*

甘于恩[1]　张译方[2]　李　菲[3]

1 暨南大学汉语方言研究中心

2、3 暨南大学文学院

“粤、闽、客诸方言地理信息系统建设与研究”的主要目的，在于以大规模调查粤、闽、客三大方言为突破口，结合社会因素和地理因素的交叉变化，对语言变异予以展示和解释，开展立体化的地理语言学研究。声调数据库是语音数据库的子库之一。

声调是一个方言区别于另一个方言最重要的特征之一，也是岭南汉语方言数据库的有机组成部分。传统的方言研究留下许多极有学术价值的资料，但其致命的不足在于不可验证性（缺乏音像记录）、非数据化（静态的文字记录，或调查结果没有转化为数据库）和体例问题，这给方言之间的时空对比带来很大的障碍。为了克服这一障碍，方言调查研究就必须有全新的思路。

一　岭南方言语音数据库的建设历程

早期的广东方言研究，具有明显的粗略的特征，选点不够细密，如

* 本研究为 2013 年度国家社科基金重点研究项目“粤、闽、客诸方言地理信息系统建设与研究”(13AYY001)成果。

珠江三角洲有9市(广州、佛山、深圳、珠海、东莞、中山、江门、惠州、肇庆)数十个县区,但在《珠江三角洲调查报告》(1987—1990)中仅有30个点(包括粤、闽、客三种方言),很多县市没有选点(肇庆方言另在《粤西十县市粤方言调查报告》中反映),其中闽语只调查了中山隆都1点,显然无法精确地反映方言分布和实际情况。这是当时的历史条件带来的局限,我们不能苛求,但必须客观地予以指出。新世纪以来的广东方言研究,选点普遍较多,对于我们掌握更全面的方言实情起到重要的作用,如《广州地区粤方言语音研究》(2011,暨南大学出版社)实地调查了16个粤语点,加上多个原有的粤语点,分析显然更加到位。

运用有声手段保留岭南方言信息的,早在20世纪80年代后期暨南大学与香港有关大学开展"珠江三角洲方言调查"以及后来的一些项目(如90年代的"粤北、粤西粤方言调查研究")时,即有所涉及,当时因条件所限,仅采用卡式录音机进行录音。现在这些录音材料多数已经散失,只留下书面的记录,非常可惜。这也是改革开放之后,多数方言研究的共同问题与命运。

较早采用语料库手段采录岭南方言声调资源的,应该是广州中山大学的施其生教授,他于2003年申请了广东省哲学社科项目"潮汕方言声调语料库"(03/04H1—13),此项目于2008年结项。施氏在2010年举行的"广东汉语方言研究的理论与实践暨《广东粤方言地图集》专题研讨会"(暨南大学)上发表了题为《〈潮汕方言声调语料库〉的内容及功能》的论文。据作者介绍:《潮汕方言声调语料库》(光盘)是一个数据库,内含潮汕方言区20个方言点的声调数据。包括:1.各点调类;2.各调类单字调、前变调、后变调的语音样本;3.各调类单字调声调曲线上15个采样点的统计归一值、前变调和后变调声调曲线上10个采样点的统计归一值;4.根据统计归一值得出的各调类的单字调、前变调、后变调五度制调值;5.各调类单字调、前变调、后变调的区别性特征矩阵;

6.各调类单字调、前变调、后变调声调曲线图；7.2000多个单字在主要方言点（汕头、达濠、文祠、凤凰、澄城、棉城、海门、榕城、流沙、黄冈）的调类信息；8.连读变调的语句和例词样本。然而此文没有正式发表，我们能了解的信息非常有限，所以亦无法对该声调语料库的特点进行实质的评价。

进入21世纪，运用录音软件和语料库手段来采集方言语料成为一种趋势。较早从事这方面调查研究的有：邵慧君的“广东粤语语音数据库”（广东省哲学社会科学“十一五”规划2006年度项目06JDXM740001），梁源的“粤语研究和粤方言口语语料库”（教育部人文社科项目07JA740033），刘新中的“广东粤方言实验语音学研究”（2011年度广东省普通高校人文社会科学重点研究基地重大招标课题）等。潘悟云的教育部哲社重大课题攻关项目“汉语方言地理信息系统平台建设”（2010）虽然是全国性的，但其中不乏广东的语言资料（约几十点）。

随着学科发展的深入，岭南方言语言数据库从小规模的选点调查转向较大规模的铺开调查，从抽样的调查转向密集的调查，这为方言地理信息系统的平台建设奠定了坚实的语料基础。其标志应是甘于恩主持的2013年度国家社会科学基金重点项目“粤、闽、客诸方言地理信息系统建设与研究”（13AYY001），目前项目已经启动，共分设21个子项目（按地级行政区划），其中近半数已经开始田野调查，积累了不少第一手有声数据，这些数据将为我们了解岭南方言的声调面貌、建构岭南方言声调的专题数据库提供有力的支撑。

二　岭南方言声调数据库系统建设的思路

岭南方言语音数据库的建设已经有了一定的经验与基础，但是，如果要让这些语音数据发挥更大的功效，少走弯路，就必须注重前期的准备及宏观的规划。笔者以为以下几方面必须引起注意。

2.1 宏观层面的规划

“从事地理语言学研究，必须有宏观的调控能力，这种调控能力涉及对全局的统摄和安排。项目主持人对项目管理必须具备极强的统筹能力，包括项目的科学设计、项目目标(长期目标与短期目标)的达成、人员之间的协调与科学分工、成本的核算与项目的实施，都是需要全盘考虑的因素。另外，项目主持人要有长远发展的眼光，在人才的培养、使用上避免短期行为。地理语言学对于人才有更高、更专业的要求，因此，人才规划这项工作一定要有前瞻性，否则临时组配人马，做出来的成品，必定有诸多缺陷甚至会误导他人。”(甘于恩、曾建生，2010)

具体到声调数据库的建设，在选点时就得考虑全局与局部、局部与单点的关系，必须事先进行面上信息的了解，避免出现畸轻畸重的情形。这类信息可以通过查阅方言调查报告或地方志获得，当然，在书面材料缺乏的情况下，向当地文化人了解不失为一个便捷的途径。

2.2 技术规范的确立

当代声调数据库的建设，其实就是有声语言资源的采集，势必涉及诸多技术问题。商务印书馆 2010 年出版了《中国语言资源有声数据库调查手册:汉语方言》，分“调查规范”和“调查表”两大部分。暨南大学出版社也于 2011 年出版了范俊军主编的《语言调查语料记录与立档规范》，列举了少数民族语言与汉语方言的标准代码，并设计了词汇集、句子集、话语主题集，规定了话语转写文本规范。这些规范对于有声语言资源的采集，起到很好的引导和促进作用。

目前国内用得比较多的录音软件有以下几种：A. 上海师范大学语言研究所开发的“斐风田野调查软件”，这一调查软件使用面较广，功能多，界面清晰，操作方便，但也存在一些缺陷；B. 暨南大学汉语方言研究中心开发的“田野之声”(又叫“声飞”)软件，这一软件的优点是适合做口语的调查，但界面的功能方便性亦有不足；C. 北京语言大学开发的“北语录音”软件（byly），优点是操作简便，但功能的稳定性有待提升，音韵地位阙如。

当然，技术规范并非仅限于软件层面，像硬件的要求、发音人的条件、录音环境、转写规则等，都是需要注意的。

2.3 容异机制的建立

从理想的状态出发，最好全国各地在语言调查时，采取统一的规范、统一的标准。可是，至少目前而言，这是不现实的。

所以，必须提倡容异机制的建立。所谓“容异机制”，就是在现代信息技术的支撑下，允许调查者采用不同的技术手段，运用不同的方法，来采录有声语言数据。只要这些语言数据符合基本的技术要求，在某些人工规范（如代码、汉字编码）、采用的录音软件上有差异，也是正常的。不同的规范、不同的录音软件，可以互为补充、互相竞争，相信以现代的技术手段，兼容并有效处理这些数据是完全做得到的。与其花大量的时间在人为的规定上（这可能吃力不讨好），还不如采用某一现实的方案，将更多的时间用在调查有声语言数据上。

当然，容异机制不是想做什么就做什么，基本的技术要求、基本的语言规范还是需要遵守的。容异与规范如何取得平衡，这是需要慎重考虑的问题。

2.4 实验语音学手段的引入

尽管汉魏以来语文学家就清楚地认识到声调有类的区别，但迟至清代语文学大家段玉裁仍只能将其描述为“平稍扬之则为上，入稍重之则为去”，即声调的传统描写如罗常培所说，“或者望文生训，或者取譬玄虚”，人们并没有从根本上认识到声学要素音高的作用（桥本万太郎，1982）。现今传统田野方言调查，调类的演变研究比较一致，但调值大多仍采用口耳听辨判定，且即使训练有素的语音学家也难免受本人母语及主观能动性的制约，因此，不少方言点因调查人的差异而有不同的调值描写。

实验语音学是一门借助仪器或电子设备对语音进行分析研究的学科。汉语声调研究中实验语音学手段的引入始于20世纪20年代刘复先生的《四声实验录》(1924，上海群益书社印行)，采用浪纹计测量12种汉语方言声调，推算出汉语的声调曲线，堪称我国首部实验语音学著作。1930年，赵元任先生首创声调五度标记法，为声调的测定、描写及研究奠定了坚实的基础(刘俐李，2004)。因抗日战争影响，直至20世纪50年代我国方再次兴起声调实验研究。

对于某个语音信号，因发音人及发音状态的不同会表现出不同的物理语音特征，但其语言内容却不会被误解，原因是人的感知层面有一定的范畴存在，为此，实验语音学采用归一化数学程序，即“消除人际随机差异，提取恒定参数，滤掉个人特征，获得具有语言学意义的信息”(朱晓农，2004)。

其中声调实验研究又分为声学研究、生理研究及感知研究，国内较常采用声学角度或将声学与心理感知相结合进行声调研究，主要分为理论研究和应用研究，其中理论研究涉及声调的声学特征、音强、音长、负载段及语流音变等方面，应用研究则侧重声调识别和语音合成方面。

毋庸置疑，将实验语音学作为一种辅助手段引入声调数据库的建设可以在传统方言调查“耳听手记”的基础上借助仪器和实验参数“以补听官之缺”，从而通过客观展示实验参数，解释传统听辨的争议问题，验证及补充方言田野调查的研究成果，甚至揭示传统方言学无法发现的语音特征(王理嘉，1989)。

2.5 声调参数的分析

对于收集到的调查音档，需要进行参数提取分析以得到语音信息的声学特征，同时对声调基频数据进行归一化处理并进行五度值转换，最后以语音特征声调绝对时长图的形式较为清晰地展示岭南方言声调特点。

声调数据库的信息标注：采用荷兰大卫等开发的 Praat 软件对语音信号的波形信息进行标注，第一层标注汉字，第二层用调类代表数字代标（用阿拉伯数字 1—8 分别代表阴平、阳平、阴上、阳上、阴去、阳去、阴入、阳入）。其中，声调的起点以韵腹（元音）的起点为准，即在语图上选取元音的第二个脉冲起标，声调的终点以宽带语图第二共振峰模糊为标志终点（朱晓农，2010：281）。

基频、时长数据的提取：标注后，运行熊子瑜编辑的“提取音节或声韵母的音高数据”脚本，得到各个例字的基频值及时长数据。

归一化处理：综合实验对比，换算五度值时选用朱晓农先生的对数 Z-score 法对基频进行归一化处理。

声调绝对时长图的绘制：最后在 Excel 表里以各调类平均后的时长数据为 x 轴，归一后的 LZ 值为 y 轴做图。

五度标调法的局限性：五度标调法对汉语方言的声调标注做出了很大的贡献，它对于北方系的方言基本够用。但对于许多南方方言来说，则显示出诸多的局限性，比方粤西粤语有的方言声调最高有超过 5 度的，五度标调法无法有效展示。此外，五度标调法也体现不出声调的时长特征（比方 31 调有长短差异），至于斜度、曲度、拱度等，都是检验南方方言声调特点的有效手段。如果对所有这些因素都能够加以考虑，并从形式上予以表现，将会极大丰富汉语声调特征的展现。

2.6 标注时共时因素与历时因素的考量

调类其实既有共时的东西，也有历时的东西，是共时调类与历时调类的叠加。但一般而言，为了叙述的方便，我们还是倾向于把叠加的结果暂时视为共时的调类，引入历时的因子（如阴、阳）是为了分类的便利。

必须注意的是，南方许多方言的声调具有形态的作用（如词性、小称、体等），要防止将形态的声调类别作为固定的调类处理（如四邑话的11低调、广州话的35变调）。具有形态特征的声调表现是声调的共时变化，如果作为调类处理，就会混淆声调类别的真正特性。

假如从大的范畴来考虑，可以把声调分为两类：一是非形态的声调（传统的声调大多属于此类），二是形态的声调。形态声调可能跟传统的声调表现叠置，也可能不叠置（即超出共时的调类）。

2.7 平台的建设

岭南方言声调数据库是指对岭南地区以粤、闽、客为主导的诸方言提取语音特征进行声调的微观声学参数分析并建成的可以共享的资源平台。该平台的搭建将建立在"粤、闽、客诸方言地理信息系统建设与研究"的基础上。数据库结构设想如下：

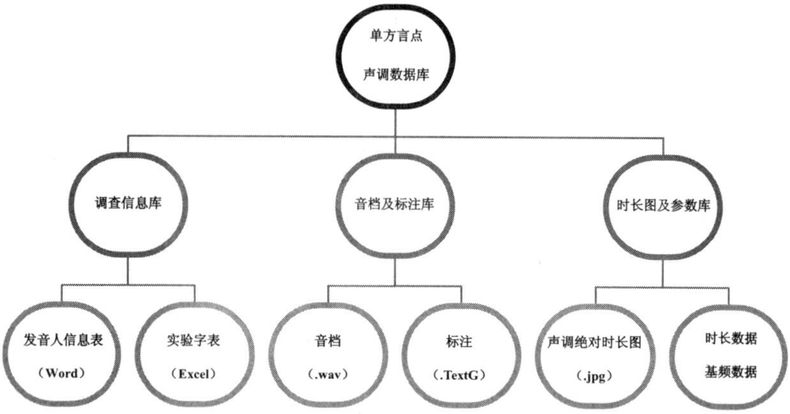

图1 岭南方言声调数据库示意图

三　个案研究——梅州客方言声调调类的地理分布

索绪尔(2001:227)指出“语言的分化正是由时间因素引起的，地理差异应该叫时间差异”。辛世彪(1999:80)则认为“方言声调的结构类型反映出方言在声调上的区域特征”。以下对梅州客家地区的声调做一个案研究，以期揭示该地区客话声调的共同特征和内部差异，并试图解释这种差异的成因。

3.1　梅州各县区客方言声调演变的共同特点

(1)梅州各县区的客方言均有六个声调，即：阴平、阳平、上声、去声、阴入、阳入。

(2)古平、入依清浊分阴阳，平声次浊声母部分读阴平且多为常用字，如：马毛研蚊笼；入声次浊声母部分读阴入，如：日木肉。

(3)古次浊上约一半归清上构成上声，一半归阴平；浊上亦有部分归阴平但数目不及次浊上。

3.2　梅州各县区客方言声调演变的差异性

(1)梅县区、梅江区、兴宁市、平远县、蕉岭县及大埔县、丰顺县部分镇区的古浊上归去，古去声不论清浊均并为一类去声。

(2)大埔县东南部、丰顺县县城汤坑清上、次浊上与清去归为阴上去一类，浊上与次浊去、浊去归为阳上去一类。

(3)大埔县北部、丰顺县八乡山镇、五华县古上声不论清浊均归并为一类上声，古次浊去、浊去归上。

梅州声调类型以第一类为主，第二类主要集中在梅州东南面，以大埔县为多，第三类主要分布在五华县域，另有零星散布于大埔县及丰顺县，形似一条紧挨梅州中心地带向强势声调类型(第一类)靠近的东西走廊。

方言声调异同主要通过渊源关系及渗透作用实现。通过罗香林(1989:23—24)之“南宋客家各氏迁移表”,可大致窥视客人入迁梅州的轨迹:

魏氏,由江西石城经福建宁化、长汀、上杭至广东平远、兴宁达五华、龙川。(宋末)

曾氏,由江西南慧经江西广昌、石城至福建宁化、长汀、上杭、广东平远、兴宁而达五华。(政和二年,宋末)

徐氏,江西宁都经石城至宁化、长汀、上杭、达连城至平远、五华。(宋末元初)

谢氏,江西永丰,随文信国起师劝王,收复梅州,遂家其地。(景炎二年)

饶氏,江西永丰,经上杭永定达广东大埔。(宋末)

丘氏,由福建宁化石壁村经长汀,至上杭,入广东蕉岭、梅县、兴宁、五华、龙川、河源。(宋代)

邓氏,由福建宁化经长汀上杭至广东蕉岭、梅县。(庆元二年)

刘氏,由福建宁化石壁乡,经长汀、上杭至广东平远、兴宁,更散居各县(兴宁、梅县、五华、紫金、龙川、河源、惠阳、大埔、平远、蕉岭)。(宋嘉定后)

巫氏,由福建宁化经长汀、上杭,入广东平远、蕉岭、达梅县、兴宁等县。(宋末)

何氏,由福建武平入广东蕉岭、大埔、梅县再分布各县(海陆、河源、翁源、大埔、梅县、揭阳、惠阳、龙川、兴宁、蕉岭)。(宋末元初)

张氏,由福建宁化石壁村,自长汀、上杭入广东蕉岭、梅县、兴宁。(宋末)

温氏,由福建宁化经长汀至上杭分两支:入广东蕉岭至梅县、

大埔；入广东兴宁至河源。（宋末）

吴氏，由福建宁化经长汀、上杭至永定，入广东大埔、丰顺、梅县、平远、兴宁、五华、龙川。（宋末）

罗氏，福建宁化经长汀、上杭入广东平远至兴宁、五华，再至梅县。（宋末）

从各姓氏的迁移轨迹可以看到，梅州客家话的源头大多可以追溯到福建省，从闽西向梅州地区迁徙的时间主要在南宋—元—明期间，迁出路径可以归结为三条路线：(1)宁化—长汀—上杭—梅州；(2)宁化/江西永丰—长汀—上杭—永定—梅州；(3)武平—梅州。

所以可以简单地说梅州大部分地区的上一级源头分别有上杭、永定和武平。根据上文所述，梅州声调三大类型，除第一类是大势类型外，第二类及第三类均处在梅州地区东南片。为更清楚地探讨梅州各县客方言声调格局，现根据地理距离自远及近、自北向南列出福建省主要入迁梅州的几个地区的声调情况：

表1　闽西客家话调类调值情况表

调类调值 / 方言点	阴平	阳平	阴上	阳上	阴去	阳去	阴入	阳入
宁化	33	35	31	2	112	2	5	2
长汀	33	24	42	21	54	21	24(归阳平)	21(归阳上)
武平岩前	45	22	31	31	452	31	2	5
上杭蓝溪	35	22	31	31	53	31	1	4
上杭城关	44	22	41	41	352	41	51	45
永定下洋	55	11	53	33	53	33	2	5
永定城关	45	22	51	51	53	51	3	5

宁化材料来自李如龙、张双庆(1992:5—7)，上杭蓝溪材料来自邱锡凤(2007:101)，上杭城关材料来自辛世彪(2000)，永定下洋材料来自黄雪贞(1982)。

由上表可知，宁化处于闽西与闽中的交界地带，可以认为其是闽西到梅州的主要源头。这里，因为声调合并通常是以调值的相同或相近为条件的。宁化的声调平声分阴阳、阴上调值为 31、阳上 2、阴去 112、阳去 2，其中浊上归去、阴入归浊去已是事实，就舒声调而言，阴上 31 与阳上去 2 均为中低调，阴去 112 与阳上去调值亦相近。所以我们可以猜测，宁化声调可能有以下三种分化类型：(1)平入分阴阳，浊上归去；(2)平入分阴阳，阴上去合流，阳上去合流；(3)平入分阴阳，浊去归上。

再看长汀的声调情况。平分阴阳、浊上归去，古入声清声母今读阳平、全浊声母读阳去。阴上 42 与阳上去 21 均为降调，且均是下降两个度，阴上 42 与阴去 54 均为高降调，阴去 54 与阳去 21 都是降调，且都下降一个度。于是我们推测，长汀声调可能也有以下三种分化类型：(1)平分阴阳，浊上归去；(2)平分阴阳，阴上去合流，阳上去合流；(3)平分阴阳，浊去归上。

下面讨论梅州大部分地区的上一级源头：武平、上杭和永定。武平岩前、上杭蓝溪、上杭城关、永定城关声调平入分阴阳、阳去归上，与上文第三类声调类型一致；永定下洋声调平入分阴阳、阴上去合流、阳上去合流，与上文第二类声调类型一致。即梅州地区第二第三类声调类型可能早在闽西就已成形(李如龙，1996；蓝小玲，1997)。

梅州大部分地区的上一级源头分别有武平、上杭和永定，而以上分析显示武平岩前、上杭蓝溪、上杭城关、永定城关、永定下洋分属第二、第三类别，对于梅州声调的第一类源自上杭但不属于第二或第三声调类型的情况，张双庆、练春招(2008)认为“是客家从闽西迁出到达广东之后发生的演变”。

为了更全面地从地理语言学角度透视梅州客方言声调调类的地理分布，现结合前贤对客家方言声调的研究成果展示以广东省为主，兼顾江西省、福建省及广西壮族自治区的客方言声调情况。

第一类声调类型是梅州市的主要声调类型，且在赣南、闽西和平县均有出现；第二类声调类型主要分布在梅州市东南面，与闽西、潮州、揭阳接壤之地；第三类声调类型在梅州市呈片状分布，以五华县为主，其中大埔县西北部亦有。从地理语言学的视角来看，第二、第三类声调类型是一条紧挨梅州中心地带强势声调类型的东西走廊。梅州客方言三种声调类型有可能在闽西入迁前已定势或部分定势，也可能是自身演变的结果，也就是梅州与闽西声调上的一致性可能表现为调值调型的相近使得调类合并，即平行演变。

梅州客方言三种声调类型中的第二、第三类是分阴阳去的，从汉语语音史的角度看，保留阴阳分调的历史层次应该是比较早的，即第一类声调类型出现得最迟。作为梅州市的主要声调类型，在赣南、赣西北、邻近县平和县大溪镇、粤西湛江市、广西等地亦有出现，从地理语言学视角可以首先推测平和县大溪镇的声调类型情况是受梅州市强势方言声调类型影响而形成，但对于与梅州相距较远且又是梅州市客家人主要迁出地的江西省赣南县而言，其地理作用并不明显，若从地理因素分析，其沿途应有第一类声调类型的方言点。

“明末清初，正当客家人口骤增之时，四川、广西等荒废地区招人垦殖，促成了客家人的西向迁移。同时，还有一些广东东江和北江的客家人向赣南、闽西回流，远的到达赣西、湘南。”（罗香林，1989）即梅州客家人在明清时曾出现一批“回流客”，赣南和赣西北出现的第一类声调类型很有可能是“回流客”带过去的，这点可以在辛世彪（2000）得到印证：“赣南、赣西北阴阳去合并的客语是明清以后从梅州迁移过去的，客语梅州型不能在赣南找到来源。”

又因为第一类声调类型几乎不出现于闽西，而迁入梅州的客家人有百分之八十直接来自闽西，因此，这里推测梅州第一类声调类型形成于客家人迁入梅州市后。再看粤西出现的第一类声调类型，根据《粤西客家方言调查报告》可知，粤西客家民系的形成得力于客家第五次因土客械斗引起的大迁徙，始于同治六年。故梅州市第一类声调类型形成于清同治前。

第二类声调类型，阴上去、阳上去的合流问题，李如龙（1996）论及福建省平和县九峰镇上坪村的客家话时说“这种分化可能是早先分为阴上阳去和阳上阳去，也可能是在上、去声以清浊为纲而不以四声为纲”，并认为“古清上清去合为一调，次浊上多跟清上走，全浊上或归阳去或归阴平（像闽西客家话那样）”。庄初升、严修鸿（1994）对平和九峰曾姓、朱姓等族谱的考证，认为“闽南各县客家各大姓氏的开基祖宗多是元末明初躲避战乱从旧汀州府的长汀、宁化、上杭等地陆续南迁的”。而今长汀、宁化、上杭并没有第二类声调类型。

第三类声调类型，浊去归上型主要分布在梅州市五华县。“据五华县姓氏族谱记载，客家先民是在北宋末年开始迁入长乐（五华），明朝初年开始逐渐增多。……五华县秦汉属南海郡龙川县。东晋始由兴宁县管辖，南齐属东官郡齐昌县，梁陈间仍属兴宁县，明属惠州，清雍正属嘉应州。”（朱炳玉，2010：2）

“据各姓族谱所载，以福建省迁入的占多数。从江西省境直接迁入长乐的也有一定数量，如宋姓自江西瑞金县、魏姓自江西石城县、温姓自江西宁都县入粤或直接迁来五华定居。有些同一姓氏则分别从江西、福建两省迁入。如邓姓一支从江西安远县入粤，另一支从福建宁化入粤；陈姓的一支于宋代由福建上杭县迁居安流，另三支则于明代（1291—1449）分别由江西、福建二省迁入五华横陂、双华、转水等地。从迁入五华的时间来说，据各姓族谱记载：于宋代迁入的有古、陈、邹、周、黄等姓。”“其余多于元末、明初或明代中期先后入粤。”（曾秋贤，1999：380）

四　余论

声调是汉藏语系的重要特征，值得汉语学者去倾力研究。目前无论从实践上还是理论上，我们都还做得很不够。这也是我们建立岭南方言语音数据库的原因之一，而声调数据库又是语音数据库的主要部分，对于我们认识岭南方言声调的特色具有重要的意义。

采集声调数据，并利用地理信息系统建构数据库，进行大规模、大范围的声调比较研究，对于建构具有汉语特色的语音学理论是十分必要的。

参考文献

陈卫强 2014　广东从化方言声调的层次和特点，《粤语研究》第 15 期。

甘于恩 2013　广东汉语方言研究的格局与思路，《南方语言学》第 5 辑，暨南大学出版社。

甘于恩 2014　论广东粤方言的声调格局，未刊稿。

甘于恩、曾建生 2010　广东地理语言学研究之若干思考，《暨南学报（哲学社会科学版）》第 3 期。

黄雪贞 1982　永定下洋方言形容词的子尾，《方言》第 3 期。

蓝小玲 1997　客方言声调的性质，《厦门大学学报（哲学社会科学版）》第 3 期。

李如龙 1996　福建方言声调分化的模式，载《方言与音韵论集》，香港中文大学中国文化研究所多泰中国语文研究中心。

李如龙、张双庆 1992　《客赣方言调查报告》，厦门大学出版社。

梁源 2011　深圳粤语语料库与相关研究，《南方语言学》第 3 辑，暨南大学出版社。

林文芳、洪英、朱晓农 2013　短降也分高低，《东方语言学》第 13 辑。

刘俐李 2004　《汉语声调论》，南京师范大学出版社。

罗香林 1989　《客家源流考》，中国华侨出版公司。

桥本万太郎 1982　汉语调值的纵横两个角度的研究，载《第十五届国际汉藏语言学会会议论文集》,中国社会科学院民族研究所。
邱锡凤 2007 上杭客家话研究,福建师范大学博士学位论文。
邵慧君、秦绿叶 2008 论粤方言语音数据库的建设,《学术研究》第4期。
施其生 2010 《潮汕方言声调语料库》的内容及功能,广东汉语方言研究的理论与实践暨《广东粤方言地图集》专题研讨会论文(暨南大学)。
索绪尔 2001 《普通语言学教程》,江苏出版社。
王理嘉 1989 实验语音学与传统语音学,《语文建设》第1期。
王泽鹏 2003 发展方言语料库 提高研究水平——兼谈粤方言语料库的建设,《烟台师范学院学报(哲学社会科学版)》第1期。
辛世彪 1999 东南方言声调比较研究,暨南大学博士学位论文。
辛世彪 2000 客方言声调的演变类型,《海南大学学报(人文社会科学版)》第3期。
曾秋贤 1999 《五华客家源流及其居民族属演变》,长乐风采:广东省梅州市非营利性出版物。
张双庆、练春招 2008 客家方言古去声字的演变考察,载张双庆、刘镇发主编《客语纵横——第七届国际客方言研讨会论文集》。
朱炳玉 2010 《五华客家话研究》,华南理工大学出版社。
朱晓农 2004 基频归一化——如何处理声调的随机差异,《语言科学》第3期。
朱晓农 2010 《语音学》,商务印书馆。
朱晓农 2012 降调的种类,《语言研究》第2期。
朱晓农 2013 声调的类型,2013年汉语方言类型研讨会论文(中国人民大学)。
庄初升、严修鸿 1994 闽南四县客家话的语音特点,载《乡音传真情——首届客家方言学术讨论会专集》。

岭南濒危汉语方言有声数据库建设*

陈云龙

岭南师范学院人文学院

一　岭南的濒危方言

岭南原为百越范围，后为汉人迁徙之地。在长期的历史过程中，军队驻扎，官员异地为官，难民逃亡，商贾行商，罪人流放，异源多流，移民非常复杂。这不仅带来了粤、闽、客三大方言，而且形成了众多不同性质的小方言。这些小方言大都处于濒危状态。岭南濒危方言总体上同全国的濒危汉语方言现状一样，期待更及时的保存和广泛深入的研究。

岭南濒危方言的数量和种类有多少呢？目前还缺乏全面细致的调查。学界已经提及或研究的有土话、蛇声、粘米话、旧时正话、马兰话、山瑶话、东话、本地话、都话、铺门话、鸬鹚话、伶话、迈话、东坡话、围头话、疍家话、军话、澳门土生白话、畲话等。但是，这并不是岭南濒危方言的全部，仅就粤西而言，廉江的"海僚话"、罗定的"能古话"、云浮的"福佬话"、吴川的"东莞话"、硇洲岛的"咸水话"等都处于濒危或垂危状态，都可纳入濒危方言的范围。同样，粤北、粤东也有可能发现较多的

* 本文为2014年国家社科基金重点项目"岭南濒危汉语方言有声数据库建设"(14AYY004)阶段性成果。

濒危方言。广西、海南、湖南南部、江西南部、福建西部、港澳地区都是广义上的岭南，也是方言复杂的区域，也应该有尚未提及的濒危方言。因此，总体上估计，岭南濒危方言的种类应在30种左右。

岭南濒危方言可以是闽、粤、客、官话等大类方言属下一个变异的方言，也可以是某几种方言或汉语方言与民族语言混合的方言，还可能是隶属未明的方言。无论哪一种濒危方言都是汉语迁延发展中产生的具体生态“物种”，都是汉语生物链上不可或缺的环节，是个性鲜明的语言个案，是不可再生的文化资源，具有重要的学术价值和社会意义，是研究语言学、历史学、文化学等学科的宝贵材料。

二　岭南濒危方言的存储方式

濒危方言迟早要面临消亡，因此，当务之急是抢救性调查和保存这些濒危方言。纵观古今，方言保存可分为三种形式：纸质保存、简单录音保存及有声数据库保存。

纸质保存是指采用一定的书面符号系统把方言记录下来。细分一下，还可以分为汉字记录和音标符号记录两类。汉字记录是中国古代和现代民间采用的方式，如古代文献和地方志中的方言记录用的就是这种方式。有些地方的方言字典采用的反切和直音记音也属此类。音标符号记录则是近现代以来采用的方式，如用罗马字母、注音字母、汉语拼音和国际音标等符号记录的方言字书、方言教材等。书面保存是长期以来的传统形式，也是将来有声数据库的补充形式。从科学性考虑，音标符号方式显然优于汉字记录。但是，无论采用哪一种书面符号记录，都是把有声语言转化为无声语言，把听觉语言转化为视觉符号，具有间接性特点和明显缺陷。“在现代信息技术尚未发展起来的时代，人们只能用笔头记录语言和方言，损耗了大量的语言信息，也不可能对

语言进行实态保存。”(李宇明,2010)

简单录音是利用现代录音工具和技术把有声语言直接录摄下来。方言学著作往往还要把录音转写成符号记录。这当然是有了录音工具以后的事。方言学者注重利用录音来调查、记录方言。影响比较大的就是侯精一主编的《现代汉语方言音库》,用磁带的形式记录了40种方言字词句篇的基本面貌。有的方言学著作也配有录音光盘。还有一个比较夸张的案例就是《甘肃合水太白方言》(陈立中、余颂辉,2015)这部鸿篇巨著,直接录制长篇话语然后加以符号转写,不做语言要素的分析,也不将字、词、句分开录音。与纸质相比,简单录音具有直接性和真实性的特点,可以保留有声语言的原生态面貌,也是对没有文字的方言或对不识字的发音人进行调查的有效形式。“但总体来看,多数语言调查还是以笔头记录为主,录音多是‘备忘’性质的”(李宇明,2010)。这种方式可以追求语料的真实和自然,但是具有机械性和局限性。另外,一堆囫囵的录音也不能满足学者及普通民众对方言认知和研究的需求。

有声数据库存储是借助现代声像技术及电子网络技术形成的一种存储方式,是最现代、最前沿、最高效的方式。它具有以下主要优势:1.多媒体。首先是有声性,即保留有声语言。但是与简单录音不同,数据库的录音不是简单囫囵的读音记录,而是经过科学处理和分析的分门别类的录音记录,一般分为字音、词语音、语句音、语篇音。其次是符号性,即用文字和(国际)音标标记、转写所录摄的有声语言,而且标记和转写要与录音直接链接,同时显现。还可以将记音切分为声韵调等要素,以便分析研究之用。再次是画面功能。画面有三种情况。一是提供语音的语图、声波图、音高曲线图,以便观察语音特性。二是提供与录音同步的摄像,便于观察发音动作和发音过程。此外,数据库还可链接或插入与调查内容相应的图片,使调查内容能形象显现,避免语言与实物、概念不对应而导致的错误。三是将所调查和处理的方言材料用地图的形式显示出来，以便进行地理语言学的观察。2.动态性和开放性。动态性是指数据库储存是一个过程，在基本的录摄、记录转写工作完成之后，还可随时增补完善。增补完善既可以是数据库建设者来实施，也可以是读者提供材料和数据来完成。另外，有声数据库系统功能还可以不断升级。开放性是指数据库存储的内容最终要通过互联网面向全体受众开放，摄录的实态语料及经科学处理和分析的数据可供查询、下载，也可接受受众的检验和修正。3.保存与应用结合。首先，一个理想的数据库系统可以同时具有调查、存储和研究功能，即可通过录音、记音获取语料，又能对语料进行分析、比较、归类、整合，还可进行古今对照、不同方言点对照、语言要素对照，甚至还能生成“同音字表”“声韵调表”等。其次，保存下来的资料不会沉积沉睡，而是对学者及社会人员开放使用权。正像《教育部、国家语委关于启动中国语言资源保护工作的通知》(教语信[2015]2号)所说：语保工程在建成有声数据库以后，“进而推进深度开发应用，全面提升我国语言资源保护和利用水平，为传承中华优秀传统文化、促进民族团结、维护国家安全服务”。

多媒体特性将声音、符号、图片聚于一身，包含书面符号存储和简单录音存储的所有功能，又具有传统存储方式不可比拟的优势，是保存濒危方言最理想的方式。

调查目的和目标的不同，使得学者选择的有声数据库技术也可能不同。岭南濒危方言有声数据库主要利用潘悟云等开发的“斐风”系统进行。大致可分三个过程：第一步，数据采集，即对濒危方言进行调查和录音。调查和录音可以同步进行，即在导入调查表格后，可以根据调查表一边录音一边调查。系统充分考虑了调查的各种需要，如提供了“音系代表字提前排列”功能，让使用者能较快地了解该方言的音系；添加了“中古音”功能，便于将方言与中古音比较，把握方言的特点及演变规律;“添加删除词条”功能便于在调查过程中不断完善调查内容;“筛选需核对词条”功能考虑到调查的复杂性及便于反复的灵活性,便于对调查内容的修改酌定;“图片链接”功能对字词链接相应的图库,以帮助发音人辨识、区分,提高调查质量,避免误读。另外,系统还设计了“自动连续播放”功能和快捷键功能,便于提高调查的速率。在录音方面,通过外置声卡和专业话筒录音,配合语图、声波图、音高曲线图进行效果观测,根据需要还可以链接 Praat 等实验语音学软件,对所录材料进行同步实验分析,以获取高质量的音档。当然,调查和录音也可分开进行,即先进行纸笔调查,再进行高质量录音。通过充分的调查和高质量的录音可获取音频文件或原始数据,达到了保存濒危方言的目的。第二步,标注和数据处理。在获取音频文件或原始数据后,还需要对录音标注国际音标。为此,系统数据提供了国际音标字体及多语种便捷输入法,可以对照录音进行注音。在注音之后,系统会通过“切分声韵调”功能对注音自动进行数据处理,生成“声母”“韵母”“声调”“声韵”“音节”“音素”等数据表。为了保证符号记录的正确和准确性,还可利用系统的“同音校验”“最小对立比较”“自定义校验”以及“修改”功能来完善注音。所谓“同音校验”是指系统根据注音,把相同注音汇集在一起,配合读音很容易发现相同注音中的“不同”(错误)。所谓“最小对立比对”是突出差异的比较方法,如要比较声调差异,系统会自动寻找声韵相同的注音,把他们对比排列,链接读音,差异很容易显现。这项功能主要用于方言中似是而非的细微差异比较。如粤语中元音[a]和[ɐ]、粤西方言辅音[s]和[ɬ]的差异,就可通过此项功能来完成。经过这样的步骤和功能处理,就可获得供方言调查存储和研究用的数据。第三步,数据使用。数据库除了大数据存储功能外,还要提供便捷的使用功能。“斐风”提供以下功能:1. 搜索功能。首先是多角度搜索,提供字项(调查项)、义项(调查项的注释词或语境)、读音、序号、备注、声母、韵母、声调、音节、标记等搜索途径。其次是单点搜索和多点搜索，单点搜索只搜索一个语言点的数据，多点搜索可以将数据库中不同语言点的相同搜索内容找出来并有序排列。2.导出功能（也可叫“下载功能”）。即可导出完整的调查表，也可导出声、韵、调、音节等表。当然，系统还不具备导出查找结果的功能。3.生成功能。即系统内部自动整合，形成某种研究结果，目前可以生成同音字表、字音调查表。将来如能生成方言与中古音的比较表、方言与方言的比较表、方言特征比较表就更好。4.链接功能。即为了方便调查和研究，将相关的数据材料同时快速显现的功能。现在可提供音频链接、图片链接、Praat 链接。音频链接能在调查、校验、查询界面出现，图片链接只在调查界面出现。Praat 链接可以在调查和校验界面出现。

目前，研究濒危方言有三个较大的项目：一是张振兴、黄行等主持的中国社会科学院 A 类重大研究项目“中国濒危语言和方言调查研究与新编《中国语言地图集》”（下称“社科院项目”）；二是李如龙、庄初生主持的教育部社会科学重点研究基地招标课题“岭南濒危方言研究”；三是曹志耘主持的国家语委“中国语音资源保护工程专项任务·濒危汉语方言调查”。前两个项目目前只见纸质材料，国家语委项目属有声数据库项目，“是一次以先进理念为指导、以先进技术为支撑的高标准和具有时代性的语言调查”（曹志耘，2009）。

以上我们讨论的方言存储方式是面向全部汉语方言以及民族语言的，当然也适用于岭南汉语濒危方言。“斐风”软件是现在见到的功能比较齐全的语言调查处理软件，长于语音和词语调查处理，但对语句的处理功能不够细致，暂时还不能进行长篇语料的调查和处理。

三　岭南濒危方言的保存内容

怎样才算将一种濒危方言保存下来了呢？还未见相关的研究和讨论。这里，我们尝试提出几个基本的原则：1.系统性。指的是对濒危方言所做的调查记录能反映语言的体系，要全面反映语音、词汇、语法面貌。传统汉语方言字音、词汇、语法例句、长篇语料调查研究体现了系统性要求，此毋庸赘言。2.丰富性。作为即将消失的方言，其现存的一切内容及使用情况都有保存的价值。尽管穷尽一种语言的所有内容与全部使用情况是很困难的，但是，力所能及的丰富则是应该追求的。字音不要限于声韵调代表字，而应足于丰满地反映语音全貌和细节；词语不要限于特征词语或特殊词语，而应足于反映一种方言的交际需要；语法不要限于少量的语法例句，而应足于体现语法系统及不同语境的语句使用情况；语篇不要限于规定的故事歌谣，而应该有更多不同生活场景的长篇记录。3.有声性。语言是有声的，对语言的保存当然应该以原生态的有声面貌为佳。过去采用口耳调查、纸笔记录是时代的限制，现代声像技术和数据库技术为我们保存有声语言提供了可能，因此，记录濒危方言的有声数据成为濒危方言保存的不二选择。当然不排除同时使用纸笔形式。

基于以上原则，考虑经费和精力的限制，我们设计了一个 3000 字音、6000 词目，1000 语句、5 个长篇语料的储存计划。下面略做阐释。

对方言语音的调查一般采用中国社会科学院语言研究所的《方言调查字表》(下称《字表》)。《字表》收入 3800 字，是调查方言语音的便捷途径。但是，对岭南濒危方言而言，有较多字是不用的。具体有以下几种情况：1.没有相应事物或概念。例如："佘"，当地没有这个姓，濒危方言发言人多不知这个姓氏；"桦"，当地没有这种树。这类字发音人多不认识，也很难调查到字音。这类字不多。2. 虽有相应事物或概念，但方言词与《字表》中的字不对应，这类字发音人要么训读，要么不能用方言表达。这类字较多，甚至包括一些常用字。例如：身材不高不叫“矬”，脚背不叫“跗”，青蛙不叫“蛙”。再如：“锅、摞、茬、蛇、搭、丫、洼、撕、蛛”等都不说。3. 过于书面的字。例如：“傀、儡、蜕、溃、秽、缀、雉、异、肄、侈”等。相反，《字表》未收，但与口语常用词对应的本字或俗字则予以增收。例如，粤语表看的“睇”，闽语表房屋的“厝”等。通过增删，我们觉得 3000 左右字再配合词汇、语句、语篇的调查可以全面细致地反映濒危方言的语音系统。

对于方言词语的采集，现在没有统一的词表。中国社会科学院语言研究所方言研究室资料室《汉语方言词语调查条目表》(《方言》1981 年第 3 期。下称“社科院《条目表》”)收有 4000 多词条，曾作为《现代汉语方言大词典》调查的“最大公约数”，具有一定的权威和影响。社科院项目(濒危方言)也以此条目作为基本调查条目。其他学者也从各自的调查研究目的出发制订了不同的词语调查表，如北京大学中国语言文学系语言学教研室编《汉语方言词汇》(第二版)收词和词组 1230 条，潘悟云“斐风”所附词汇表收词 5000 余条，范俊军《语言调查语料记录与立档规范》(暨南大学出版社，2011 年第一版。下称《语料调查》)收词 7680 条。这些词语调查表虽不针对濒危方言，但可供濒危方言词语调查参考。

对于濒危方言，4000 条以下略嫌粗疏，有较多日常用词没有记录保存下来，8000 条有苟细庞杂之忧，且非项目经费、时间和研究者精力所能允许。为此，我们设计了一个 6000 条词语的调查。对词语的选择有以下考虑：1. 比较细致地反映日常口语词语，受官话影响的书面语词语不收或少收。2. 以能反映稳定的生活历史的词语为主，反映现代生活、与普通话差异不大的新词少收。3. 为了便于比较，本词表覆盖斯瓦迪士200核心词、社科院《条目表》、教育部语信司等《中国语言资源调查手册·汉语方言》所收1200词(商务印书馆,2015年7月第1版。下称语信司《调查手册》)。

语法的调查主要通过语法例句来进行,也没有统一的调查表。社科院《条目表》含100条,语信司《调查手册》列50条。范俊军《语料调查》设计语法例句700条,日常生活用句800条。可以看出,语法调查研究很不统一,是汉语方言调查和研究的薄弱环节。

针对濒危方言,只调查语法例句不足以反映濒危方言的语句使用情况。像"你吃了吗?"之类的打招呼用语,"盖了帽儿了"之类的方言流行语,这些日常生活的高频语句,未必符合语法例句的选择标准。另外,语法例句太少也不足以反映语法现象和语法系统。因此,我们设计了调查用句1000条,统称"语句",并借鉴范俊军先生的做法,分为"日常生活用句"和"语法例句"。对设计有以下思考:1.不重复。即要求语句的内容不重复,不要出现内容和结构同时相同相近的条目。2.互补原则。即"日常生活用句"和"语法例句"互补,"日常生活用句"以反映该方言高频使用的句子为己任,但要照应"语法例句"调查内容,可作为"语法例句"的补充;"语法例句"以细致调查语法现象和规律为己任,但条目要尽量生活化,不要简单套用过于书面的例句。

当然,要想设计出像《方言调查字表》这样的"放之四海而皆准"的语句调查条目是困难的。这1000句语句,还需要调查者根据所调查的方言灵活处理。

"岭南濒危汉语方言有声数据库建设"是2014年国家社科基金新设立的项目。以上谈了项目建设的设想,这些想法及设计的调查表还需在实践中加以检验调整,还需要学习和借鉴"中国语言资源保护工程"等同类项目的先进理念和做法。

参考文献

曹志耘 2001　关于濒危汉语方言问题,《语言教学与研究》第 1 期。

曹志耘 2006　汉语方言:一体化还是多样性,《语言教学与研究》第 1 期。

曹志耘 2009　论语言保存,《语言教学与研究》第 1 期。

曹志耘 2010　关于建设汉语方言博物馆的设想,《语文研究》第 2 期。

陈立中、余颂辉 2015　《甘肃合水太白方言》,南京大学出版社。

范俊军 2011　《语言调查语料记录与立档规范》,暨南大学出版社。

侯精一主编 1994—1999　《现代汉语方言音库》,上海教育出版社。

教育部语言文字信息管理司、中国语言资源保护研究中心主编 2015　《中国语言资源调查手册·汉语方言》,商务印书馆。

李宇明 2010　论中国语言资源有声数据库的建设,《中国语文》第 4 期。

张振兴、熊正辉、林立芳 2006　《汉语濒危方言调查研究》总序,载张振兴等主编《"中国濒危语言方言研究"丛书》,中国社会科学出版社。

中国社会科学院语言研究所 1981　《方言调查字表》,商务印书馆。

中国社会科学院语言研究所方言研究室资料室 1981　汉语方言词语调查条目表,《方言》第 3 期。

贺州土话调查语料的数字化集成及基本音库建设研究*

刘宇亮

贺州学院文化与传媒学院/

北京语言大学中国语言资源保护研究中心

一 引言

1.1 贺州概况

贺州市位于广西壮族自治区东北部，处于湘、粤、桂三省区结合部，东与广东省肇庆市、清远市毗邻，北与湖南省永州市相连，北面面向都庞岭与萌渚岭之间的低矮谷地，地理位置独特，是古代南北之间的重要通道“潇贺故道”。贺州市辖富川县、钟山县、昭平县、八步区、平桂管理区等五县区，全市土地面积1.18万平方公里，总人口230多万。

1.2 贺州土话概况

“会稽尚隔三千里，临贺初盘一百滩。殊俗问津言语异，长年为客路歧难。”这是宋代诗人陈与义途经临贺（今贺州）时写下的诗句，说的是贺州语言方言复杂，由来已久。由于地理及历史等方面的因素，贺州

* 本研究得到教育部人文社会科学研究青年基金项目“桂东北五县区土话调查语料数字化集成及基础音库建设”（14YJC740059）的资助，谨致谢忱！

地区成为了广西壮族自治区汉语方言最复杂多样的地区，这种汉语方言的多样性分布在全国也是很少见的。除了粤、客、闽、赣、湘、官话外，还有许多散布各地的系属不明的方言土话，如当地人所说的都话、鸬鹚话、封阳话、富川梧州话、本地话等，方言学界一般以平话或土话来统称这些汉语次方言（下文一律称土话）。这些土话中，有相当一部分是当地少数民族群众讲的汉语方言。“不同历史时期各种族群与语言的叠加，使贺州成为我国语言多样性程度最高的地区之一，是天然的语言方言博物馆。”（杨璧菀、邓玉荣）

1.3 贺州土话研究概况

近20年来，尤其是第一届土话会议以后，对贺州土话的调查研究成了方言学界研究的热点，除了本地方言学者外，港澳台和其他高校及研究机构的众多汉语方言学者和少数民族语言学者如毛宗武、张振兴、刘村汉、麦耘等都曾到过该地区进行调查研究。我们对近20年来出版的方言著作、期刊论文、方言学和民族语言学会议论文、学位论文进行了初步统计后发现，有关贺州土话公开发布或出版的单点调查报告、专著、论文（含学位论文、会议论文、期刊论文、论文集论文）超过400种，其中代表性的著作如：《钟山方言研究》《富川秀水九都话研究》《贺州九都声研究》《多族群语言的接触与交融——贺州本地话研究》《贺州铺门话研究》《贺州鸬鹚话研究》《贺州沙田道东土话研究》，等等。调查报告和研究论文如：《广西贺州地区都话的归属》《广西贺州八步鹅塘八都话入声的语音分析》《贺州本地话“古端母浊化”等若干现象与古百越语语音》《广西贺州本地话的“－儿”尾——兼论粤语小称形式的发展和演变》《贺州（桂岭）本地话的“bA”“bbA”式形容词》《桂岭本地话亲属称谓词特点》《广西贺州桂岭本地话特征词》《贺州市鸬鹚话同音字汇》《贺州市近郊鸬鹚屋的语言生活》，等等。学位论文如：《广西富川土话音韵比较研究》《贺州“本地话”疑问句研究》，等等。总的来看，迄今为止，贺州的各种土话都得到了不同程度的记录和描写，数百种著述文献中记录了大量的音系、单字、词语、句子语料，有的还记录了一定数量的话语语篇语料。可以说，贺州土话的调查，为我国汉语方言学的研究提供了丰富的、新奇的语料资源，促进了汉语方言学科的发展。但是，我们也应该看到，当前对贺州土话的调查研究，存在诸多不足，以下几方面尤其明显：

1. 语料分散，共享度低。目前公开见到的贺州土话的调查记录材料都是书面文本语料，绝大多数语料分散在单篇论文和著作中，鲜见由多种土话调查语料集成的调查报告或语料集。还有不少第一手的调查记录材料留存在众多单位和个人手中没有发布，时间一长便被闲置甚至废弃。由于纸质出版物传播的有限性，许多材料无法共享，再加上分布零散，查找和使用十分不便。在当代，任何资源或文献如果没有数字化集成产品，不能进入数字空间传播，它的价值就难以得到充分而有效地体现。

2. 缺乏系统的基本音档和音库。贺州土话中有许多是弱势方言，使用人口很少，已经处于濒危状态。如何对这些珍贵的方言资源进行抢救和保护？国外自本世纪以来，对濒危语言的调查研究重点已经从纯粹的语言学研究转向用现代数字化媒体技术，充分采录有声语料，建立原生态语料的档案。尽管近 10 多年的土话调查中，也有学者做了一些录音录像记录，但大多以个人学术旨趣为驱动，零散而不成系统，质量也参差不齐，而且大都分散在个人手中，没有进行数字化转化或数据升级，基本上在完成论文写作以后就遭到废弃。仅用文字和书面符号对土话进行语言学的描写和分析研究，而没有原生态的声音资料，始终不是对一种方言的全面记录，无法系统保存方言的原态；而且纯粹的学术描写，并非大众的语言学知识所能理解，它的传播面和使用价值非常有限。

3.低层次重复，记录舛误抵牾。由于语料共享不足、缺乏音档，出现了多批人员各自反复调查同一土话的现象，后来者对先行者的记录材料不能完全采信，再度记录成了低层次的重复调查，而且有的材料多有舛误或抵牾。

上述问题制约了土话调查研究的科学发展。因此，对历史上记录的贺州土话材料进行数字化集成，建立基本音库，对于语言材料的优选和利用，促进土话调查研究的健康发展，推动方言学在理论、实践和技术方面的创新，具有重要的意义，势在必行。

二 研究目标和内容

2.1 研究目标

广泛搜集贺州汉语土话的各种文献，对其中的音系表、单字、词汇、句子和话语记录材料，进行钩沉、集成、分类，录入计算机数据表，建立数据库；同时对基本字词句材料进行基本的语言学比较分析，从中遴选出若干代表性的土话，进行田野调查和采集录制基本语料的声音样本，研发一个包含多种土话字词句对照并有基本音档的贺州土话资源库，供语言学研究者和社会公众使用，实现土话资源的数字化共享，同时达到抢救和保存濒危方言资源的目的。

2.2 研究内容

1.搜集近20年来国内外公开发表(布)的关于贺州土话的著作、论文集、报刊论文、学位论文、会议论文、课题调研报告等各种文献，包括用汉语和英文写作的文献，编制贺州土话20年研究文献目录索引。同时，扩充搜集其他方言研究中涉及贺州土话材料的各种文献。

2.对上述文献中所记录的贺州土话的音系、单字、词汇、句子、语篇材料进行检查、钩沉，编制土话音系汇编，并将各种土话的单字、词汇、句子记音，输入电子数据表，将语篇材料汇编成电子文本。

3. 对字词材料进行初步的比较分析，遴选出特色明显、差异较大的土话 10—12 种，如桂岭本地话、贺街本地话、鹅塘本地话、鹅塘八都话、厦良九都话、铺门话、鸬鹚话、富川梧州话、富川八都话、富川九都话、钟山话、昭平土白话等，作为代表性土话。

4. 对代表性土话的基本字词句语料，进行查漏补缺田野调查；同时进行数字录音，采集字、词、句基本语料的发音和说话样本。

5. 制订语料存档的数字文件描述元数据表和标识编码表，根据元数据和标识编码对所有语料进行分类、标识，用相关的软件进行集成，制作成一个可以单机使用和网络共享的土话语料资源档案包。

三　理论和实际应用价值

3.1　抢救保存地域文化的需要

贺州复杂的语言承载着丰富多彩的地方特色文化，但随着社会的变迁，贺州的各种土话正在迅速萎缩，甚至接近消亡，如贺江水系历史上水上居民的方言鸬鹚话目前只有约 400 人会说，濒临消亡。作为文化载体的语言消失了，完整的文化也就不复存在。在这些土话消亡前为之建立原生态的音档，以数码格式存储，实际上就是抢救性地保存地域文化。

3.2　为语言学科理论建设提供新的语言证据

贺州土话是岭南少数民族语言与汉语方言、汉语方言与汉语方言密切接触的产物，其中有许多其他汉语方言中无法看到的复杂多样的语言现象和语言事实。对贺州土话的研究可解开方言学上许多谜团，为新的理论观点提供方言事实证据，同时对于语言类型学、历史比较语言学、语言接触、少数民族语言古文字学研究等，都有重要的学术价值。

对贺州土话的研究亦可作为桂湘粤三省区内分布的各种“土话”研究的范例和模式。

3.3 促进民族团结的需要

贺州土话对深入研究岭南民族历史关系，民族大家庭多元一体格局的复杂性，进一步做好少数民族及汉族各族群的工作，促进和发展岭南各民族大家庭的团结和进步，有十分重要的实际应用价值。

四 本题的研究重点和难点

项目的重点任务主要有两个方面：

1.材料的搜集和钩沉。土话的调查研究，时间跨度有20多年，材料载体文献多种多样，而且分布在不同地方、不同单位和不同的人士手中，要穷尽地收集土话的文献材料，从中选出所记录的字、词、句、语篇材料，需要大量的时间和人力。

2.语音样本采集、录制和处理。遴选10种土话，每种土话采录全部音节和2000多个单字、词汇以及几百个句子，需要进行技术培训，田野采录和后期音频剪辑处理和标记，这些都需要大量的时间和人力，亟待探索和建立一种高效便捷的技术手段和操作模式。

项目的难点也主要有两点：

1.元数据和标识的制订。为便于文献语料的数据化集成和共享利用，要设计一套数据表的字段标识，以及对资源进行分类、存档的元数据名称。尽管国外也有语言资源的元数据集，但对汉语方言土话文献、文本语料和音频这三种资源如何系统地描述和标识，关系到这个资源包（资源库）的科学使用。

2.语料的授权许可。大量的文献涉及相关的作者、著者、收藏者或责任人，语料的数字化集成，必须妥善解决授权许可问题。这里既涉及与相关责任人的资源奉献商谈问题，也涉及集成语料如何尊重和体现责任人的知识产权问题，还涉及语料集成、发布和使用中如何避免侵权的问题。

五　研究思路和研究方法

5.1　总体工作思路

统一标准。首先要建立“贺州土话调查语料记录与立档规范”，在“规范”的框架内，细化适合贺州土话文献语料集成和音档建设的相关具体准则。

团队实施。在统一的标准下，组成一个8—10人的团队，分成若干组，分解文献搜集和语音样本采录任务和目标，统一进度，同时实施。

技术主导。文献搜集和数字化集成、音频采录及处理和数据库建设，各有相应的技术路线和技术工具。现代技术理念和技术手段贯穿整个项目的始终。在正式启动前要进行相关技术培训，在课题进行过程中也要进行技术指导、检验和评估。

先行试点。语音样本田野采录和剪辑处理涉及多方面因素，必须先选择一种土话进行试验，总结经验，发现问题，改进方案，建立示范。

分段推进。项目两大任务之间以及每个任务的各个具体研究事项之间，都必须分段按规程进行。第一大阶段是文献语料集成和数字化，第二大阶段是语音样本采录和处理。第一大阶段分搜集、勾选、录入、汇总、建库、分析、筛选等步骤进行；第二大阶段分补充记录、采集音频、剪辑处理、转写标识、分类入库等步骤进行。

5.2　研究方法

文献和网络检索。通过图书检索、网络资源数据库、访谈等方法，收集国内外关于贺州土话研究的资料以及有声资源采录和保存的有关文献。充分研究国内外语言保存实践经验，全面掌握有关理论、原理、方法和技术知识。

田野调查法。深入土话区，对土话及其社会和文化进行调查、访谈和体验，获取第一手资料。到各县区文化馆收集当地的民间故事、传说、歌谣、谚语等文字资料。

现代技术法。对文献语料进行数字化，建立数据表，制作数据库；运用专业的语音采集设备和软件，对土话的字、词、句、话语和口传文化进行录音采样，制作音档。

采录语音数据的时候，采用“相同方言点蓝本”和“相近方言点蓝本”两条工作原则。比如，欲采录的方言点为A县X镇的土话，如果现有文献里有A县X镇土话的材料，就直接用此材料作为发音蓝本，录制语音数据，此为“相同方言点蓝本”原则。如果现有文献里没有A县X镇土话材料，但是有A县Y镇土话的材料，经过课题组的核实，Y镇与X镇相距不远，其语言为同一方言的下位次方言，即可拿A县Y镇土话的材料作为发音蓝本，录入前请专家帮助判定其差异，做适当的核实修正，即可补录该方言点的语音数据，此为“相近方言点蓝本”原则。

六　已经取得的成果

课题组成员近几年来已经为本项目的开展做了不少的前期工作。例如，除个人开展土话调查获得的第一手语料外，已经收集到国内公开发布和出版的五县区土话和相关周边土话的论文著作300多件，同时收集了6次土话会议的论文资料300多篇，部分著作的语料已经输入到数据表，而且已经取得了部分著作论文作者对语料集成的授权确认。近两年已经采录了铺门话、八步区鹅塘镇溢田村八都话、鹅塘镇本地话、桂岭本地话、富川八都话的单字和词汇，整理成了合乎规范的音档文件。同时，对于各种民间口传文化的调查和收集也在紧锣密鼓地进行，如富川的“蝴蝶歌”“刘娘歌”，八步区的瑶族山歌、粤语童谣等，都采用了纸本记录及数码摄录的方式，得到了有效的保存。

未来调查整理工作结束后，我们将编写以下调查报告：《贺州土话研究文献索引》《贺州土话单字词汇对照表》等，并将建立数据库文件资源包——“贺州土话文献语料数据库及代表土话基本语料音档”。

贺州土话语料的数据表和录音音档可刻制成光盘，能够直接在CD机、DVD机、手机、MP3播放器和计算机等设备上播放，既可供语言研究使用，也可以用于土话族群或其他人学习语言。

数据表和音档以后还可以开发成市场产品，如单机版数据库、网络数据库等。单机版数据库主要供语言族群中有一定技能者、语言研究和语言资源开发人员使用，数据库可以进行土话多点数据查询、排序、播放、拷贝、扩充等。网络数据库面向语言族群所有人和社会上有特定需求的人，可提供下载、拷贝和材料扩充。网络数据库便于以后五县区土话大规模的语料汇集和存储，能保证数据安全、传输便利，达到广泛的社会共享。

参考文献

曹志耘 2009　论语言保存，《语言教学与研究》第1期。

陈章太 2009　语言资源与语言问题，《云南师范大学学报(哲学社会科学版)》第4期。

范俊军 2006　关于濒危语言研究的几点思考，《语言学研究》第4期。

覃远雄 2007　平话和土话，《方言》第2期。

杨璧菀、邓玉荣　贺州市的语言种类及地理分布，未刊稿。

中国方言文化典藏多媒体资料库的设计与构建*

孙林嘉

北京语言大学语言资源研究所/中国语言资源保护研究中心

一 引言

中国是当今世界上罕有的语言资源大国，涵盖了汉语语言、民族语言和方言语言等多种语言资源。其中，方言语言已经成为构成文化多样性的前提条件，并在组成地域文化以及传承传统文化中起着非常重要的作用。系统科学地调查并记录用特殊方言形式所表达的地方特色文化现象（包括地方名物、民俗活动、口彩禁忌、俗语谚语、民间文艺等），将在保护文化资源和传承文化遗产方面产生深远意义。

在此形势下，教育部哲学社会科学研究重大课题攻关项目"中国方言文化典藏"应运而生。该课题按照统一规划、科学实施的原则，实地调查和收集实态的中国方言文化资料，并利用多媒体技术、数据库技术和网络技术等现代技术手段进行保存和展示，达到"实态保存，永久使用"的目的。其中，构建"中国方言文化典藏多媒体资料库"成为课题的

* 本研究得到北京语言大学院级科研项目（中央高校基本科研业务专项资金资助）"方言文化多媒体资料库建设关键技术研究"（15YJ050001）的资助，谨致谢忱！

一个重要目标。该多媒体资料库以数据库的形式保存所有调查点的全部调查资料，内容包括各地方言文化概述、方言音系、调查条目结果；形式包括文字、音标、录音、视频、图片等多媒体数据。通过实现各种形式和内容之间相互关联，最终为开发“中国方言文化典藏多媒体应用系统”提供基础。

近年来，国内外研究人员已经在语言资源库建设方面取得了显著成果，但由于研究目标、调查内容以及调查手段的差异使得所构建的语言资源库不尽相同。如，中国社会科学院开发的“北方方言基本词汇数据库”、北京语言大学建立的“北京口语语料查询系统”、香港大学和香港理工大学联合建立的“香港广州语音资料库”以及国家语委主持的“中国语言资源有声数据库”等多数成果侧重于对方言语言本体结构的研究，并未涉及文化现象。而《中国方言民俗图典》《湘西瓦乡话风俗名物彩图典》等图册虽然通过民俗、方言条目和相关图片展现了一个地方的方言民俗，透视了当地独特的文化现象，但并未采取录音、摄像等调查手段，也未考虑建设多媒体资料库，较侧重于文字描述。与此相比，“中国方言文化典藏多媒体资料库”则把方言文化单独作为大规模调查的内容，应用计算机技术将海量文本、音频、视频等多媒体文件与索引技术有机结合，从而实现资源库索引和多媒体文件展示的同步关联，以供使用者检索、索引以及统计分析。

二　中国方言文化典藏多媒体资料库

2.1　中国方言文化典藏多媒体数据的特点

方言文化是指用特殊方言形式所表达的地方特色文化现象，包括地方名物、民俗活动、口彩禁忌、俗语谚语、民间文艺等内容。在实际调查过程中，主要通过设立方言文化调查条目来实现对上述文化现象的采集。目前设立方言文化调查条目的主要原则是具有显著的方言性和地方文化性，同时兼具重要性、濒危性或形象性，其中主要的方言文化调查条目分为 9 个大类，共计 800 多个条目，所涵盖的内容如表 1 所示。

表 1　方言文化调查条目分类

	一	二	三	四	五	六
壹 房屋建筑	住宅	其他建筑	建筑活动			
贰 日常用具	炊具	卧具	桌椅板凳	其他用具		
叁 服饰	衣裤	鞋帽	首饰等			
肆 饮食	主食	副食	菜肴			
伍 农工百艺	农事	农具	手工艺	商业	其他行业	
陆 日常活动	起居	娱乐	信奉			
柒 婚育丧葬	婚事	生育	丧事			
捌 节日	春节	元宵节	清明节	端午节	中秋节	其他节日
玖 说唱表演	口彩禁忌	骂人话	俗语谚语	歌谣	曲艺戏剧	故事吟诵

在这些调查条目的基础上，将以方言区为单位（同时参考地域文化区）进行调查，以尽可能反映出当今中国汉语方言文化的概貌。调查过程中使用先进的录音、摄像、照相以及音像剪辑编辑等技术手段，所有调查条目的方言说法都要采用统一的录音设备和录音软件进行录音，并对发音过程进行同步摄像，部分重要方言文化活动（例如婚礼、丧礼、春节、元宵节、民歌、曲艺、戏剧等）要另行专门摄像。最终，得到包括文字、音标、录音、视频、图片等形式的多媒体数据。

从上述调查过程以及调查内容可以看出，“中国方言文化典藏多媒体资料库”将是一个内容丰富、数据多样、结构复杂的海量数据库。然而，在全国范围内实施方言文化调查并以此建立多媒体资料库将是一项长远而艰巨的任务。首先，受人力财力等客观因素约束，对全国范围内实施调查将不得不分批进行；其次，预先设计的调查内容可能与调查点的实际情况不尽相同，更新和补充调查内容将导致调查次数的增加；最后，大量调查点及其海量多媒体数据将使得整理、加工、校对和录入等数据操作变得相对困难。因此，从系统工程和软件开发的角度来看，设计和构建“中国方言文化典藏多媒体资料库”至少应该考虑三个因素：

1. 扩展性。扩展性主要表现在两个方面，一方面是数据节点的扩展性，即能够随时添加或删除属于不同调查点的物理子数据库或逻辑子数据库，以便将不同时间或不同空间的调查内容增加到整个多媒体数据库中；另一方面是数据表的扩展性，即便于向数据表中增加之前没有考虑到的或特有的字段。在提供简便有效的扩展方法的同时，也需要保证数据库的完整和减少数据库的冗余。

2. 稳定性。数据库的稳定性直接与数据库中实体对象的大小多少及其相互关联的程度有关。当数据库中的实体对象较多较大时，数据库的结构会变得更加复杂，尤其是在数据增加过程中难以保证数据的完整性与正确性。为此，需要尽量减少实体对象的冗余，避免实体对象之间关系的交叉和异常，同时采用数据驱动而非程序驱动的方式设计相互关系。

3. 高效性。在给定系统硬件和系统软件的条件下，提高数据库系统的运行效率是一个重要目标。这就要求在数据库设计过程中，不得不降低数据库中表的个数，去掉重复多余的实体对象，形成对客观世界的高度抽象，并对数据进行系统地集成；此外，还需要便于优化实体对象间的关系，使得对应数据表间的主键外键能够有效设置，节省运行时间的同时节省索引存储空间。

2.2 基于面向对象的资料库设计

为满足上述需求，采用面向对象数据模型进行数据库设计。面向对象数据模型(Object Oriented Data Model)是数据库技术与面向对象方法相结合的产物，将面向对象数据方法中的对象、属性、类等概念与传统数据库技术中的存储管理、模式定义、数据控制相结合，从而将语义相似的对象组织成类，并为类提供统一的抽象描述；在此基础上，借助层次结构或图结构表达复杂的客观世界。在实际应用方面，面向对象的数据模型适合处理各种各样的数据类型(如图片、声音、视频、文本、数字)，并能有效地表达客观世界和查询信息；尤其是能够在不影响现存结构和数据的条件下，通过增加类及类的属性来扩展数据库。

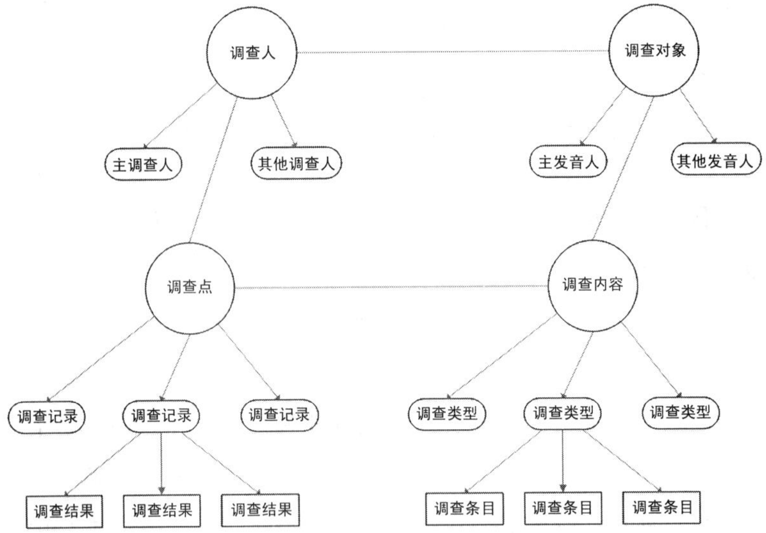

图1 中国方言文化典藏多媒体资料库实体类别及其逻辑关系

基于上述分析，结合《中国方言文化典藏调查手册》，将“中国方言文化典藏多媒体资料库”设计为图1所示的实体类别及其逻辑关系。其中,调查人类别主要用于收集执行方言文化调查的专业人员的信息;调查对象类别主要用于保存发音人的基本信息;调查内容类别包含了不同的调查类型,目前主要有音系类型、词语类型和语篇类型,同时,结合实际的文化现象和调查目的,调查类型又进一步设立为多个调查条目;调查点类别是一个丰富的实体类别,它主要用于存储某一调查点在某一次调查记录中所获取的调查结果,相比前述三种类别,调查点类别是实际调查的结果,将包含具体的文字、音标、录音、视频、图片等多媒体数据。总的来说,上述四种类别的关系可概括为:针对调查点,调查人依据调查内容对调查对象展开调查,获得最终的调查结果。

同时,按照对实体类别操作的频繁程度,可以简单地划分为一般操作对象和复杂操作对象。如,就调查内容而言,在《中国方言文化典藏调查手册》中已经基本包含了所要调查的各种信息。对这些事先设计好的信息,只需要一次录入到数据库中即可,访问数据库的频率相对较低;而对于调查结果而言,随着调查点的变化将不断地访问数据库和增加数据,对其操作的频率较高。不管是哪种操作对象,由于采用了面向对象的类封装的思想,都使得实体类别相互之间较为独立,因此能够保证较高的可扩展性和稳定性。

基于上述实体类别及其逻辑关系,整个多媒体数据库共细化为14个数据表,分别是调查点情况表、发音人情况表、调查人情况表、调查点记录表、调查类型表、调查条目表、调查结果声调表、调查结果声母表、调查结果韵母表、调查结果条目表、调查记录调查类型表、调查记录调查人表、调查记录发音人表以及行政区域代码表。其中,各数据表所属实体类别及其主要功能如表2所示。

表 2　中国方言文化典藏多媒体资料库中数据表及其主要功能

数据库表名	所属实体类别	主要功能
调查点情况表	调查点实体类	记录调查点的基本信息
调查点记录表	调查点实体类	记录调查点一次记录中的主要信息
调查结果声调表	调查点实体类	记录调查点音系概况中的声调情况
调查结果声母表	调查点实体类	记录调查点音系概况中的声母情况
调查结果韵母表	调查点实体类	记录调查点音系概况中的韵母情况
调查结果条目表	调查点实体类	记录每个调查条目在调查点的实际结果
调查类型表	调查内容实体类	记录不同的调查类型，如音系、词语、语篇
调查条目表	调查内容实体类	记录不同调查类型中具体设置的条目
发音人情况表	调查对象实体类	记录发音人的基本信息
调查人情况表	调查人实体类	记录调查人员的基本信息
行政区域代码表	其他实体类	按国标列出省地县三级代码及名称

各个数据表之间存在一对多或多对多的相互关系。如，一个调查点可以有多个调查记录，调查点情况表和调查点记录表之间是一对多的关系；相应的一个调查记录也可以有多个调查结果，因为所有调查的类型、调查的条目以及参与的调查对象可能是多个的。

2.3　多媒体资料库的构建

在上述资料库设计的基础上，利用 MICROSOFT SQL SERVER 2012 和 VISUAL STUDIO 2012 开发搭建了“中国方言文化典藏多媒体资料库”。随后将澳门、北京等多个调查点的调查结果录入到资料库中，图 2 展示了将调查点采集到的中国方言文化多媒体数据录入到资料库的部分操作界面。

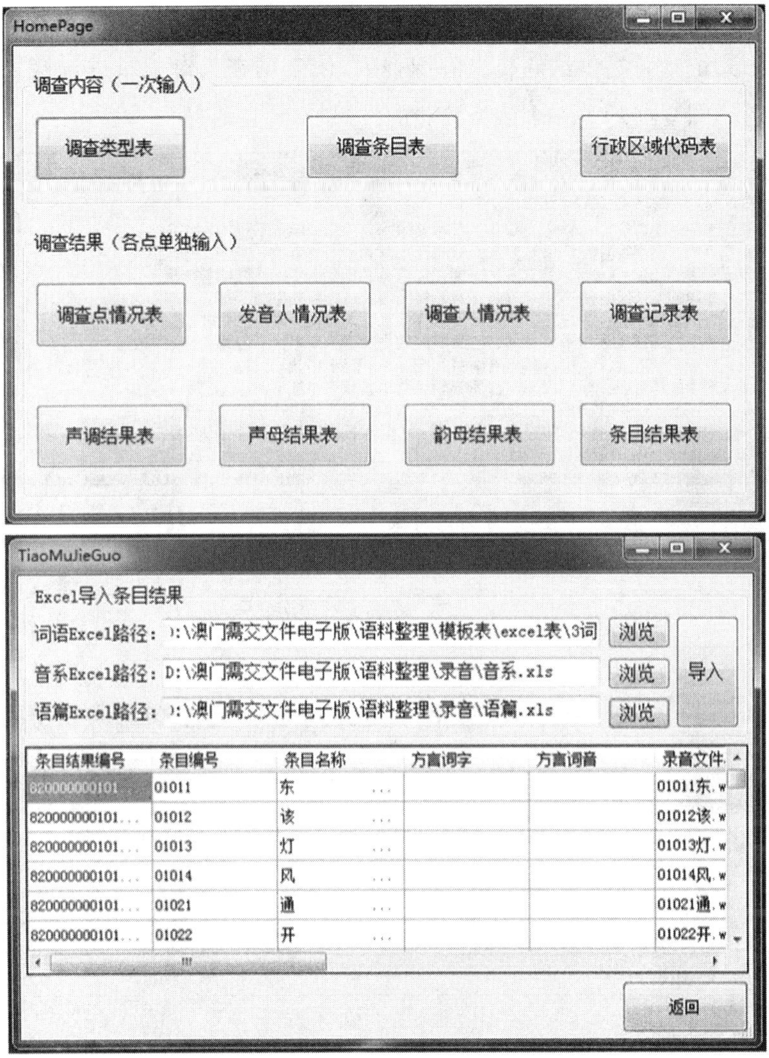

图 2　中国方言文化典藏多媒体数据入库操作界面

在录入过程中，也提供了数据校验的功能。如，检测不同 EXCEL 表中同一条目是否能够对应，从而保证数据入库的一致性。如果在涉及同一条目的两张EXCEL表中不能找到相同的条目内容，将以TXT的形式记录并提供给调查点的调查人，便于调查人对记录进行检查和改正。图3展示了一个数据校验的结果。

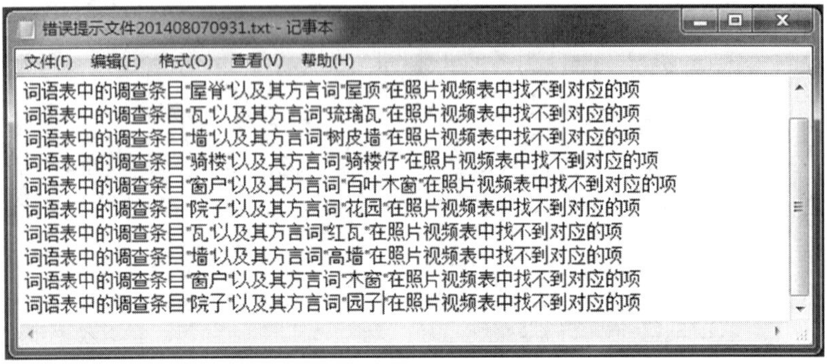

错误提示文件201408070931.txt - 记事本

文件(F) 编辑(E) 格式(O) 查看(V) 帮助(H)

词语表中的调查条目“屋脊”以及其方言词“屋顶”在照片视频表中找不到对应的项
词语表中的调查条目“瓦”以及其方言词“琉璃瓦”在照片视频表中找不到对应的项
词语表中的调查条目“墙”以及其方言词“树皮墙”在照片视频表中找不到对应的项
词语表中的调查条目“骑楼”以及其方言词“骑楼仔”在照片视频表中找不到对应的项
词语表中的调查条目“窗户”以及其方言词“百叶木窗”在照片视频表中找不到对应的项
词语表中的调查条目“院子”以及其方言词“花园”在照片视频表中找不到对应的项
词语表中的调查条目“瓦”以及其方言词“红瓦”在照片视频表中找不到对应的项
词语表中的调查条目“墙”以及其方言词“高墙”在照片视频表中找不到对应的项
词语表中的调查条目“窗户”以及其方言词“木窗”在照片视频表中找不到对应的项
词语表中的调查条目“院子”以及其方言词“园子”在照片视频表中找不到对应的项

图3　中国方言文化典藏多媒体数据入库校验提示

最终，调查点的中国方言文化多媒体数据被保存在资料库中，图4、图5、图6给出了部分数据表中的录入结果。

DELL-PC.典藏多...dbo.调查结果声母表

声母结果编号	声母	例字	备注	调查记录编号	调查点编号
82000000010...	p	八兵		8200000001	820000000000
82000000010...	p	病		8200000001	820000000000
82000000010...	ph	派片		8200000001	820000000000
82000000010...	ph	爬		8200000001	820000000000
82000000010...	m	麦明		8200000001	820000000000
82000000010...	m	味问		8200000001	820000000000
82000000010...	f	飞风		8200000001	820000000000
82000000010...	f	副蜂		8200000001	820000000000
82000000010...	f	肥饭		8200000001	820000000000
82000000010...	f	灰		8200000001	820000000000
82000000010...	t	多东		8200000001	820000000000
82000000010...	t	甜毒		8200000001	820000000000
82000000010...	th	讨天		8200000001	820000000000

图4　调查结果声母表

DELL-PC.典藏多...dbo.调查结果韵母表

	韵母结果编号	韵母	例字	备注	调查记录编号	调查点编号
▶	82000000010001	i	师丝试二		8200000001	820000000000
	82000000010...	u	苦		8200000001	820000000000
	82000000010...	u	宝		8200000001	820000000000
	82000000010...	y	猪雨		8200000001	820000000000
	82000000010...	a	茶牙瓦		8200000001	820000000000
	82000000010...	ua	瓜		8200000001	820000000000
	82000000010...	ɛ	写		8200000001	820000000000
	82000000010...	iɛ	惹爷夜		8200000001	820000000000
	82000000010...	uɛ	#1	~哟野=翻=来...	8200000001	820000000000
	82000000010...	ɔ	歌坐过		8200000001	820000000000
	82000000010...	uɔ	禾窝		8200000001	820000000000
	82000000010...	œ	靴		8200000001	820000000000
	82000000010...	iu	笑桥		8200000001	820000000000
	82000000010...	ui	赔对		8200000001	820000000000

图 5　调查结果韵母表

DELL-PC.典藏多...dbo.调查结果条目表

	条目结果编号	条目编号	条目名称	录音文件名称	发音视频名称	注...	调查记录编号	调查点编号
	82000000010...	03052	丝 ...	03052丝.wav	03052丝.m2ts;...		8200000001	820000000000
	82000000010...	03053	试 ...	03053试.wav	03053试.m2ts;...		8200000001	820000000000
	82000000010...	03054	戏 ...	03054戏.wav	03054戏.m2ts;...		8200000001	820000000000
	82000000010...	03055	二 ...	03055二.wav	03055二.m2ts;...		8200000001	820000000000
	82000000010...	03056	飞 ...	03056飞.wav	03056飞.m2ts;...		8200000001	820000000000
	82000000010...	03057	鬼 ...	03057鬼.wav	03057鬼.m2ts;...		8200000001	820000000000
	82000000010...	03061	宝 ...	03061宝.wav	03061宝.m2ts;...		8200000001	820000000000
	82000000010...	03062	饱 ...	03062饱.wav	03062饱.m2ts;...		8200000001	820000000000
	82000000010...	03063	笑 ...	03063笑.wav	03063笑.m2ts;...		8200000001	820000000000
	82000000010...	03064	桥 ...	03064桥.wav	03064桥.m2ts;...		8200000001	820000000000
	82000000010...	03071	豆 ...	03071豆.wav	03071豆.m2ts;...		8200000001	820000000000
	82000000010...	03072	走 ...	03072走.wav	03072走.m2ts;...		8200000001	820000000000
	82000000010...	03073	油 ...	03073油.wav	03073油.m2ts;...		8200000001	820000000000
	82000000010...	03081	南 ...	03081南.wav	03081南.m2ts;...		8200000001	820000000000
	82000000010...	03082	盐 ...	03082盐.wav	03082盐.m2ts;...		8200000001	820000000000
	82000000010...	03091	心 ...	03091心.wav	03091心.m2ts;...		8200000001	820000000000

图 6　调查结果条目表

三　结语

为了能够将“中国方言文化典藏”项目中所调查的信息数字化，并为进一步方言文化的展示和应用提供基础平台，本文设计并构建了“中国方言文化典藏多媒体资料库”。设计过程中，利用面向对象的思想将调查信息进行规划和组织，较好地解决了数据库扩展性、稳定性和高效性等方面的问题。通过录入从调查点采集到的方言文化多媒体数据，验证了数据库的组织存储能力。

参考文献

曹志耘主编 2015 《中国方言文化典藏调查手册》，商务印书馆。

伍云姬 2007 《湘西瓦乡话风俗名物彩图典》，湖南师范大学出版社。

中国语言资源有声数据库建设领导小组办公室 2010 《中国语言资源有声数据库调查手册·汉语方言》，商务印书馆。

基于网络平台的语言（方言）文化调查与传播
——以“方言文化网”为例

侯兴泉[1]　彭志峰[2]

1 暨南大学汉语方言研究中心

2 暨南大学中文系

一　前言

语言或方言是文化（特别是口传文化）最为重要的载体。从语言诞生之初的劳动叫号声，到远古时代的神话故事，一直到今天的相声小品、民间歌曲等口传文化形式，都主要是通过语言或方言来进行传承和传播的。远在文字诞生之前，人们就开始有意识地收集、整理并传承这些以语言或方言记录的口传文化，譬如一些氏族部落的首长、史官或巫师对各民族史诗的口头传承。进入奴隶社会之后，统治者为了了解民情和民风以便于统治，专门设立了相应的官职或制度，派人四处收集民谚、民歌和民风，典型的如周代的采风制度。这种由官方主宰或主导的采风制度一直沿用至今，目前由国家语委主导的语言保护工程也可以看作是古代采风制度在新时代的体现。在文字产生之前，语言（方言）文化的传承受到时空的制约，主要通过面对面交流来继承和传播，传播速度较慢，传播范围也比较窄。文字产生之后，语言（方言）文化的传播突破了时空的限制，传播媒介也由原来的声音变为文字，传播速度大大加快，传播范围也越来越广。但是，通过文字来传承口传文化会使相关信息变得抽象甚至走样，没有声音传播来得形象和生动，也很难保留口传文化赖以生存的地理及人文背景信息。

在计算机和电话出现以前，人类要调查或学习一种语言及其承载的口头文化，必须到实地去，通过大脑的记忆，肢体的模仿或文字的记录来了解、学习和传播。人类进入以计算机为代表的信息时代以来，语言文化的记录和传播方式发生了翻天覆地的变化。电话和网络突破了时空的限制，多媒体数字化技术使得语言文化的记录呈现多模态的方式：声音、文字、图像等不同性质的记录载体可集合在一起，全方位地记录口传文化，甚至可以通过模拟现实的方式把语言文化相关的场景一一呈现。这个时代语言文化的学习和传播也大大突破了时空的限制，我们完全可以通过网络来实现语言文化的远程调查、加工和传播，研究者和学习者坐在电脑前就可以完成以前只能通过实地调查才能完成的调查和学习任务。

正是因为网络技术的不断进步，世界范围内专门用于语言文化展示或传播的网站也如雨后春笋般出现，数不胜数。但是绝大多数的语言文化类网站都是以展示功能为主，并不强调语言文化的远程调查功能。国内用于展示语言文化成果的网站也很多（主要以区域性的语言或方言文化网站为主）。专门传播中国境内语言（方言）文化的网站则不多，下面我们介绍其中三个比较有影响或有特色的网站。

中国社会科学院语言研究所的“九州网：语言资源网络服务平台”（9zhou. phonetics. org. cn）。网站主要是一个语言资源分享网站，为母语爱好者提供一个分享母语语音、词汇和语法等数据资源的网络平台，用户可以下载自己感兴趣的内容。网站的宗旨是资源分享，分享的内容以汉语为主，且偏重语言的本体内容，口传文化方面的资源相对较少。

北京语言大学语言科学院语言资源研究所中国语言资源保护研究中心的“中国方言文化典藏多媒体资料库”(www. chinalanguages. org)。该网站主要是通过音视图文等多媒体形式,将地方特色文化现象用特殊方言形式进行保存与展示,内容涵盖地方名物、民俗活动、口彩禁忌、俗语谚语和民间文艺等文化现象。内容也主要以汉语方言文化资源为主,兼顾少数民族语言文化资源。网站目前只是一个单纯的展示平台,即把田野调查到的方言文化资源放到网络上进行呈现。

乡音苑(www. phonemica. net)。跟上面两个由官方或高校科研机构主导的网站有所不同的是,乡音苑是由民间方言爱好者(两个美国人)开发的方言故事平台。故事录音全部由网友志愿提供,网站提供录制、上传、转录和编辑等功能。网站的特色是把故事地点在地图上全部标示出来,并用不同的颜色区分方言系属。网友可针对乡音苑的每一个故事进行评论,交互性较好。

总的来说,目前国内有关语言文化的网站多突出展示和传播功能,调查功能(尤其是实时在线调查功能)和互动功能还关注得不够。相比较而言,官方或科研机构开发的网站更注重传播功能,而民间开发的网站多注重交流和互动的功能。

为弥补现有网站在语言文化远程调查方面的不足,暨南大学汉语方言研究中心方言文化室研究团队在原“中国语言有声资源联盟”(www. clarc. cn)网站的基础上,进一步开发专门用于语言文化调查与传播的“方言文化网”(dac. jnu. edu. cn),重点开发基于网络平台的中国语言(方言)文化的调查功能,同时吸收现有网站的一些优点,进一步完善网站的传播功能。本文先介绍基于网络平台的两种调查方式,然后介绍三种有效传播语言文化资源的手段,最后是结论。

二　基于网络平台的语言(方言)文化调查

2.1　导航式调查

导航式调查指的是调查者事先制订好调查计划、内容和要求，用网络导航的方式来指引被调查者根据要求填写、上传或标注相应的内容或资料。进行这种调查时，调查者其实是不需要出现的，被调查者可以随时根据自己的时间安排来填写、上传或加工相应的语言（方言）文化资料。这些资料上传之后就会在网站上显示，不仅调查者可以看到这些资料，其他浏览网站的人也可以看到。考虑到中国语言文化的特点，"方言文化网"在导航调查设计方面主要考虑语言元数据描述和语言文化资源内容调查两个方面。

1. 语言（方言）文化资源元数据的描述。元数据（Metadata）是关于数据的数据。在语言调查中，元数据是指关于语言基本属性的描述。为实现信息的充分共享，我们借鉴了国际语种代号标准（ISO 639－3）和联合国教科文组织世界濒危语言地图集（http://www.unesco.org/languages-atlas）对相关语言元数据的描述，同时吸收了范俊军（2011）编著的《语言调查语料记录与立档规范》对中国语言的字、词、句、语篇等内容进行规范的成果，对语言文化的相关数据来展开描述。目前方言文化网需要录入的语言元数据资料包括资源名称、调查地点（可直接录入，也可以通过下拉菜单选择）、地点图片（选填）、资源类型（包括字、词、句、熟语、民间故事、民间歌谣、地方曲艺、方言吟诵、方言诗词、民间风俗等类型）、语言名称（可下拉选择，也可直接输入）①、主要分布地（下拉选择后自动出现）、语种代码、语言活力、发音人、发音人性别、发

① 中国境内语言和方言的系属名称及区片划分我们以《中国语言地图集》为参照。

音人出生年月、发音人照片、上传者姓名等信息。

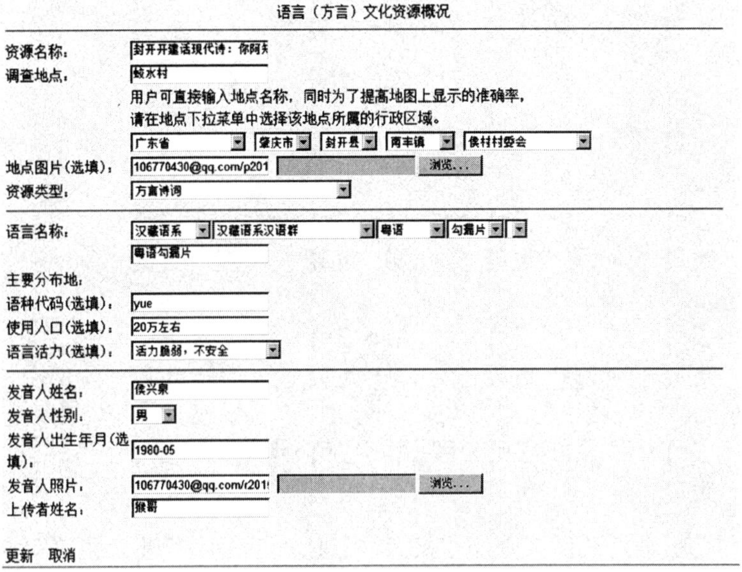

图 1　语言（方言）文化资源元数据描述页面图

2. 语言（方言）文化资源具体内容的调查。被调查者填好语言元数据的基本信息之后，可点击“添加条目”按钮进入内容信息录入页面，然后根据提示相应地录入资源名称（如开建话现代诗）、内容描述（诗的内容）、普通话对照、音标注音（可录入国际音标，也可录入其他罗马音标）、民族文字、英语对照、备注等内容，还可以同时录制或上传跟资源相对应的音频、视频或图片资料，如图 2 所示。填写、录制或上传完相应的资料之后，点击“确定”按钮就完成了相应语言文化内容的调查。网友可在主页上查看或下载相关的内容及信息。

2.2　实时远程视频调查与录制

传统调查需要调查者到实地寻找发音人，好处是沟通方便，缺点是耗时费力。实时远程调查主要是模拟实际调查时的情景，借用视频会

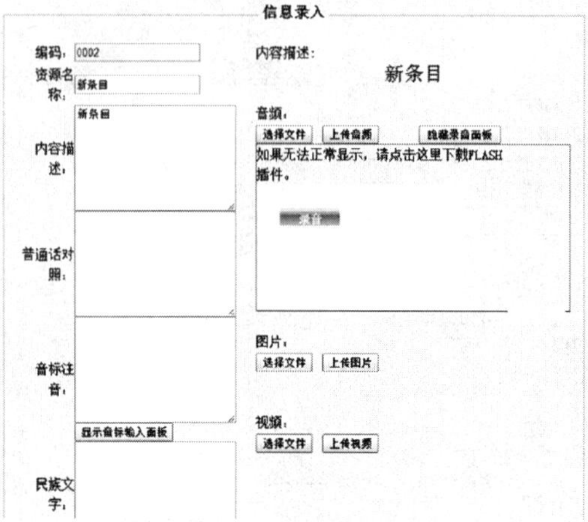

图 2　语言(方言)文化资源具体内容的调查页面图(局部)

议的理念，通过调用双方计算机上内置或外置的摄像头及录音设备来实现远程音视频互动，从而开展远程语言(方言)文化资源的调查，并启用网络录像功能把整个调查过程拍摄记录下来。这种调查对网络带宽和网络速度有较高的要求，否则会出现视频断续或卡壳的问题，影响调查的连续性。我们整合了 QQ 视频聊天和 LiveView 视频录制功能，在方言文化网上是这样操作和实现的：

双方准备好相应的录音设备和摄像头(手提电脑一般都配有这些基本的设备，也可以购买高清 USB 外置摄像头，如罗技 C930e)，并保证有较好的网络带宽。

双方约定好调查时间，由调查者准备好调查主题，进入方言文化网的"实时远程视频调查与录制"模块中，点击"视频聊天"，将调用各自在本机安装的 QQ，双方需加为好友，然后由调查者发起视频对话，发音人响应，双方进入视频聊天，开始调查互动和环境调试。

调试完成后，双方模拟实际调查情景，开始视频录制，调查者启动

LiveView 对发音人的电脑摄像头所拍摄的调查场景进行拍摄(可同时拍摄视频和录制发音人说话的音频),然后保存为适合网络传播的MP4 文件,存放到调查者的本地电脑上。

调查者对调查视频进行加工处理,完成具体内容的编辑、记录和转写等操作,撰写相应的调查报告,然后把相关内容上传到网站服务器,最终完成远程视频的调查任务。

三　基于网络平台的语言(方言)文化传播

在网络上实现远程调查并完成相应的加工之后,语言(方言)文化资源应该以何种形式传播?何种形式的传播效果更加理想?这些问题值得我们考虑。目前语言(方言)文化资源常见的传播方式是以语言(方言)文化载体的类型(如文字,音频或视频)或语言(方言)文化资源本身所属的性质类型(如民间故事、地方曲艺、熟语等)来分类,建立相应的网络层级结构来完成的。譬如“中国方言文化典藏多媒体资料库”(http://www.chinalanguages.org)对方言文化的展示有单点展示、多点对比和说唱表演三种方式。其中前两者主要以方言点来分类,对其音系、词语和语篇调查结果进行单点或多点方言展示(其中词语和语篇可通过下拉菜单来选择)。说唱表演都是视频资源,故单独列一个专栏来进行展示。这种展示的好处是层级分明,检索方便。不好的地方一是交互性差,浏览者只能被动地浏览资源;二是资源相关的地理信息不够清楚(示意图只能看到大概的位置)。“方言文化网”主要通过三种方式来传播语言(方言)文化资源:一是运用 GIS 技术把方言文化资源放在地图上呈现与传播;二是通过关联社交平台来传播;三是通过语言文化数字化博物馆的形式来传播。

3.1　运用 GIS 技术把语言文化资源放在地图上呈现与传播

据我们所知,乡音苑(http://phonemica.net)是较早运用 GIS 技术把调查和展示结合在一起，通过地图来展示中国境内的方言故事的网站。我们认为这是很值得借鉴的一种呈现方式。由上海师范大学潘悟云教授主持的教育部重大招标项目“语言地理信息系统”网站（http://202.121.55.166/site4/dlmap/）把地图展示和绘图功能运用得更加专业，尤其是在地图展示方面，不仅可以显示行政图，还可以显示或叠加历史行政区划图和卫星图。不过由于受网站建设者的个人兴趣或研究目标所限，两个网站所展示的内容都有一定的局限：乡音苑只展示方言故事这一种方言口传文化形式，而上师大的“语言地理信息系统”展示的只是字音的内容，二者都只是呈现了语言（方言）文化某一方面的内容。方言文化网则在吸收两个网站各自优点的基础上加以改进，通过地图显示各种类型的口传文化（除了可以展示语言本体相关的字词句资料外，还可以展示以语言或方言记载的各种口传文化形式），未来我们还将增加画图（含特征图和示意图）功能，供使用或浏览网站的人使用。

目前方言文化网的地图展示主要是在“方音地图”版块上呈现的。“方音地图”的语言（方言）文化的调查和展示这两个功能是结合在一起的，具体操作步骤如下：

（1）注册账号，然后登陆“方音地图”，进入资源管理页面。

（2）点击“添加资源”按钮，进入资源管理的内容页面，填写具体的信息（星号＊为必填信息，具体信息见图1），然后确认，完成资源点的信息录入。

（3）点击“返回”键，重新返回我的资源管理页面，这时资源下面会出现刚刚建立的资源点的基本信息，同时会根据用户输入的地点信息在方言地图上标示。

（4）点击资源条目名称下面的具体内容（如“封开方言现代诗”）链接，进入条目编辑状态，点击新条目，进入信息录入窗口。具体录入和上传的内容提示见图2所示。信息录入之后点击“确认”，完成本资源条目的录入。

（5）返回方音地图主页面，用户和浏览者就可以在地图上修改或查看相应的语言文化资源了。

3.2 通过关联网络社交平台来传播

社交平台在信息传播的时效性和参与性方面要明显强于普通的网站。乡音苑在每个资源下面都设置有评论选项，这对增强网民的参与性有明显的帮助，但在资源传播和扩散的速度方面明显要弱于网络社交平台。为了使通过网络平台调查所得的语言（方言）文化资源迅速地传播出去，扩大其影响力，很有必要借助现有的大型网络社交平台。目前国内最有影响的两个网络社交平台一个是新浪微博，一个是腾讯微信。

方言文化网有意识地通过微博和微信这两个社交平台来传播相关的语言文化资源信息。具体做法如下：

第一，在新浪微博上注册同名账号“方言文化网”，方言文化网上每新增一项语言文化资源，我们都会在新浪微博上及时发布信息并提供资源链接，供网友们阅读、推广、转发和评论。

第二，通过手机微信朋友圈转发“方言文化网”上相关资源的链接来进行传播和推广。

第三，注册微信公众号，把“方言文化网”上的精品资源加工成相应的图文、视频或音频信息来进行传播和推广。

通过网络社交平台来传播语言（方言）文化资源有着得天独厚的优势，好的资源有时候一天的阅读量就可以达到几千甚至几万人次。这对扩大方言文化网上相关语言文化资源的影响力起到非常重要的作用。而网友们的转发、点赞或评论又为我们认识相关语言文化资源的价值起到很好的帮助作用。

3.3 做成相应的数据库来进行传播

通过网络平台尤其是导航式调查所获得的资料会存在资源文字说明或翻译有误、文字转写或音标标注水平良莠不齐等问题。另外，方音地图上的资源往往是图片、文字、音频或视频集合在一起展示的。语言文化资源有多方面的价值，我们可以有目的地对网络平台上的资源进行重新分类、加工和整理，做成相应的语言（方言）文化数据库，如根据媒体类型来分类的文本数据库、音频或视频数据库、图片库，或根据口传文化类型来分类的字音库、词库、句库、民间故事库、相声小品库，等等。这些传统意义上的数据库具有层级分明、主题统一、检索和利用方便等优点。

四 结语

电话和电脑网络的普及使远程交流成为了现实，而多媒体数字化技术的发展则使我们对语言文化相关信息的记录和存储变得更加全面、长久。我们应充分利用网络的优势来全面开展语言（方言）文化资源的调查工作，把导航式调查和实时远程调查结合起来，提高调查效率，节省调查成本。同时，为了更好地传播和推广各地的优秀语言（方言）文化，除了可以做出相应的数据库在网站上传播之外，还应充分利用 GIS 技术把相应的语言（方言）文化放到地图上来呈现其特征或基本面貌。另外，通过关联微博和微信等大型社交平台来传播语言（方言）文化，可大大提高宣传效果和影响。

参考文献

范俊军 2011 《语言调查语料记录与立档规范》，暨南大学出版社。

中国社会科学院和澳大利亚人文科学院 1987—1990 《中国语言地图集》，香港朗文[远东]出版公司。

参考网络资源

方言文化网：dac. jnu. edu. cn

谷歌濒危语言项目：www. endangeredlanguages. com

九州语言网：9zhou. phonetics. org. cn

联合国教科文组织世界濒危语言地图集：www. unesco. org/languages-atlas/index. php

维基百科 ISO 639 - 3 代码列表：en. wikipedia. org/wiki/List_of_ISO_639-3_codes

乡音苑：www. phonemica. net

语言地理信息系统：202. 121. 55. 166/site4/dlmap

中国方言文化典藏多媒体资料库：www. chinalanguages. org

中国语言有声资源联盟：http://www. clarc. cn

（本文曾发表于《黔南民族师范学院学报》2016 年第 1 期）

基于数字化技术的语言文化研究成果展示*

杨璧菀[1]　曾　霖[2]

1 贺州学院文化与传媒学院

2 贺州学院计算机科学与信息工程学院

引言

语言或方言与民俗文化密不可分。传统语言研究成果的展示，大多数以书籍、论文纸本的形式展现，但由于词汇、故事的记录使用国际音标这种特殊的记音符号，专业性比较强，非语言学专业的人一般很难读懂。所以普通读者或老百姓很少有机会接触到这些研究成果。而传统民俗文化研究成果的场所是民俗实物博物馆，展示方法只是简单将实物陈列展示，或者单调地利用网页网站形式展示。这就无法形象展示民俗实物与语言词汇、实际读音之间的密切联系。实际上，语言研究成果与民俗文化研究成果互相联系、相辅相成，共同构成完整的语言文化体系。近年来，曹志耘先生指出，方言文化是指用特殊方言形式表达的具有地方特色的文化现象，包括地方名物、民俗活动、民间文艺、口彩

* 本研究是国家社会科学基金青年项目“标话语言文化典藏研究”（13CYY082）、2013 广西高校科学技术研究项目一般项目“多智能体规划算法研究”（2013YB240）的成果。

禁忌、俗语谚语等。因此要使语言文化研究成果更好地实现服务社会、传承文化和研究教育等功能，就必须利用人机交互、仿真技术、云计算、人工智能等计算机方面的多种技术手段结合起来展示。

一　语言文化研究成果展示的必要性和目的

某种语言或方言未来十几年甚至几十年还有人会说，但随着时间的流逝，会唱当地歌谣和会说民间故事的老人年纪越来越大，记忆力越来越差，到最后无法提供完整的歌谣和故事。同时，代表着当地的文化、曾经在人们的生活中扮演重要角色的日常生活用具、风俗仪式等，在农村现代化的过程中急剧地消失，与这些事物联系在一起的词汇、故事也逐渐被人们遗忘，逐渐消失。因此，非常有必要用现代的技术手段把这些词汇、故事记录下来。

然而民俗实物的消失却是不可避免的，而且是速度非常快的。一些旧的日常生活用具、服饰等，一旦退出日常生活使用领域，被搁置于旧房子或杂物堆中，如果某一天旧房子的老主人逝去，那些伴随着老人一生的旧物件也会被扔掉。或者某一天旧房子要拆掉重建，原先堆放在旧房子中的物件也会流离失所，被抛弃在房子外边，任凭雨淋日晒，直至腐烂。

因此，妥善保存与濒危语言密切相关的民俗实物，用高清相机拍摄实物，并用高清摄录机如实记录词汇、歌谣和故事等口头语料，成为语言文化保存的关键工作。

二　语言文化实体博物馆的规划和建设

语言文化实体博物馆属于科学性博物馆，又是专业性博物馆。因此基本规划跟其他专门类型的博物馆类似，但是具有自身的特点。语言文化博物馆建设既要保证内容和形式的完美统一，又要考虑其非物质性、濒危性和专业性等。（曹志耘，2010）语言文化实体博物馆是数字博物馆的前提和基础，而数字博物馆是语言文化实体博物馆的扩展和补充。当数字博物馆具有一定条件以后，可以逐步转向"以人为本"的智慧语言文化博物馆的发展方向。（陈刚，2013）

语言文化实体博物馆需要收集民俗实物，还需收集、记录与实物对应的语言词汇，然后请发音人发音，请专业技术人员进行高质量的录音、录像。在展示某一件民俗实物的同时，用触摸屏电脑等设备同时展示与之对应的照片、录音和录像，即实现"物、图、文、音、像"一体的展示。对于婚礼等民俗活动，除了用现场真实拍摄的录像展示以外，还可制作成动画片展示。展示的时候，可根据人类日常生活的需要如衣食住行，或人生重大活动如生老病死等次序陈列展品。例如展示炊具实物，则还原该种语言使用居民的厨房实景。

三　语言文化数字博物馆的规划和建设

通过最新的数字图像技术、虚拟现实技术、互联网技术等的综合运用，将文化遗产进行整理、归类，并通过数字化技术进行记录、编辑、管理和再现这些文物，使人们能够在不动用文物的情况下，通过网络和计算机清晰地、全方位地参观和感受文物，能够不受时间与空间的限制，超越国际与文化，感受到与观看实物极相近的感官体验。这一过程就是文化遗产的数字化。（罗彦、蒋淑君，2004）

民俗实物一般在博物馆实体展示，但是受限于场地条件、资金建设、正常运营和管理经费等条件，难以充分陈列展示出来。随着计算机相关技术的发展，语言文化数字博物馆将成为未来语言文化实物陈列展示的主要方式之一。

3.1 语言文化研究成果的数字化处理

数字博物馆建设需要充分汇集和利用现有各种类型的资源，对语言文化研究成果进行数字化处理，以低成本、高效率、全方位地实现为公众服务。

3.1.1 民俗实物展品的3D拍摄和三维展示

三维建模是将民俗实物展品放置在自动转盘上，通过自动成像系统三维建模处理后，制成的虚拟现实场景。参观者可以随时随地通过互联网多角度、全方位浏览相关的三维仿真展品和相关信息。要实现这个功能，需要购买智能的360度展品拍摄系统，它包括3D自动成像软件、转盘和简易摄影棚。只需配备一台电脑和相机，3D自动成像系统便能在短短的4分钟内，自动做出一个3D展示动画。而做出来的3D展示动画可以上传到网站，只要观众点开该3D展示动画，就能如实地观看到展品的不同角度跟细节，大大提高了用户体验度。

3.1.2 民俗实物展品的二维码处理

传统的实体博物馆藏品展示的时候一般会放置相应的文字解说，这类文字解说展示的内容受场地和空间限制，而民俗实物展品经过二维码处理后，观众只要用手机扫描其二维码即可快速访问相应的网页，了解详细信息和研究成果。另外观众可以很方便地将这些信息通过微博、微信等方式与他人分享，促进语言文化民俗的传播和交流。

3.1.3 语言文化展品数字信息和语料的后台数据库管理

随着语言文化展品和语料不断增加，如何管理海量的数字资源成了非常重要的内容。建设有关语言文化展品数字信息和语料的数据库，能够快速地检索、比较和分析相关的语言文化信息。后台语言文化资源数据库的建设为实现语言文化研究成果网络化、虚拟化提供了数据分析和检索的基础，进而实现人与物的信息交互。

语言文化研究成果经过上述数字化处理后，初步形成语言文化数字博物馆。再利用网络技术、虚拟化和云计算等多种技术就可以实现语言研究成果网络化、虚拟化展示，提高语言研究成果的资源共享和利用效率。这种新的虚拟语言文化博物馆将是对外传播语言文化的重要窗口，促进语言的沟通与交流。

3.2 虚拟语言文化博物馆

3.2.1 网络化和虚拟化

数字博物馆可以通过互联网以三维场景虚拟的方式展示出来，给观众身临其境的视听体验。实现这一目标，关键是利用好现有的虚拟化和云计算技术。虚拟化技术是整合现有的各种类型的计算机资源，最大化利用现有的计算和存储资源。数字博物馆在云计算环境下能提供“随需随用”和“软件即服务”的全新体验。（徐保民，2015）在云计算环境下，观众只需通过终端就能访问语言文化博物馆的各种类型的展品和虚拟场景。

3.2.2 人机（物）交互

未来的语言文化研究成果将实现人机（物）交互，参观者与语言文化博物馆展品通过各种智能设备进行交流沟通。固定死板的展品将转变成生动活泼的虚拟智能体（Agent），这一智能体具有自主智能的特性，能够基于方言语料数据库自动识别参观者的交流语言，用相应的方言对展品进行讲解、演示（“见什么人就说什么话”），并回答参观者各种问题。另外，未来展品中可以嵌入感应芯片，实现人物、物物相连相通的物联网通信传递模式。此外，语音识别、现场翻译等语言应用技术也可展示出来。

3.2.3 多点触屏展示

多点触屏在实体博物馆和数字博物馆都能得到很好地发挥。多点触屏可以方便地对三维场景进行放大、缩小和旋转。

3.2.4 全景影像和三维全息投影展示

全景影像是借助文字、三维地图、图片和语音将语言相关的文化现象等逼真呈现出来，动态地构造出三维场景。全景影像方式能够更好地展示语言文化产生的原生环境背景，从宏观的地图模式到微观的背景位置，再回到相关的人、物，从不同的时间和空间将语言文化研究成果多维度、多角度地进行展示。三维全息投影利用干涉和衍射原理将三维展品映射到半空中，营造出语言文化的仿真场景。全景影像场景适合于数字博物馆的网上模式，而三维全息投影则在实体语言博物馆给观众带来更加丰富、更加真实的感官体验。

另外，语言文化数字博物馆可以很好地利用现有的语言地图集和语言数据库，对外提供检索和补充功能。

3.3 语言文化成果的收集和保护

语言文化成果（包括语言语料、民俗文化等）的收集和保护不仅要靠语言工作者的推动，更需要广大人民群众的参与和创作。数字化语言文化网络平台可以增加语言资料的自助采集功能，提供标准采集模板。创作者可以随时通过互联网访问平台，录制和上传其资料。只要创作的作品符合采集标准并且通过相关专家审核合格后，就可以汇入最终的数据库。这种社会协作共同完成采集语言文化资源的方式可以不受所处时间和位置的限制，极大节约语言文化收集和保护的成本。

四 实例分析

4.1 网站

“我爱方言网”（http://www.521fangyan.com/）。该网站属个人爱好公益性质网站，专注于汇集中国各地方言文化、方言电影、方言翻译、方言笑话、方言歌曲和方言小品，内容丰富，但页面多是文本的简单展示，较单调，不能很好地吸引读者。

“京东商城网”(http://www.jd.com/)。网上销售的商品都先经过专业的技术人员多角度拍摄成高清照片，再放到网站上供顾客观看、选购，虽然不能亲自摸到实物，通过这些照片也能对实物有大体的认识。

4.2 网站+数据库

2011 年 10 月启动的“中国方言文化典藏”项目按照统一规划，采用科学方法和现代化技术手段，调查收集实态的中国方言文化资料，经整理、加工，现项目已完成，将出版中国方言文化典藏系列图册和多媒体光盘，已经建成“中国方言文化典藏多媒体资料库”和相应的网站(http://diancang.chinalanguages.org/)。

“中国方言文化典藏多媒体资料库”通过音视图文等多媒体形式，将地方特色文化现象用特殊方言形式进行保存与展示，内容涵盖地方名物、民俗活动、口彩禁忌、俗语谚语和民间文艺等文化现象，以期达到“实态保存，永久使用”的目标，为保护传承中国方言文化而努力。该网站面向社会大众，一方面展示本项目的调查研究成果以及其他相关资料，另一方面将设立“中国方言文化采录系统”，吸引网友参与互动，因此具有数字博物馆的性质。但目前网页访问的速度较慢，还有待改进。

4.3 博物馆

近年新建的肇庆市“包公文化园”是实体博物馆与数字博物馆的结合。包公文化影响深远，用各种方言演出的戏剧、电视、电影等比比皆是。因此，该馆突出视听功能，用动漫技术再现包公掷砚的历史传说。

此外，还有特定的场景和相应的观影区，而且几乎每个展厅都有触摸屏电脑，观众可以站着或坐着，观看与包公有关的文字或影视资料。

综上所述，语言文化成果的展示很有必要，要突破传统的展示方法，用最新的技术手段，弥补现有的语言文化研究成果展示的不足。语言文化实体博物馆的建设要与语言文化数字博物馆的建设相结合，要突出“活”“互动”，因为语言是活的语言，而非死的语言，是要用来交流，用来学习的。

参考文献

曹志耘 2010　关于建设汉语方言博物馆的设想，《语文研究》第2期。

陈刚 2013　智慧博物馆—数字博物馆发展新趋势，《中国博物馆》第4期。

罗彦、蒋淑君 2004　数字时代的文化基因重组——我国文化遗产数字化现状与未来发展，《科技进步与对策》第9期。

徐保民 2015　云计算发展态势与关键技术进展，《中国科学院院刊》第2期。

（本文曾以《方言文化教育背景下的语言文化研究成果展示研究》为题发表于《大众文艺》2017年第11期，内容有改动）

语保工程字、词、句视频的批量无损切分与重命名*

李　斌

湖南师范大学国际汉语文化学院

中国语言资源保护工程对单字、词汇和语法句子要求逐条摄录、逐条剪辑，并且要和录音文件的文件名保持一致，操作起来费时费力。笔者在湖南语保摄录工作实践中，和湖南省教育电视台、湖南省电教馆等单位的专业人员合作，摸索出一个比较简便的操作方法。在益阳、遂宁等点的视频拍摄和制作过程中，这一方法发挥出了重要作用，大大地提高了摄录效率。主要操作步骤概括如下：

1. 制作摄录内容逐条提示 PPT 或 PDF 文件（字/词/句）。

2. 在北语录音逐条录音的同时，每次连续摄录 10 条或 20 条视频。

3. 用 SolveigMM 视频工具批量无损切分视频。

4. 用“拖把重命名”软件批量重命名已切分视频。

一　制作提示文件

我们从 Excel 中依序复制字、词、句条目，然后粘贴到 WORD 中，

* 本研究得到国家科技支撑计划项目“三方工程中国语言资源有声数据库技术规范与平台研发”（2014BAK04B00）的资助，谨致谢忱！

页面设置为横向，每页放置一个条目。为在摄录时保证发音人的视线不向下偏移，摄录条目汉字的位置应该居中上（图1）。WORD文档制作完成后，转换为PPT或PDF文件，用笔记本电脑或外接显示器播放，方便在摄录过程中用遥控器进行逐页翻页控制。如条件好的点有提词器，则只需把录制条目从EXCEL表中复制成文件即可。

图1　制作条目提示板

二　逐条录音十连续摄录

按照规范，在连续摄录的同时，我们还需要逐条录音。用北语录音调入相关的字表或词表，逐条录音，发音人根据提示逐条录制，单点负责人在摄像机旁引导发音人进行发音，碰到文白异读或重录的情况，可先录制声音提示，以防止视频剪辑时错剪，连续摄录10条或20条，按摄像机停止按钮一次，摄像机自动生成一个视频文件。每天上午和下午摄录完成之后，先播放检查录音和视频，把摄录好的视频从摄像机中拷贝到编辑视频的电脑上，依次核查，并按次序重命名，如0001—0020，同时回放检查北语录音录制的音频。录音和视频如有错漏，再进行补录。

三　用 SolveigMM 视频工具批量无损切分视频

SolveigMM Video Splitter① 是一个批量无损切分的视频软件。和一般的视频编辑软件和切分软件不同，这个软件采用的是文件直接切割和合并的方法，不需要二次渲染视频即可快速无损切分和合并视频，因此文件剪切的速度非常快，可以节省大量时间。结合语保工程视频处理的要求，下面介绍利用 SolveigMM Video Splitter 批量无损切分连续摄录视频的操作方法。

3.1　安装 SolveigMM Video Splitter

在安装过程中选择“简体中文”，点击“Next”按钮进行安装，安装类型选择“标准安装”，连续点击“下一步”按钮，至“安装完成”界面，去掉 “Check updates Automatically”复选框中的对勾，点击“完成”按钮。软件启动，如果购买了正版序列号，点击“现在激活”，输入激活序列号激活软件。如果没有购买正版序列号，可点击“试用”，使用测试版。

3.2　批量切分视频

1. 打开软件，点击“输入文件”，导入要批量切分的视频文件(图 2)。

图 2　导入视频文件

① SolveigMM Video Splitter 下载地址：http://pan.baidu.com/s/1hqtvtHE。

2. 添加或删除选段。

这里导入一个湖南遂宁点摄录的文件名[①]为“示例视频”的单字MP4文件作为例子，这个文件录制的是遂宁方言第1到10个单字，导入后可以在SolveigMM图像窗口预览视频，另外也可以看到声音的波型图。为了更方便地进行操作，可使用快捷键，主要使用以下三个快捷键：一个是“空格键”，主要控制播放和暂停；一个是“M”键，在时间轴上给视频添加标记点，两个“M”标记之间的一段视频可以输出为一个视频文件；第三个是“D”键，用这个键可以快速标记不需要输出的选段。快捷键的使用都是英文状态下，如正使用中文输入法，请切回到英文状态。尝试用空格键播放、暂停当前示例视频。另外可以拖动带黄色游标的指示，拖动视频播放位置（图3）。

图3　批量标记

① 摄像机会根据日期命名，为方便起见把视频名改为“示例视频”。

在 SolveigMM 中，起点和终点会自动添加标记，所以一段视频只需要添加一个结束点标记。找到一段视频，在结束点点击一下鼠标光标左键，按下 M 键，会在青色圆轴上添加一个黄色的标记，接着找到第二段的结束点，点击，按下 M 键，添加选段标记，依次把所有要输出的视频选段做好标记。如果某一选段不输出，可选择此段，再单击鼠标右键，选择“切除所选区段”，或按下快捷键“D”。

3. 输出所选区段或所有区段。

在要输出的某一区段上单击鼠标右键，选择“所选区段另存为”，即可输出某一区段。在波形窗口任意位置单击鼠标右键，或在“文件”菜单选择“所有区段另存为”，输出所有标记好的区段。在是否保留“切除所选区段”对话框中选择“否”(图 4)，然后选择或新建一个输出文件夹，点击“确定”，输出切分的视频，此处如图 5 所示为示例视频_0001. mp4 至示例视频_0010. mp4 等 10 个视频文件。文件缺省命名规则就是在原文件名后添加_0001 等数字序列序号。

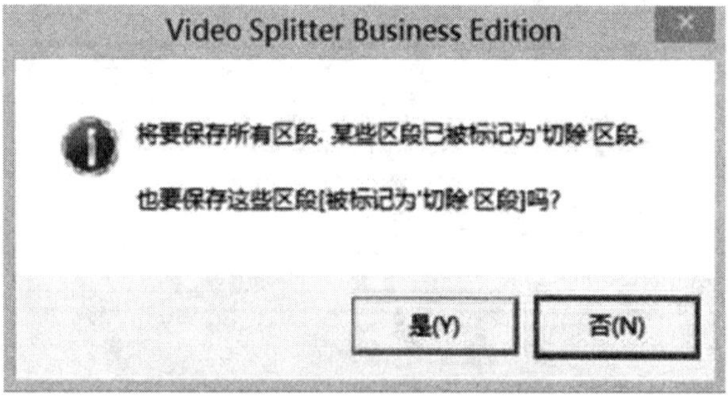

图 4　是否保存对话窗

图 5　批量切分后的视频

四　用"拖把重命名"软件进行批量重命名

"拖把重命名"软件[①]是一个简单易用的批量重命名工具。语保调查手册中规定单字和词汇的视频文件名必须跟录音文件名一致，如逐个手动进行重命名的话，费时费事，使用"拖把重命名"可以调入一个命名的 TXT 文件，对已经切分的视频文件进行批量重命名，可大大节省操作的时间。

4.1　安装

双击"拖把重命名"软件安装包进行安装。在 Windows 8 以上的操作系统，右键点击选择"以管理员身份运行"进行安装。

4.2　运行

Windows XP 或 Windows 7 双击桌面图标运行，在 Windows 8 以上的操作系统，第一次运行右键点击选择"以管理员身份运行"，出现右键注册对话窗，点击"确定"。

① "拖把重命名"软件下载地址：http://www.onlinedown.net/softdown/1665_2.htm。

4.3 重命名操作

1. 制作批量重命名文本文件。

“拖把重命名”软件可以调入批量重命名文本文件并对所选的批量文件进行重命名。我们可以事先每 10 个或 20 个条目制作一个重命名文本文件，这个文本文件命名为单字 0001—0010（图 6）。可以直接从录音 EXCEL 文件中每 10—20 个一组复制下来保存即可。

图 6　制作批量重命名文本文件

2. 添加要重命名的视频文件。

打开“拖把重命名”，在“文件”—“添加文件”中添加要重命名的视频文件。打开这些文件所在文件夹，全选所有文件（Ctrl＋A 或用鼠标拖选），点击“打开”按钮，把文件名导入到窗口列表中。确认文件序列是按从小到大的数字排列，如果序号错误可用鼠标按住拖动调整。

3. 调用重命名文本文件更名。

点击文件菜单“更名”—“调用文本文件更名”，选择 0001－0010. txt 文件，出现重命名预览结果（图 7）。确认对应无误后，点击“更名”—“应用”（快捷键为 Ctrl＋E），完成批量重命名。

上述演示的是单字视频批量剪切与重命名的方法，词汇和语法例句也可以同样操作。经实践检验，用 SolveigMM 和“拖把重命名”配合

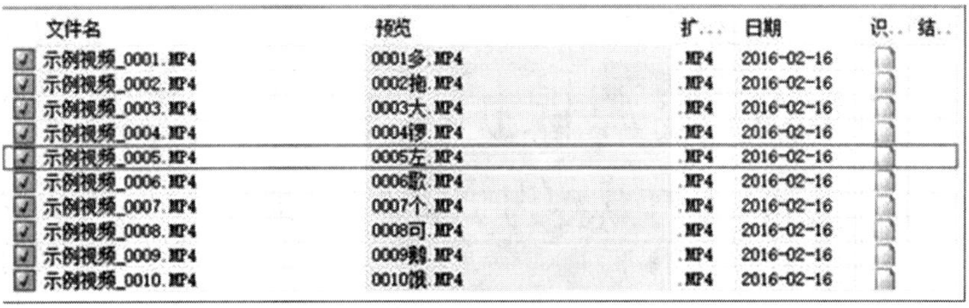

图 7　批量重命名

处理条目式音频和视频，比单纯用其他视频编辑软件逐个剪辑视频的方法，效率提高 50%以上，可以进一步推广。

中国语言资源保护工程录音工作中需注意的几个问题*

王红娟

山东师范大学文学院

2008年，国家语委启动了“中国语言资源有声数据库”建设工作。它利用现代化的信息技术对语言数据进行录音、转写、标记等程序，将相关的文本文件、音频文件及视频文件整理入库，以数据库、互联网、博物馆、语言实验室等形式向学界和社会提供服务。2015年国家语委正式启动了“中国语言资源保护工程”。此工程是在“中国语言资源有声数据库”建设的基础上，进一步强化对语言资源保护和开发力度而设立的一项重大语言文化工程。到目前为止，江苏、上海、广西、山东、河北、辽宁、福建等省都纷纷开展了相关工作。与之前的语言调查工作相比，这两个语言工程的显著特点体现在调查团队要对各项调查内容进行录音、录像。从目前的情况来看，各地的录音、录像工作多由具有语言学背景的调查团队自己承担，也有的地方录音、录像工作由具有摄录背景的专业人士承担。根据相关调研我们发现，“中国语言资源有声数据库”和“中国语言资源保护工程”的录音、录像有自己的特殊性，无论任务由谁承担，如果相关经验不足，则经常会发生录制的音频、视频文件

* 本研究得到国家语委“十二五”科研规划2014年度科研项目“中国语言资源有声数据库建设中的实施细则研究”（YB125—101）以及北京语言大学校级重大专项项目（中央高校基本科研业务专项资金资助）“城镇化进程中农村方言文化的困境与出路”（13ZDY01）的资助。

不合格的情况。笔者根据近年来参加“中国语言资源有声数据库”和“中国语言资源保护工程”的相关工作经验，总结了中国语言资源保护工程录音工作中需注意的几个问题。

一 场地选择

从各地的实际调查情况看，录音场地的选择主要集中在以下几个地方：宾馆、学校的录课教室、电视台、私人录播间。每个场地各有优缺点。

宾馆的客房是最容易找到的录音场地，但宾馆人群较为集中，录音时楼层上下及楼道中都容易出现人声且不易控制，因此选择宾馆时要注意查看宾馆的位置及其他情况。一般应选择四周幽静、尤其是远离交通要道的地方。根据经验，各地市以前的政府招待所常具备这样的条件。

当地学校的录课教室也是比较容易找到的录音场地，不过需要当地教育局的支持。一般来说，各县市都有一些学校设有录课教室。录课教室是当地学校为中小学教师录制教学活动特别装修的教室。为了满足课堂录制条件，录课教室在装修时会进行相应的吸音、隔音和降噪处理，另外，录课教室通常会设有轮廓光、顶光、面光、侧光、背景光等光源，十分有利于我们的录像工作。不过，从实际情况看，各地的录课教室条件差别很大，少数录课教室各方面条件较好，适合录音；有的录课教室只做了吸音墙，没有对门、窗等做任何隔音措施，导致隔音效果不明显；有的录课教室空间过大，吸音效果不好，录音时有明显的回音；有的录课教室紧靠音乐教室或普通教室，学生上课时噪音很大，再好的隔音措施也没有效果；有的录课教室紧邻大型发动机、锅炉房等噪声很大的设备，隔音效果不好。因此，在选择录课教室时也要做多方面检查。

另外，有的调查团队会在团队所在的大学里找到录播室进行摄录，但这需要把各位发音人从外地请到大学里来，由此产生的协调发音人住宿等一系列问题需要调查团队另外解决。

电视台作为专业的摄录机构能够提供较好的录播室，不过电视台的录播室通常有自己常规的工作任务，调查团队要使用录播室时需要同时协调电视台、各发音人及调查团队人员的共有时间，这项工作比较难做。另外，有的电视台常常会收取高额的场地使用费，超出语言调查经费的承受能力。

我们还可以选择私人录播间。私人录播间多隶属当地的文化传播公司，具备一定的录制条件。但调查团队一般对当地文化传播公司情况了解较少，联系较为困难，另外，私人录播间通常也会收取一定的场地使用费。

综上所述，各调查团队在选择录音场地时应因地制宜，根据本调查团队及调查点的实际情况选择适合自己的录音场所开展工作。

二　场地的室外环境

无论选择哪种录音场地，我们都要考虑场地的室外环境是否安静、利于调查。在考察录音场地时，对室外环境，我们主要考虑以下几方面：

第一，场地要远离公路，尤其是交通要道。录音场地如果离公路太近，录音时汽车噪音不易排除。不过，各种情况还要具体勘察。有的录音场所，如宾馆，虽然在公路两边，但宾馆内有大院与公路相邻，宾馆的客房离街道还有一定距离，同时录音所用的房间并非临街的一面，这样的房间也较安静，可用于录音；还有的宾馆虽在公路旁边，但公路并非要道，路上车辆不多，宾馆房间也较为安静，可用于录音。

第二，无空调外挂机。有时调查团队选好了录音场地，录音时却发现音频文件中有杂音，这往往是由于录音时房间外墙上的空调机正在使用引起的。因此，调查团队不仅要保证自己在调查时不能使用空调，也要查看房间外墙上的空调机是否较远，其他房间在使用空调时能否引起震动和噪音。

第三，室外植被较多。室外植被较多时，往往具有隔离噪音的效果。不过植被较多时也要注意周边鸟类的多少，鸟叫能否被录入等问题。

第四，楼层的选择要注意。如果录音房间所在的建筑周围有很多其他建筑，这些建筑往往可以屏蔽掉很多噪音，这种情况下可以选择较低楼层的房间；如果录音房间所在的建筑周围过于空旷，远处的噪音可轻易传过来，这种情况下可以选择较高的楼层。

三　场地的室内环境

在选择场地时，我们不仅要察看室外环境，也要察看室内环境，以下几方面是我们在察看室内环境时要考虑的：

第一，门窗的密封性。在实际调查中我们发现，有的录音室虽然墙壁做了隔音处理，但是窗户仍然是单层窗户，有的还是铝合金窗户，密封性差；有的录音室的门下方有很大的门缝，外面的噪音能够轻松地通过门缝传进来。如果调查团队有条件在多个录音室之间挑选，门窗的密封性也是要考虑的因素；如果没有选择余地，也可对此进行简单处理，比如用布条或纸将门缝堵死等。

第二，录音室地面的粗糙性。录音室地面的光滑程度会影响到声音的反射方向，地面越光滑，声音的回声越大。因此，尽量选择铺有地毯的录音场地。

第三，录音场地的空间大小。录音场地空间过大容易在录音时产生回声，因此录音场地尽量选择面积小的房间。调查团队如果选择学校的录课教室做录音场地往往会碰到回声问题。录课教室在正常录课时，由于现场学生很多，占用了一定的空间，所以录音中的回声不明显。而调查团队录音时，由于现场人少，空间相对较大，所以录音时容易出现回声。我们的解决方法是：在录课教室中利用教室的桌椅围出一个小型的录音场地，将椅子叠放在课桌上并用布蒙在上面，相当于在录课教室里又隔出一个小型的录音间，做了一个临时的隔音处理。

此外，调查团队录音时，下面一些做法可以在一定程度上降低录音中的背景噪音：

第一，拉上窗帘。窗帘也能够起到一定的隔音作用，如果录音场地有窗帘，可尽量拉上。

第二，话筒摆放尽量背对窗户，远离门窗，靠近墙角。话筒背对窗户录音时可降低室外背景噪音的影响，而墙角相对房间其他位置更为安静。

第三，摆放话筒的桌子最好铺有桌布。由于桌子多为表面光滑的材料如玻璃等制成，录音时由于声波的反射会影响录制效果，铺上桌布会降低此类情况的发生。

四　录音器材

有关录音器材，《中国语言资源有声数据库调查手册·汉语方言》和《中国语言资源调查手册·汉语方言》两书都推荐了2种方案，两书中的表述略有不同，以下引用《中国语言资源调查手册·汉语方言》（第10页）一书中的相关内容：

器材方案一：笔记本电脑＋专业录音话筒。（1）笔记本电脑：运行噪音低的笔记本电脑，例如联想 ThinkPad X、T 系列（2G 以上内存，USB2.0 以上接口，Windows XP、Windows 7 或 Windows 8 操作系统）。(2)话筒（心形指向、全指向可调；话筒内带声卡）：SAMSON C03U。(3)防喷罩：奥创 Alctuon MA016。(4)话筒支架：得胜 NB－102。

器材方案二：笔记本电脑＋专业 USB 外置声卡＋专业录音话筒。(1)笔记本电脑：同“器材方案一”。(2)外置声卡：TASCAM US—144MKⅡ。(3)主话筒（头戴式，心形指向）：AKG C520。(4)次话筒（桌面式，全指向）及其基座：次话筒 AKG CK 92（AKG Blue Line），基座 AKG SE300B。(5)监听耳机（调查人用）：AKG K99。

就实际录音效果而言，器材方案二优于器材方案一。但器材方案一简单易学，器材轻巧易携带；器材方案二掌握难度稍大，且器材所占空间比器材方案一大，携带不便。相比之下，各有优劣。

在使用录音器材时，要注意以下几方面：

第一，话筒应远离其他电器。录音时，话筒最好单独放在一个桌子上，不与电脑等电器放在一起，因为电脑运行时产生的噪音会影响话筒的录音效果。

第二，话筒使用时要轻拿轻放，不要拍打话筒或向话筒吹气。由于话筒内部的拾音部件非常精密脆弱，拍打话筒或者向话筒吹气等都容易引起话筒部件的损坏从而影响录音质量，因此使用时要轻拿轻放，避免摔碰。

第三，最好在话筒外罩上防风罩，这样可防止发音人在发音时嘴里发出的气体喷到麦克风上而发出“噗噗”的声音，产生喷麦现象。

第四，发音人录音时不要把嘴紧贴话筒使用，这样会破坏话筒的正常频响。但也不能离话筒过远，这样很难达到语保工程“语音音量最大值应达到-18dB 以上”的要求。发音人嘴部距话筒的距离最好在 20cm 左右。

第五，单人录音时，话筒不应正对发音人嘴部。话筒与发音人嘴部的角度最好为15—45度，如果话筒与发音人嘴部的角度为0—15度容易产生“噗噗”声，如果话筒与发音人嘴部的角度为45—90度，总音量会变小。

第六，如果使用头戴式话筒，发音人转动身体时容易与话筒摩擦产生“沙沙”声，发音人在使用中要注意避免这些不利影响。

第七，器材方案二在使用时需要卡农线将话筒与外置声卡连接起来，卡农线会影响声音的传输质量，因此尽量购买、使用高质量的卡农线。

五 软件使用

《中国语言资源有声数据库调查手册·汉语方言》和《中国语言资源调查手册·汉语方言》两书重点推荐使用两款录音软件。一个是byly(北语录音)，一个是Audacity。其中byly用于录音，Audacity主要用于监测录音效果和编辑录音文件，必要时也可用于录音。同时，《中国语言资源调查手册·汉语方言》也指出，只要录音文件的形式和质量符合规定的要求，也可使用其他录音软件，例如Adobe Audition、Cool Edit Pro、Sonar LE(SAMSON C03U附带)、Cubase LE4(TASCAM US—144MKⅡ附带)等。不过在实际使用时有些硬件与录音软件之间可能会出现不兼容的现象，所以出现问题时要及时调整软件或硬件的使用。

根据笔者的调查经验，byly和Audacity两个软件的使用在大多数电脑上较为稳定，但也会出现意外。byly录音时个别时候会出现某个音频文件没有录上的情况，比如按照语保工程的要求录1000个单字时，可能会出现个别字的音频文件没有录上的情况。对此，笔者的解决办法是，在用 byly 进行录音的同时也打开 Audacity 软件对调查全程进行录音，如果 byly 有个别音频文件没有录上，可从 Audacity 软件录制的相应文件中查找、剪切到相同的内容。Audacity 在有的电脑上监测背景噪音时有时会没有反应，所以最好在电脑中常备 Adobe Audition、Cool Edit Pro 等其他录音软件，出现意外情况时及时调整软件的使用。

六　发音人

录音时，发音人的一些动作行为也会影响到录音质量，因此调查团队在录音时应先进行试录音，并从以下几方面与发音人进行事前沟通。

第一，有些发音人在录音时常会有抖动手、脚等行为，这些动作有时与桌椅摩擦出声，有时引起桌椅本身的"吱吱"声。调查团队在试录音时要注意发音人是否有这些小动作并提醒发音人注意。

第二，有些发音人在录音时会将纸、本等放在桌子上，录音时容易把手与纸本的摩擦声录进去，因此调查团队要尽量避免桌面上出现纸本等物品。

第三，有些发音人在正式发音前后常出现咂嘴声，调查团队在试录音时要注意排查。

第四，提醒发音人录音时不要戴手表、手镯等易引起轻微摩擦的物品。发音人在录音时常会带有手势，这时发音人携带的手表、手镯等常会与衣物等摩擦发出声音，这类声音往往很小不易发现，只有在后期用监听耳机检查时才容易被发现。

第五，提醒发音人录音时要穿不易摩擦出声的衣物。

中国语言资源保护工程中的录音工作是语言学研究人员在田野调

查中面临的新内容。随着科技的迅猛发展，对录音技术的熟练掌握将是语言学研究人员的一项必备能力。

参考文献

教育部语言文字信息管理司、中国语言资源保护研究中心 2015 《中国语言资源调查手册·汉语方言》，商务印书馆。

中国语言资源有声数据库建设领导小组办公室 2010 《中国语言资源有声数据库调查手册·汉语方言》，商务印书馆。

浅议汉语的亲属称谓与语言资源保护

胡士云

〔日本〕神户学院大学

一　对语言资源保护工作的认识

语言资源保护工作为什么会在今天被提上日程？我以为这是我们所处时代的要求。

我们所处的时代，人员交流频繁，集团化或全球化程度越来越高，这样就需要交际语言的集约化；通讯手段日新月异，信息交流及信息传输方式立体多样，每天的信息多得无法接收，这样就需要对各种信息进行归纳或提纯。一方面，语言的集约化有利于通用语言或准通用语言的地位的稳固和加强，信息归纳或提纯将促使语言的冗余信息被淘汰。但另一方面，语言的集约化势必造成弱势语言或方言的萎缩甚至消亡，语言信息的归纳或提纯将带来语言表达的简化。

语言或方言的萎缩甚至消亡虽然不是从今天才开始的，但目前的时代无疑加速了弱势语言或方言的萎缩及其消亡速度。因此，对现有语言或方言、特别是弱势语言或弱势方言资源加以整理与保护，其重要意义无须多言。

语言资源保护是一项浩大的系统工程，也有不同层面的工作。我们可以对一种语言或方言资源从语音、词汇、语法及其所包含的各种文化现象进行整体性地、多重方式地保护，也可以从某一侧面进行跨语言或跨方言的语言资源保护。本文拟就汉语亲属称谓的使用现状及其保护谈一点儿个人看法。

二 汉语的亲属称谓

亲属称谓是语言的基本词汇，应该存在于所有的语言中。但是，每一种语言对于亲属称谓的表现形式是有差别的。那么，汉语的亲属称谓是怎样的表现形式呢？

首先，如果以简繁而论，相对于其他语言，汉语的亲属称谓属于繁杂的一类：不仅要分别男女、长幼、内外，还要分别嫡庶、谦尊、尊卑、官民、雅俗、生死等。区分男女如“父亲、母亲，儿子、女儿”，区分长幼如“伯父、叔父，兄、弟”，区分内外如“姑姑、姨妈，侄儿、外甥”，区分嫡庶如“妻、妾，嫡长子、庶长子”，区分谦尊如“令尊、家父，令爱、小女”，区分尊卑如“皇后、贵妃、才人、答应”，区分官民如“后、夫人、孺人、妻”①，区分雅俗如“父亲、老子，内子、老婆”，区分生死如“父、考，母、妣”②。这些因素综合在一起，就构成了汉语亲属称谓庞大而繁杂的系统。笔者在《汉语亲属称谓研究》中，分“直系血亲称谓”“兄弟姐妹及其子孙称谓”“父亲之兄弟姐妹及其子孙称谓”“祖父之兄弟姐妹及其子孙称谓”“高祖父・曾祖父之兄弟姐妹及其子孙称谓”“母亲之兄弟姐妹及其子孙称谓”“祖母之兄弟姐妹及其子孙称谓”“外祖父・外祖母之兄弟姐妹及其子孙称谓”“丈夫及其血亲称谓”“妻子及其亲属称谓”十个子系统制作

---

① 《礼记・曲礼下》：天子之妃曰后，诸侯曰夫人，大夫曰孺人，庶人曰妻。

② 《礼记・曲礼上》：生曰父，曰母，曰妻，死曰考，曰妣，曰嫔。

了图表，对汉语亲属称谓的亲属称谓系统做了较为全面的描述（胡士云，2007:43）。图1是“直系血亲称谓系统图”，其他的请参看原著。另外，陈振宇（2010）有一张“亲属关系分布示意图”（图2）也很有意思，附列于下。

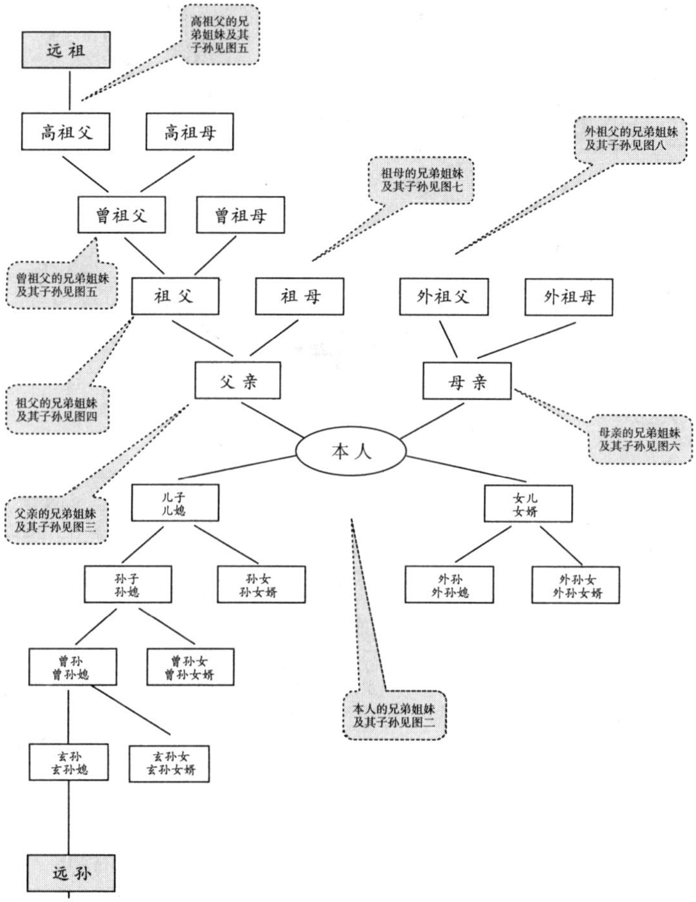

图1 《汉语亲属称谓研究》所附“直系血亲称谓图”

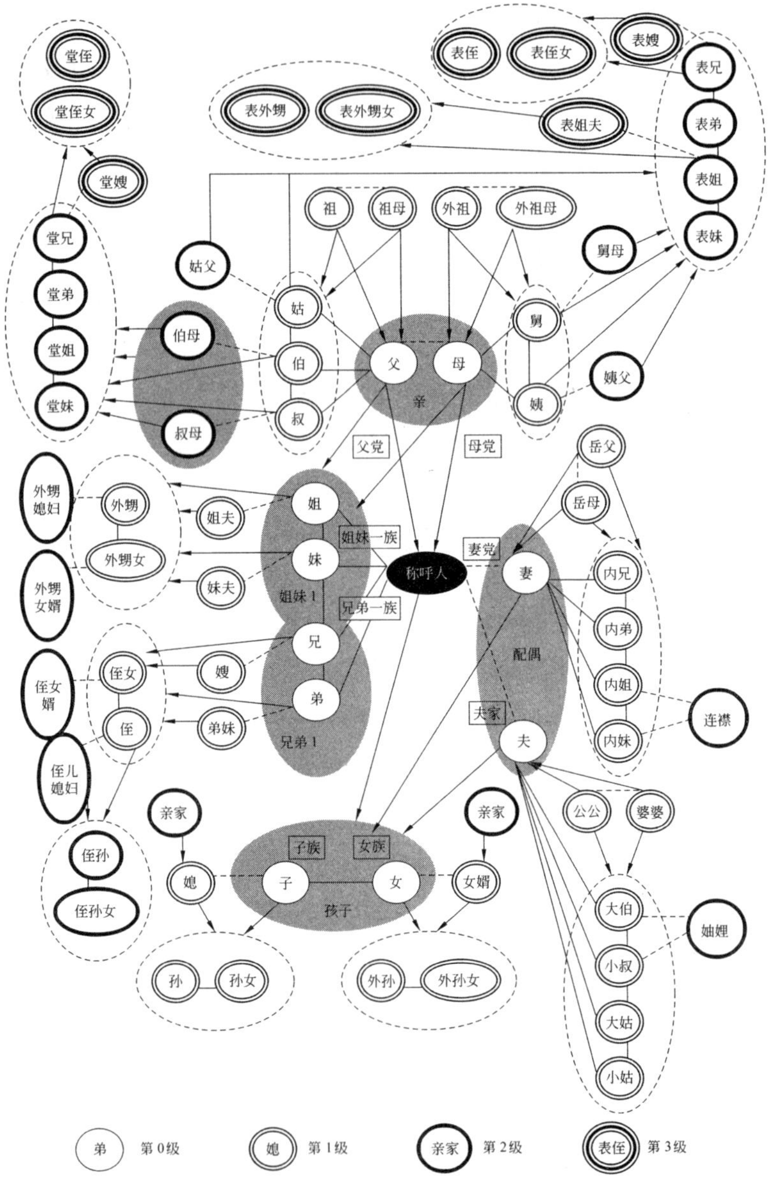

图2 《一种基于大知识库的亲属关系自动推理模型》所附"亲属关系分布示意图"

在这个庞杂的系统之外，古今还有许多文学性的表达形式或由姓名等衍化的指代形式。举几例如下：

第一，“椿”本指椿树，是一般词汇。如《庄子·逍遥游》：“上古有大椿者，以八千岁为春，八千岁为秋。”大椿长寿，用来指称父亲，以表达美好的愿望。《宋史·窦仪传》记载，五代时后周窦禹钧五子相继登科，“冯道与禹钧有旧，尝赠诗，有‘灵椿一株老，丹桂五枝芳’之句，缙绅多讽诵之”。“萱”本指萱草，即忘忧草，也是一般词汇。如《诗经·卫风·伯兮》：“焉得谖草？言树之背。”谖，《辞源》说韩《诗》作“萱”，《说文解字》引作“藼”。背，北堂，为母亲的住处，后来就用萱堂来代称母亲，并以“椿萱”代称父母。如唐牟融《送徐浩》：“知君此去情偏切，堂上椿萱雪满头。”

第二，“冰清玉润”指称岳父和女婿，源于晋卫玠与乐广的故事。卫玠娶乐广女为妻，人称“妻父有冰清之姿，婿有璧润之望”，《晋书·卫玠传》作“妇公冰清，女婿玉润”。东魏《李挺墓志》：“太常刘贞公，一代伟人也。特相赏异，申以婚姻。佥谓冰清玉润，复生兹日。”又简作“冰玉”，如宋苏轼《苏子容母陈夫人挽词》：“苏陈甥舅真冰玉，正始风流起颓俗。”岳父还称“冰叟、冰翁”，如苏轼《生日王郎以诗见庆次其韵并寄茶二十一片》：“缟从冰叟来游宦，肯伴臞仙亦号儒。”又宋张世南《游宦纪闻》：“又二里，有亭曰辅龙，乃先兄之冰翁董讳熠字季兴所创。”

第三，“戛羹”代称不贤德的嫂子，本自《史记·楚元王世家》：“楚元王刘交者，高祖之同母少弟也，字游。高祖兄弟四人，长兄伯，伯蚤卒。始高祖微时，尝辟事，时时与宾客过巨嫂食。嫂厌叔，叔与客来，嫂佯为羹尽，栎釜，宾客以故去。已而视釜中尚有羹，高祖由此怨其嫂。及高祖为帝，封昆弟，而伯子独不得封。太上皇以为言，高祖曰：‘某非忘封之也，为其母不长者耳。’于是乃封其子信为羹颉侯。”后遂以此称不贤之嫂为“戛羹之嫂”，进而称为“戛羹”。

第四,“比翼鸟”是传说中的一种鸟,雌雄总是一起飞翔,所以被用来比喻恩爱的夫妻。唐白居易《长恨歌》:“在天愿作比翼鸟,在地愿为连理枝。天长地久有时尽,此恨绵绵无绝期。”“鸳鸯”也是雌雄双飞,所以也被用来比喻恩爱的夫妻。“并头莲”本指并排长在同一个茎上的莲花,清陈淏子《花镜》卷五说并头莲“红白俱有,一干两花”,由此用来比喻恩爱的夫妻,如元曾瑞卿《留鞋记》第四折:“休拗折并头莲,莫掐杀双飞燕。”

第五,“阿杜”指称他人之妾,本自《南齐书·周盘龙传》:“盘龙爱妾杜氏,上送金钗镊二十枚,手敕曰:‘饷周公阿杜。’”“阿连”指称弟弟,与晋谢灵运从弟惠连有关。谢惠连善于作诗,谢灵运非常喜欢他,常称其为“阿连”,后来“阿连”便成了弟弟的代称。唐白居易《将归渭村先寄舍弟》:“为报阿连寒食下,与吾酿酒扫柴扉。”“阿戎”指代他人的儿子,本自《晋书·王戎传》:王戎,字濬冲,王浑之子,琅邪临沂人,“阮籍与浑为友。戎年十五,随浑在郎舍。戎少籍二十岁,而籍与之交。籍每适浑,俄顷辄去;过视戎,良久然后出,谓浑曰:‘濬冲清赏,非卿伦也。共卿言,不如共阿戎谈。’”宋胡继宗《书言故事·子孙类》:“称人子曰阿戎。”

其次,汉语自古及今发生了许多变化,亲属称谓也不例外。作为词汇的一个子系统,亲属称谓的变化和其他词汇具有相同的规律。

第一,原有的部分称谓已不再使用了。如古代用来称呼祖父、祖母的“王父、王母”“大父、大母”以及称呼父亲和祖父的“翁”现代已经不用了,称呼长幼妾或妯娌的“姒、娣”以及“姒妇、娣妇”现在也不用了。再如与一夫多妻制相适应的部分表示嫡庶的称谓,像妻生子女指称父亲的妾为“庶母、妾母”、妾生子女指称父亲的妻为“大母、君母”等,随着一夫一妻制的实行而走出了现代称谓系统。表示宗法制度的称谓像“嫡子、庶子,宗子、介子,冢子、冢妇,宗兄、宗弟,介兄、介弟,嫡孙、庶孙”、表示与帝王相关的称谓像“太上皇、皇太后,皇后,皇兄、皇嫂,皇子、皇儿”等也是如此。

第二，产生了新称谓。比如“爷、爹、哥、姐”等称谓在汉代以前的文献中尚未发现，而其重叠形式“爷爷、爹爹、哥哥、姐姐”等则更晚。

第三，先秦汉语的亲属称谓中虽然也有像“王父、王母，外王父、外王母，伯父、叔父，姑姊、姑妹”等双音节以上的形式，但单音节是主要的，词根叠用、词根加前后缀或其他限定成分的称谓比较少，“父、母，兄、弟，姊、妹，夫、妇、妻，子、妇，女、婿，孙，姑、舅、姨”等单音节称谓，后世多分别作“父亲/爸爸、母亲/妈妈，哥哥、弟弟，姐姐、妹妹，丈夫、妻子、儿子、儿媳，女儿、女婿，孙子，姑姑、舅舅、姨妈”等。

第四，在使用过程中，有些称谓所指称的亲属范围扩大了，有些缩小了，有些则转移了。亲属称谓词义扩大的用例如“爷”和“爹”在唐代以前只用来指称父亲，宋代以后才开始用来指称祖父。《南史·王彧传》：“（王彧子绚）早惠，年五六岁，读《论语》至‘周监于二代’，外祖何尚之戏之曰：‘可改耶耶乎文哉？’绚应声答曰：‘尊者之名安可戏，宁可道草翁之风必舅。’”《木兰辞》：“军书十二卷，卷卷有耶名。……朝辞耶娘去，暮宿黄河边。不闻耶娘唤女声，但闻黄河流水鸣溅溅。”唐杜甫《兵车行》：“耶娘妻子走相送，尘埃不见咸阳桥。”《梁书·始兴王憺传》：“民为之歌曰：‘始兴王，民之爹。赴人急，如水火，何时复来哺乳我？’”上述四例中的“耶（爷）”“爹”均指父亲。明张志淳《南园漫录》卷五：“夫俗称天子亦曰爷爷，爷爷亦祖父之称也。”清乾隆十二年（1747）《长沙府志》：“呼父为爷，呼祖为爹。”光绪五年（1879）上海《川沙厅志》：“呼祖曰老爹。”在现代汉语方言中，北方话的许多方言点指称祖父为“爷”，指称父亲为“爹”，而南方的不少方言则指称父亲为“爷”，指称祖父为“爹”，形成了反方向的“爷”“爹”对立。当然，有的方言两者都仍用来指称父亲。

亲属称谓词义缩小的用例如“公”在先秦时期既用来指称祖父，也用来指称父亲。《吕氏春秋·异用》：“孔子之弟子从远方来者，孔子荷杖而问之曰：'子之公不有恙乎？'搏杖而揖之，问曰：'子之父母不有恙乎？'置杖而问曰：'子之兄弟不有恙乎？'杙步而倍之，问曰：'子之妻子不有恙乎？'故孔子以六尺之杖，谕贵贱之等，辨疏亲之义，又况于以尊位厚禄乎？"此例的"公"指称"祖父"，下例则指称父亲。《战国策·魏策一》："张仪欲穷陈轸，令魏王召而相之，来将悟之。将行，其子陈应止其公之行。"后世也有指称祖父或父亲的用法，前者如《史记·外戚世家》："窦后……乃厚赐田宅金钱，封公昆弟，家于长安。"这里，"公昆弟"即同祖兄弟。唐司马贞《史记索隐》："公亦祖也。"又《颜氏家训·风操》："齐朝士子，皆呼祖仆射为祖公，全不嫌有所涉也，乃有对面以相戏者。"王利器《集解》："卢文弨曰：'案：祖父称公，今连祖姓称公，故云嫌有所涉；然则称姓家者，亦不可云家公。'"称呼父亲的用例如汉焦赣《焦氏易林·需之第五》："一巢九子，同公共母。柔顺利贞，出入不殆，福禄所在。"又《北史·徐謇传》："郑道育常戏之才为师公，之才曰：'既为汝师，又为汝公，在三之义，顿居其两。'"又宋陆游《示儿》："王师北定中原日，家祭无忘告乃翁（"翁"为"公"之转）。"现代汉语的南方方言主要用来指称祖父，北方方言则以叠用的形式"公公"来指称丈夫的父亲。

词义转移的用例如"夫人"在先秦时期指天子的妾或诸侯的正妻，后来成为王公贵族母亲或妻子的封号：唐代文武一品官及国公母亲、妻子封为国夫人，三品以上官的母亲、妻子封为郡夫人；宋代执政以上官的妻子封为夫人；明代一品、二品官的妻子封为夫人；清代并封宗室贝勒至辅国将军的妻子为夫人。现代"夫人"变为尊称，用来称呼对方的妻子或母亲，适用于所有人。

再次，汉语方言众多，内部分歧较大，因而汉语各方言间的亲属称谓也有许多差别。这主要表现在：北方方言和南方方言的分别十分明显，有些称谓主要分布于北方，而有些称谓主要分布于南方。就北方方言来说，其内部一致性比较高，具体的类别和说法都相差无几，特别是华北至东北的“小北方话”区。而南方方言间的差异比较大，不同方言区的分别也比较明显。从同一种称谓的不同说法来看，北方方言区相对较少，而南方方言区比较多，大半通用范围较窄的说法分布在南方。

笔者曾统计过《普通话基础方言基本词汇集》中93个点的51种称谓，共得不同说法804个，每一种称谓平均约16个。同一种称谓有10个以上说法的有38种，15个以上的26种，20个以上的16种，25个以上的4种；“妻子”的说法最多，有44个，其次是“丈夫”，有40个。《汉语方言地图集》中的情况则更为复杂。“妻子”的称谓有85个，“丈夫”的称谓有66个。

另外，同一种称谓形式在不同的方言中表示的亲属关系不一样。例如“爷、爷爷”北方方言一般指祖父，南方则多指父亲；“爹、爹爹”北方方言一般指父亲，南方则多指祖父；“公、公公”北方方言指丈夫的父亲，南方则多指祖父；“婆、婆婆”北方方言指丈夫的母亲，南方则多指祖母；“舅爹”在涟水话指外祖父，海口话则指舅父；“大娘”北方多指伯母，南昌指姑母，金华指丈夫的姐姐，涟水则指大儿媳，如此等等。

笔者曾根据《汉语方言地图集》归纳了“祖称”“父称”的13种分布类型（胡士云，2013），从中也可以看出汉语方言中的亲属称谓的差异：

1.“爷/爸”型，主要分布在小北方方言区。

2.“公/爸”型，主要分布在赣、湘、粤方言区和客家的粤台、新惠片。

3.“爹/爸”型，主要分布在西南官话、下江官话和吴、赣方言区以及客家的于桂片。

4.“爹/伯”型，主要分布在闽方言，下江官话有零星分布。

5.“公/伯”型，主要分布在闽方言和吴方言的处衢片。

6.“爷/伯”型，主要分布在西南官话和吴方言的台州、婺州片。

7.“大/伯”型，主要分布在吴方言的太湖片。

8.“爹/爷”型，主要分布在赣、湘方言和江淮官话、西南官话。

9.“公/爷”型，主要分布在西南官话和赣方言区。

10.“爷/爹”型，主要分布在北方方言的大部区域。

11.“公/爹”型，主要分布在闽、客家、赣、湘和西南官话。

12.“爹/大”型，主要分布在江淮官话和赣方言的怀岳片。

13.“爷/大”型，主要分布在晋语区和中原官话区。

三　语言资源保护与汉语亲属称谓

面对如此复杂的系统和较大的方言差异，要完整忠实地保存亲属称谓资料，并非易事。也许正因为如此，在古今众多的语言资料中，我们对某一时期应有的个别亲属称谓，还是因为记录资料的缺失而难觅踪迹。

第一，先秦时期，有称呼父亲姐妹的“姑”、称呼母亲兄弟的“舅”及称呼母亲姐妹的“从母”，但我们还没发现称呼“姑”和“从母”丈夫以及“舅”妻子的称谓；先秦时期有“外孙”，但没发现“外孙女”。陈顺成(2012)认为“长沙走马楼三国吴简”保存了汉末三国孙吴长沙郡地区的亲属称谓词，但其系统内部词语分布不平衡。陈认为“老母”“世母”“伯母”“外从弟”“妻弟[女]”“妻从弟”“姊子[男]”“姊子[女]”“从兄子[男]”“从兄子[女]”“从兄子女”“外兄子”“外孙子[男]”“外孙[女]”“外孙女”“外孙子[女]”“外孙子女”等根据系统对应原理是应该存在的，但却并未在简文中找到用例。

第二，《尔雅·释亲》中，有从己身上数四世的“父、王父、曾祖王父、高祖王父”，有下数八世的“子、孙、曾孙、玄孙、来孙、晜孙、仍孙、云孙”。这样我们不禁要问，相对于“来孙、晜孙、仍孙、云孙”等的称谓是什么？另外，像“仍孙、云孙”这样的第七代、第八代孙的实用价值到底有多大？

第三，《尔雅·释亲》有“姑之子为甥，舅之子为甥，妻之晜弟为甥，姊妹之夫为甥”“谓我舅者，吾谓之甥也”的记述，《诗经·齐风·猗嗟》毛传有“外孙曰甥”的记述，《孟子·万章篇》有“帝馆甥于贰室”的记述。换句话说，先秦时期的“甥”相当于今天普通话的“表兄/表弟、内兄/内弟、姐夫/妹夫、外甥、外孙、女婿”等意思。根据上下文，我们可以了解“甥”的意思，但为什么会把那么多意思集中于此，后人则有不同的解释。也就是说，《尔雅》记述的不详，让后人“猜谜”。

第四，《广雅·释亲》有“翁、公、叟、爸、爹、奢，父也；媓、妣、毑、婢、奶、媪、姐，母也”的记述。但是这些称呼父母的称谓之间到底是什么关系，《广雅》没有说明，后人也要猜。上述种种给我们留下了缺憾。

第五，近几十年来，随着计划生育政策的实施，中国家庭孩子的数量大幅下降，从二十世纪七十年代末将近六人下降到目前的不足两人。这一结果导致了一些关系较远的汉语亲属称谓的使用频率不断降低，有些人甚至不知道怎么称呼远亲。同时还有另外一种现象，有些家庭的孩子本来应该使用“外祖父”“外祖母”一类称呼的，却因为独生子女的原因，直接称呼“外祖父”“外祖母”为“爷爷”“奶奶”。

第六，普通话的普及和广播电视的影响，促进了普通话称谓或北方地区称谓的被广泛认可，而方言称谓则渐渐地少用或被遗忘。笔者出生于江苏涟水，方言为江淮官话。笔者从小至今都是称呼父亲为“我爷”、称呼祖父为“我爹”，面称背称皆是如此；这也是笔者研究亲属称谓的起因。但是，笔者发现新世纪以后出生的涟水人都称呼父亲为“爸爸”、称呼祖父为“爷爷”，而且他们的父母似乎也认为这样称呼才对，才显得不那么土气。

为了不重复历史上的遗憾，我们应该对亲属称谓的语言资源进行保护。

亲属称谓是词汇的一个子系统，因此可以按照保存词汇资料的角度、从纵横两面着手。纵的方面是挖掘历史资料，梳理演变源流；横的方面是收集方言资料，进行横向比对，厘清不同形式之间的音义关系。

我总以为，包括方言在内的汉语亲属称谓系统不应该这么复杂，问题在于我们还没有搞清楚这个家底。

参考文献

曹志耘主编 2008 《汉语方言地图集》，商务印书馆。

陈顺成 2012 走马楼吴简亲属称谓词语的特点，《淮海工学院学报（人文社会科学版）》第18期。

陈章太、李行健主编 1996 《普通话基础方言基本词汇集》，语文出版社。

陈振宇、袁毓林、张秀松、周强 2010 一种基于大知识库的亲属关系自动推理模型，《中文信息学报》第3期，商务印书馆。

贺登崧 2003 《汉语方言地理学》，石汝杰、岩田礼译，上海教育出版社。

胡士云 1994a 说“爷”和“爹”，《语言研究》第1期。

胡士云 1994b 汉语北方话的亲属称谓词，日本《大阪外国语大学论集》第12号。

胡士云 2007 《汉语亲属称谓研究》，商务印书馆。

胡士云 2013 汉语亲属称谓的方言类型，载曹志耘主编《汉语方言的地理语言学研究》，商务印书馆。

李如龙 2001 《汉语方言学》，高等教育出版社。

岩田礼 1988 江蘇・安徽両省における親族称謂形式の地理的分布と古称謂體系の再構，载《漢語史の諸問題》，京都大学人文科学研究所。

岩田礼 1995 汉语方言“祖父”“外祖父”称谓的地理分布，《中国语文》第3期。

俞敏 1949 释甥，载《俞敏语言学论文集》，黑龙江人民出版社1989。

永丰方言文化特殊语汇*

张勇生[1]　荣四华[2]
1 江西师范大学文学院
2 中央民族大学少数民族语言文学系

一　引言

永丰县位于江西省中部，吉泰盆地东沿，属吉安市管辖。县境东连乐安、宁都，南临兴国，西接吉水，北靠峡江、新干。位于东经 115.4°，北纬 27.3°。全县总面积 2695 平方公里，全县总人口 45 万余人。

永丰县历史悠久，人文鼎盛，素有“文章节义之邦”的美誉。古属九江郡庐陵县，宋仁宗至和元年(1054)置县，迄今有 1000 多年的历史。今辖恩江镇、坑田镇、沿陂镇、古县镇、瑶田镇、藤田镇、石马镇、沙溪镇、佐龙乡、八江乡、潭城乡、鹿冈乡、七都乡、陶塘乡、中村乡、上溪乡、潭头乡、三坊乡、上固乡、君埠乡、龙冈畲族乡等 21 个乡镇。

永丰县的方言，以沙溪为界，北面属赣语区，包括恩江、鹿江、坑田、富溪、古县、瑶田、藤田、石马、中村、上溪、沙溪等 17 个乡镇。沙溪以南

---

* 本研究是 2013 年江西省社会科学规划项目重点项目“赣鄱方言与民俗文化研究”(13YY01)、2014 年国家社科基金课题“语言接触视角下的鄂东南赣语地理语言学研究”(14CYY005)、北京语言大学校级重大专项项目(中央高校基本科研业务专项资金资助)“城镇化进程中农村方言文化的困境与出路”(13ZDY01)成果之一。

的三坊、潭头、龙冈、君埠4个乡属客家话地区。由于移民等历史原因，县内少数地方有一部分河南移民内部说中州语（富溪乡吴村、鹿江乡寨下村），另一部分浙江移民内部说吴语（鹿江乡尚头、庙下，瑶田乡金山坪，八江乡杨家岭）。这些地方的外来移民，共约2400人，因长期受当地方言的影响，大部分会说当地话。永丰县内的赣语区可分为三片，北部恩江片（约8个乡镇的范围），中部瑶田片（约6个乡镇的范围），南部沙溪片（约3个乡镇的范围）。

本文所说的“方言文化”是指“用特殊方言形式表达的具有地方特色的文化现象”，主要包括地方名物、民俗活动、口彩禁忌、俗语谚语、民间文艺五个方面。本文记录永丰方言文化特殊语汇，除“亲属称谓”“戏谑语”外，其他大部分选自“中国方言文化典藏”永丰点的语汇材料。本文特殊语汇的国际音标用瑶田话来记录，发音人是：戴元旺，男，1946年生，瑶田镇螃蟹形村，小学教师。下面是永丰瑶田话的音系简况：

声母19个，包括零声母在内：p p^h m f v t t^h l ts ts^h s tɕ $tɕ^h$ ɕ k k^h ŋ x Ø。

韵母56个：ɿ i u ø ɥ ɑ iɑ uɑ o io uo e ie ue ui ɛ iɛ yɛ a ua ai uai au iau eu iu an iɛn ɔn uɔŋ yɔn en in un ɔŋ ɑŋ iɑŋ əŋ iəŋ ɿʔ iʔ uʔ ɑʔ iɑʔ oʔ ioʔ eʔ ueʔ ɛʔ iɛʔ yɛʔ aʔ uaʔ iuʔ m ŋ。

单字调5个：阴平24　阳平33　上声31　去声42　入声5

二　永丰方言文化特殊语汇

2.1　称谓语

称谓语是对人或事物名称的称呼语，不同方言的称谓语各有特点，如永丰话对母亲的面称为“姨爷”，北京话则称为“妈妈”。相同的称谓语在不同地方的所指也不尽相同，例如“姑丈”，在很多方言里指的是

"姑妈的丈夫",而在永丰方言里指的是"女儿的丈夫"。造成方言称谓语差异的主要原因在于民俗文化和心理认知上的差异。称谓语包括两类,一类是名物称谓,一类是亲属称谓。

2.1.1 名物称谓

事物的命名取决于人们对此事物的认知,即便是同一事物,由于人们认知的不同,其命名也有所不同。不同的认知往往产生不同的方言文化,因而其对许多名物的称谓也有所不同。永丰话中有许多事物的特殊命名反映了永丰特有的民众认知和民俗文化。

村坊[$ts^h un^{24} fɔŋ^{44}$]:永丰把村庄叫"村坊",也叫"村堂"[$ts^h un^{24} t^h ɔŋ^{33}$]。多依山傍水而建,村庄名称亦多与山水有关,例如:山背、小岭、层山、芦基坳、水心、水庄、三湾、冷湖、姚陂、杞沙洲、大洲水等。另外,同宗族之人多聚居于一村,形成一村一姓的特点。许多村庄的命名也和姓氏有关,例如:王家边、梁坊、阙家、丁上等。

马口[$mɑ^{31} k^h iau^{31}$]:永丰称呼房屋大门前的一块空地叫"马口"。古时门前立有马桩,是马儿休息的场所,"马口"因此得名。现在成为家庭聊天与娱乐活动的场所。

灰间[$fe^{24} kan^{44}$]:对"厕所"的称呼。过去没有化肥的时候,厕所里的粪便是农作物肥料的重要来源,所以厕所也成了积肥的重要场所。厕所里面还设有灰窖,即将焚烧农作物的灰囤积在灰窖里积肥,所以永丰把厕所也称作"灰间"。上厕所叫"过灰间"[$kuo^{33} fe^{24} kan^{44}$]。

鸡薮[$tɕi^{24} seu^{31}$]:"薮"是源于古汉语的词汇,《毛诗·国风》传曰:"薮,泽,禽之府也。"永丰提及鸡、鸟的住所,均说"薮",除此之外,狗的住处也称"薮",如"狗薮"。

杌子[$veʔ^{55} tsɿ^{31}$]:一种方形凳子,无靠背。"杌子"是古时候一种常用家具,宋曾慥《类说》引《摭遗》:"唐明皇召安禄山,用矮金裹脚杌子赐坐。"《水浒》第二十四回:"掇个杌子,自近火边坐地。"《二刻拍案惊奇》

第七回:“东老正要问他来历,恰中下怀,命取一个小杌子,赐他坐了。”本世纪以来渐渐退出了家具行列,但在永丰还是一种常见的坐具。

罂嘚[ŋɑŋ^{24} te^{55}]:体积较小的陶器坛子。常用来装食用油,故也称为“油罂嘚”。《广韵》:“罂,瓦器,乌茎切。”永丰话称呼陶器坛子乃至一般的瓶子、罐子为“罂嘚”。

猪篼[ku^{24} teu^{44}]:即猪进食的槽。《说文》:“篼,饮马器也。”《广韵》:“篼,饲马笼也。”“篼”本义为装饲料喂马的竹器。在永丰转指装饲料喂猪牛等牲口的器具。

笠婆[ti^{42} p^{h}o^{55}]:斗笠在永丰叫“笠婆”,用竹篾、箭竹叶为原料编织而成。有尖顶和圆顶两种形制。以竹青细篾加藤片扎顶滚边,竹叶夹一层油纸或者荷叶,笠面再涂上桐油。有的斗笠由上下两层竹编菱形网眼组成,中间夹以竹叶、油纸。斗笠既可遮阳,又能挡雨。

笠嘚[ti^{42} te^{55}]:永丰人对草帽的称呼。

水袜[fu^{31} va^{42}]:永丰把“袜子”称为“水袜”,把鞋垫称为“水袜底”[fu^{31} va^{42} ti^{31}]。除“水袜”外,还说“水裤”[fu^{31} k^{h} u^{33}](内裤)、“水衫”[fu^{31} san^{33}](内衣)。

甜屎[t^{h}iɛn^{33} sɿ^{55}]:指豆豉,为永丰特产。豆豉是我国传统发酵豆制品,古代称豆豉为“幽菽”,也叫“嗜”。最早的记载见于汉代刘熙《释名·释饮食》一书中,誉豆豉为“五味调和,须之而成”。据史料记载,豆豉最早生产地是江西泰和县。永丰话中“豉”和“屎”同音,且因“豉”字生僻难认,故永丰旧时民间讹称之为“屎”。

清汤[tɕ^{h}iaŋ^{24} xɔŋ^{44}]:指馄饨。是中国的传统食品,源于中国北方。西汉扬雄《方言》中提到“饼谓之饨”,馄饨是饼的一种,差别为其中夹内馅,经蒸煮后食用;若以汤水煮熟,则称“汤饼”,古代中国人认为这是一种密封的包子,没有七窍,所以称为“浑沌”,依据中国造字的规则,后来才称为“馄饨”。馄饨和饺子相比,皮薄肉少,汤多物少,且清淡无辣,而永丰旧时民间饮食一般喜多好辣，故称之为“清汤”。

罗汉[lo^{33} xuɔn^{33}]：指流氓。相当于“瘪三、混球、混混”等意义。罗汉本指佛教中超凡脱俗、无忧无虑、自由自在的僧人。永丰旧时民间一般指为无法无天、胆大妄为的人，新中国成立后，词义有所转变，一般指流氓，常称流氓的行为为“打罗汉”。

奸雀嘚[kan^{24} tɕio^{42} te^{55}]：指麻雀。永丰旧时民间认为麻雀习性奸诈狡猾，故称之。永丰话中“雀子”常指“生活作风不正派的女人”，故常将奸诈的女人称为“奸雀嘚”。

檐老鼠[iɛn^{33} lau^{55} fu^{55}]：指蝙蝠。旧时民间认为蝙蝠习性常栖屋檐下，貌似老鼠，故称之。

2.1.2　亲属称谓

亲属称谓是对人际血缘关系的划分和命名。不同的文化、民俗和语言其亲属称谓都有所差异，如英语亲属称谓中不分“叔叔”和“舅舅”，均称之为“uncle”，也不分“姑姑”和“姨”，均称之为“aunt”，这和汉语有所区别。永丰话里的亲属称谓也有自己的一些特色，反映了永丰地区特有的风俗民情。

崽[tse^{31}]：指儿子。“崽”是一个古老的南方方言词，应该是古百越语的遗存。扬雄《方言》中就说：“崽者，子也。湘沅之会，凡言是子者谓之崽。”永丰话中也称儿子为“崽”。

娘佬[liɔŋ^{33} lau^{31}]：对妈妈的叙称。面称时为“姨爷”[i^{44} iɑ^{33}]。

爹佬[tiɑ^{24} lau^{31}]：对爸爸的叙称。面称时喊“爸”[pɑ^{35}]或“爸爸”[pɑ^{35} pɑ^{55}]。

太岁[xai^{24} ɕi^{33}]：对老祖宗的称呼，有的地方也用来叙称“曾祖父的爸爸”。

太公[xai^{33} kəŋ^{44}]：对曾祖父的称呼。

太婆[xai^{33} p^{h}o^{55}]：对曾祖母的称呼。

姑丈[ku^{24} t^{h}ɔŋ^{44}]：汉语方言中“姑丈”多用来称呼姑妈的“丈夫”，在永丰“姑丈”指女婿。这一称呼主要见于江西的吉安、宜春等地。

丈姨爹[t^{h}ɔŋ^{24} i^{33} tiɑ^{33}]：永丰称呼妻子的父亲为“丈姨爹”，称呼妻子的母亲为“丈姨娘”[t^{h}ɔŋ^{24} i^{33} liɔŋ^{33}]。

新妇[ɕin^{24} fu^{44}]：指媳妇。“新妇”顾名思义就是“新来的妇人”。《后汉书·周郁妻传》中“新妇贤者女，当以道匡夫”指的就是媳妇，汉乐府民歌《孔雀东南飞》中也有“新妇初来时，小姑始扶床”的诗句，可见北方的“媳妇”是后起的。“新妇”这个古汉语词一直保留在南方方言中，反而在北方方言中消失了。

老表[lau^{31} piau^{31}]：指表兄弟。外地人也称江西人为“老表”，传说明太祖朱元璋在鄱阳湖与陈友谅大战时曾得到当地陈姓人家的帮助，因朱元璋娘舅家也姓陈，故互称“老表”。朱元璋称帝后，便厚待江西人，称之为“江西老表”。永丰旧时民间也称并无血缘关系的同龄男子为“老表”，说明了永丰人质朴、谦和的性情。

另外，永丰民间一般称并无血缘关系的老年男人为“老者”[lau^{31} tɑ^{42}]，老年女子为“婆老者”[p^{h}o^{33} lau^{31} tɑ^{42}]，称呼年轻人为“后生”[xeu^{24} tsɑŋ^{44}]，这些都是古语词的遗留。

2.2 民俗活动

民俗活动主要包括“日常活动”“信奉活动”“节庆活动”。传统节日里包含了许多民俗文化和传统人文观念，以及宗教因素，对于研究古代社会的文化、历史和社会生活有一定的意义。

打平伙[tɑ^{31} p^{h}iɑŋ^{33} fo^{31}]：亲朋好友、工友间聚会聊天、喝酒解馋的一种饮食习俗。“打平伙”就是平均入伙，凑钱凑酒凑菜吃一餐，有点AA制的意思。随着生活水平的提高，这种传统的饮食习俗已逐渐消失。

偷天[t^{h}eu^{24} t^{h}iɛn^{44}]：永丰把聊天儿叫作“偷天”。农村没有什么娱

乐活动，大家相互串串门，聊聊家长里短打发时间，成为日常生活的重要组成部分。永丰人认为聊天是忙里偷闲事儿，故把聊天称之为“偷天”。

当街[tɔŋ²⁴ kai⁴⁴]：赶集叫“当街”。乡镇一级，并不是每天都赶集，临近两个乡镇一般按单双日错开，比如瑶田初一、初三、初五是赶集的日子，那么邻近乡镇藤田则是初二、初四、初六是赶集的日子，所以，赶集那天除本乡人外，邻近乡镇的人也会来赶集。赶集的日子叫“逢街”，不赶集的日子叫“冷街”。“冷街”也有少数人会挑东西到街上来卖，此时叫“当冷街”。

打摒[tɑ³¹ pɑŋ³³]：农村小孩玩的一种捉迷藏的游戏。开始前先决定谁负责躲藏，谁负责寻找。游戏开始时，找的这个人要在一个地方停留一段时间，待其他人藏好后，负责找的人开始去找，被找到的人即认定为“死亡”，同时被找到的这个人在下一轮中扮演寻找的角色。玩的地点一般在牛栏、仓库、老屋等比较杂乱的场所。有的也记作“打屏”或“打倂”。

上门[sɔŋ²⁴ mɛn³³]：定亲后，女方邀请家庭亲属去男方家“看人家”（实为探家产、相女婿），俗称“上门”或“扫人家”。男家“无米也要打三下空碓”，必须以泡茶、点心、正餐（俗称“一炮三响”）盛宴款待。女青年向男方亲属长辈依次行见面礼，得红包。女方来看人家者，都由男方家给礼品。如女方满意，拿男女双方“时候生庚”，选定结婚日子。选完日子后，男方要“送日子”，即把“日子”送给女方，此时也要给女方家礼品。

送赏脑[sɔŋ³³ sɔŋ³¹ lau³¹]：即男方在正式迎亲前三日，将鱼、猪肉、牛肉、鸡蛋、礼饼、粉丝等礼品送到女方家。要包红包，其中三个红包给“开面娘”[kʰe²⁴ miɛn⁵⁵ liɔŋ³³]，出嫁前，由开面娘给新娘剃脸上的汗毛，准备结婚化妆，叫包“开面礼”[kʰe²⁴ miɛn⁵⁵ ti³¹]；两个红包给“掌灯女”

[$tɔŋ^{31}$ $tɛn^{44}$ li^{31}]，开面娘给新娘剃脸时，有两个掌灯女掌灯，叫包“掌灯礼”[$tɔŋ^{31}$ $tɛn^{44}$ li^{31}]。

开面[khe^{24} $miɛn^{33}$]：出嫁前一天凌晨，点香烛、打爆筒，由开面娘给新娘“开面”化妆。过去“开面”化妆还有两个女童掌灯，叫“掌灯女”，仪式较多。化完妆后，新娘向长辈、亲友、祖宗辞行。

念诰命[$liɛn^{42}$ kau^{33} $miɑŋ^{55}$]：女方的诰命为“于归子”，由男方写，女方念诰命表示向祖宗告别；男方的诰命叫“亲迎子”，由女方写，男方念诰命祈祷“夫妇其名，百子千孙”。诰命由礼生在新郎、新娘拜堂时念。

行三朝[$xɑŋ^{33}$ san^{24} teu^{44}]：回门在永丰叫“行三朝”。结婚后三天，新婚夫妇买果子酒、三斤猪肉回娘家。原来回门的时间是结婚后三年，叫“三年返步”，后改为三个月后。现在改为三天，故名“行三朝”。新婚夫妇到娘家后，也要拜天地、祖宗，接受盛宴款待。

打发[ta^{31} fa^{42}]：永丰人到亲戚家做客不能空手去，要带礼品。客人回家前，主人要回赠礼品，这在永丰称为“打发”。

供神[$tɕiəŋ^{33}$ sen^{33}]：也叫“供神饭”[$tɕiəŋ^{33}$ sen^{33} fan^{55}]。用两头肚篮子，里面放入一只熟鸡、猪肉、饭、酒，饭上放长菜，代表长长久久，插一双筷子，用来祭祖宗、奉天神，祭之前先点香、放鞭炮。供天、供祖宗的时间均在中午吃小年饭前，即九点至十二点之间。“供”是古语词，《广韵》：“供，奉也、具也、设也、给也。”《逸周书・谥法》：“敬事供上曰恭。”孔晁注：“供，奉也。”用食物奉神永丰说“供神”，此外，永丰赡养老人、抚养小孩均说“供”，喂养家禽、家畜也说“供”。

上新丁[$sɔŋ^{24}$ $ɕin^{24}$ tin^{44}]：正月初三至初六，是村里各宗祠“上新丁”（也叫“上谱”）的日子。这天，村里新生儿子的人家在祠堂摆宴，每户派一名代表参加这个酒席。一般来说每年都有两到三户人家办这种酒席。在此期间，该户人家要抱出生的儿子到祠堂里祭祖，分别对天地、祖宗作三个揖。酒席散后，由村里的长者在祠堂里负责在谱（一本登记全村男丁姓名、生辰等的簿子)上登记该孩子的生辰、姓名等,同时还要登记去年所娶媳妇、生的女孩的姓名、生辰等。上谱期间,女性不能出现在祠堂里,这是农村重男轻女的思想所致。

招兵[teu²⁴ pin⁴⁴]:在永丰,各宗族都有各自的“户主老爷”,“户主老爷”摆放在祠堂里。“户主老爷”带领天兵天将保护各宗族人员四季平安、人丁繁衍。每逢正月初七,各宗族在祠堂里为“户主老爷”打造兵器和招兵,同时还要请道士念经,为族人祈祷平安。

挂清[kuɑ³³ tɕʰiaŋ⁴⁴]:扫墓叫“挂清”。带上祭品来到墓地后,先点香烛,拜四方,然后将纸钱铺在墓地上,用石头压紧。接着一边烧纸钱,一边表达对已故亲人的怀念。然后用饭、猪肉、酒祭祀,拜四方。祭祀完后,打爆竹。最后,围墓画圈定界,警示别的鬼魂不准过来抢钱、抢吃。

2.3 口彩禁忌

2.3.1 禁忌

忌讳是原始宗教的产物,来源于人们避凶趋吉的原始意识。忌讳的产生有着其十分深刻的政治、宗教、文化、习俗等多方面的原因,不同的社会、民族、文化、习俗有着不同的忌讳。忌讳的共同特征是对某些被人们认为是神圣、不洁、危险的事物形成的某种禁制,这种禁制可以是强迫性的,也可以是自觉性的。在封建社会,因禁忌而被禁止的事物几乎涉及社会生活的方方面面。在现代社会,大量的封建迷信陋习已经被杜绝,但由于传统文化和习俗的延续,许多地方仍保留了一些合乎先进文化礼仪和公众道德的禁忌习俗,其中语言禁忌习俗是比较常见的一种。

先仙[ɕiɛn²⁴ ɕiɛn³³]:永丰是一个具有深厚传统文化底蕴的城市,尊老敬老历来是永丰民间习俗的显著特色之一。在人际交往中,对同辈或年长者,忌讳直呼其名,以示对对方的尊重。对老年人的称呼忌直呼其名，要说“先仙”或“前辈”。

利子[ti^{42} tsɿ^{31}]：永丰话中“舌”“折”同音，故“牛舌头”“猪舌头”之类的称呼，都在忌讳之列，改称“利子”。永丰有的地方也叫“招财”[teu^{24} tsʰe^{33}]。

胯下[kʰɑ^{31} xɑ^{33}]：永丰民间在有些场合常忌讳那些被认为不洁、污秽以及不文雅的事物名称，男女生殖器要说“胯下”。

胸皮前[ɕiəŋ^{24} pʰi^{33} tɕʰiɛn^{33}]：对女人乳房的婉称。

睏[kʰua^{42}]：本义为睡觉，婉指性交。

牵[tɕʰiɛn^{24}]：指猪、牛等动物交配。

老尽[lau^{31} tɕʰiɑʔ^{55}]：指老人去世了。也叫“过”[kuo^{33}]或“去”[tɕʰie^{33}]。

请[tɕʰiɑŋ^{31}]：民间对菩萨、财神等神祇，忌讳说“买卖”二字，要说“请”。

有[iu^{31}]：亲戚朋友请去吃饭或赠送礼品，忌说“不”和“没有”之类的话，要说“有”。

2.3.2 口彩

所谓“口彩”，就是吉祥话、吉利话，“讨口彩”就是在社会活动尤其是民俗活动中使用吉利话，或者通过谐音等手段创造并使用吉利话。“讨口彩”是我国传统民俗活动的重要内容，也是人们精神文化生活的一个重要方面。口彩主要用于逢年过节、婚丧嫁娶等传统的隆重场合和其他一些特别讲究、庄重的场合。创造和使用吉利话的目的是图吉利、讨彩头，表达对未来美好生活的祈望，增添喜庆的气氛，加强人们愉悦、欢快的心情。吉利话一般多在逢年过节、婚丧嫁娶、住宅建房、生意往来、寿日诞辰、饰品名物、日常生活等场景中使用。永丰民间的吉利话习俗既有汉民族习俗的共同特点，也有自己的地域方言特色。

六六顺[tiuʔ^{55} tiuʔ^{55} fin^{42}]：“六”和“顺”谐音，逢“六”便说“六六顺”。

九九长[tɕiu^{31} tɕiu^{31} t^{h}ɔŋ^{33}]:“九”和“久”谐音,逢“九”便说“九九长”或“长长九九”[t^{h}ɔŋ^{33} t^{h}ɔŋ^{33} tɕiu^{31} tɕiu^{31}]。

福到[fu^{42} tau^{33}]:年三十,家家里外倒贴“福”字,以求“福到”。

勤财[tɕ^{h}in^{33} t^{h}e^{33}]:“芹菜”与“勤财”谐音。吃芹菜,有“勤劳致富”的意思。

候福[xeu^{42} fu^{42}]:“豆腐”与“候福”谐音,吃豆腐,有“候福”的意思。

百无禁忌[pe^{42} vu^{33} tɕin^{33} tɕi^{33}]:也说“无禁无忌”[vu^{33} tɕin^{33} vu^{33} tɕi^{33}]。小孩说了不吉利的话,大人马上就说“百无禁忌”“无禁无忌”。逢年过节,忌说不吉利的话,忌猫叫。壁上张贴“小孩之言,百无禁忌”“猫嘚开口,黄金百斗”。

贵子在先,妻多生子[tui^{33} tsɿ^{31} ts^{h}ai^{42} ɕiɛn^{24}, tɕ^{h}i^{24} sɛn^{24} to^{24} tsɿ^{31}]:迎亲时,陪嫁物品中必有柜子,一般抬在前面,表示“贵子在先”,另有漆红盆、桶大小七个,寓意“妻多生子”。

五子登科[ŋ^{31} tsɿ^{31} tɛn^{24} ko^{24}]:结婚时,置红枣子、白莲子、南瓜子、绿豆子、红被子于陪嫁物品内,寓意“五子登科”。

知书达理,年年有余[tsɿ^{24} fu^{44} t^{h}aʔ^{55} ti^{31}, liɛn^{33} liɛn^{33} iu^{31} i^{33}]:永丰旧时民间男女定亲之后,每逢节日和岳父母的生日,男方要提礼物到女方家,礼物中必不可少的是一条鲤鱼,以示自己“知书达礼,年年有余”。

仗子[t^{h}ɔŋ^{42} tsɿ^{31}]:在老人去世时,亲戚们都要送帐子,意为老人走了,这个家要“仰仗儿子”,顶门立户,接续香火。

此外,永丰旧时民间晚辈对长辈经常用“家增福寿”[kɑ^{24} tsɛn^{24} fu^{42} seu^{42}]的吉利语,其有两层意义,一是说老人多子多孙;二是说老人有洪福寿长。男人见面多说“赚伊猛票”[ts^{h}an^{42} i^{33} mɑŋ^{31} p^{h}iau^{42}];男女见面多说“越长越后生”[yɛn^{42} tɔŋ^{31} yɛn^{42} xeu^{24} sɑŋ^{33}]、“越长越精肌”[yɛn^{42} tɔŋ^{31} yɛn^{42} tɕ^{h}iɑŋ^{24} ɕi^{44}],诸如此类,皆人之常情。

2.4 民间俚语

民间俚语是流传于人民群众口头的、不甚文雅甚至粗俗的比较固定的方言用语。包括戏谑语、詈语、歇后语、谚语等。俚语大都取材于人们的日常生活，结构定型而又灵活，并且采用了丰富多彩的修辞手法，显得活泼生动、诙谐幽默，具有较强的语言表现力。

俚语最大的特点就是具有很强的地域方言性，不同的方言具有不同的俚语。同时，俚语还具有很强的行业性和阶层性，它并非为全社会所使用，只在一定的人群中使用，但它又充分显示了一个地区特有的社会风尚、习俗、人文精神面貌以及语言习惯，具有很强的民俗性。永丰话词汇中的俚语成分非常丰富，民间百姓的日常话语中经常使用俚语，许多俚语形象生动，具有浓郁的永丰特色。

2.4.1 戏谑语

戏谑语就是开玩笑时使用的语言，也叫“俏皮话”，往往用形象生动的词语来形容人的缺点和毛病，具有戏弄和贬低人的意味，但属于善意的玩笑，并没有挖苦和攻击的意思。永丰人天性诙谐风趣，熟人之间常以戏谑对方为乐，彼此并不介意，有些戏谑语很有特色。

壮牯子[tsɔŋ^{33} ku^{55} tsɿ^{31}]：对胖子的称呼。

猛子[mɑŋ^{31} tsɿ^{55}]：对高个子的称呼。

矮牯子[ŋai^{31} ku^{55} tsɿ^{31}]：对矮子的称呼。

暴牙婆[pau^{33} ŋɑ^{44} p^{h}o^{33}]：对有暴牙的人的称呼。

缺牙婆[tɕ^{h}yɛ^{42} ŋɑ^{44} p^{h}o^{33}]：对缺了牙齿的人的称呼。

抹鼻子[mɑ^{24} p^{h}i^{55} tsɿ^{55}]：对塌鼻子的人的称呼。

射婆[sɑ^{42} p^{h}o^{55}]：对经常眯着眼睛看东西的人的称呼。

蒙症样[men^{33} tsen^{33} iɔŋ^{42}]：行为不利索，呆木状。

□牯样[ŋe^{31} ku^{31} iɔŋ^{42}]：神态或行为不灵活，像傻瓜一样。

泡嘚相[p^{h}au^{35} te^{55} ɕiɔŋ^{42}]：指行事太轻浮、不谨慎的人。

撮佬鬼[$ts^hua^{42}lau^{55}kui^{55}$]：形容莽撞行事的人。

阴司鬼[$in^{35}sɿ^{55}kui^{55}$]：形容胆小怕事的人。

2.4.2 詈语

詈语就是骂人话，具有很强的贬义，往往在吵架时使用，一般具有攻击性，且包含较粗俗的内容，几近于下流话。有的骂人话在特定的场合下并没有骂人的意思，仅仅是一种口头禅。从方言和民俗的角度看，詈语也或多或少地反映方言的某些特色，同时也反映了一个地区的习俗民情。同所有的方言一样，永丰话也有一些较有特色的詈语，反映了永丰人传统的语言习惯，具有重要的文化价值。

屌你个娘[$tiau^{31}li^{24}ko^{33}liɔŋ^{33}$]：口头禅。也说"屌你丫个屄"[$tiau^{31}li^{24}ia^{55}ko^{33}piɛ^{42}$]、"你丫个屄"[$li^{24}ia^{55}ko^{33}piɛ^{42}$]。"屌"是"性交"的意思，也可用来指称男性的生殖器。在永丰，男性生殖器一般说"卵"，女性生殖器说"屄"。

短命的[$tuɔn^{31}miɑŋ^{44}te^{55}$]：常用来骂未成年的男性。但在有些场合也是一种口头禅，没有骂人的意思。

婊子崽[$piau^{31}tsɿ^{31}tse^{31}$]：骂男性的话。即"婊子生的儿子"。和婊子有关的骂人话还有"卖屄个"[$mai^{42}piɛ^{42}ko^{33}$]（卖屄的）、"偷人王"[$xeu^{24}lin^{33}uɔŋ^{33}$]（已婚妇女和丈夫以外的男性发生性关系）。有时也没有骂人的意思，仅仅是一种口头禅。

雀乌屄[$tɕ^hio^{55}u^{55}piɛ^{42}$]：骂未成年女性的话。有时也没有骂人的意思，仅仅是口头禅。

伢王屄[$ŋɑ^{33}uɔŋ^{33}piɛ^{42}$]：骂女性的话。某些女性爱哭、爱闹、爱耍赖，永丰话称这种人很"伢王"[$ŋɑ^{33}uɔŋ^{33}$]。

爱吃屄[$ŋe^{33}tɕ^hiɑ^{42}piɛ^{42}$]：常用来骂"好吃懒做"的人 。有时也用于小孩身上，此时无骂人的意思。

打屄达[$tɑ^{31}piɛ^{42}t^haʔ^{55}$]：用来骂"乱说话"或"说错话"的人。

铲痿鬼[$ts^h an^{31} leu^{35} kui^{55}$]：骂未成年女性。但在有些场合也是一种口头禅。

老老鬼[$lau^{31} lau^{55} kui^{55}$]：即“饿死鬼”。指人吃饭狼吞虎咽、没有吃相。

老啬鬼[$lau^{31} sɛ^{42} kui^{31}$]：骂老人的话，无明确的意思。

篮盘揩个[$lan^{35} muɔn^{55} kai^{31} ko^{33}$]：骂小孩的话。即死后没有好下场。

雷公打个[$le^{33} kəŋ^{44} tɑ^{31} ko^{33}$]：骂小孩的话。人们认为做坏事是要遭雷劈的。

柴狗衔个[$sai^{33} keu^{31} xan^{33} ko^{33}$]：骂小孩的话。也说“毛狗吃个”[$mau^{33} keu^{55} tɕ^h iɑ^{42} ko^{33}$]。

天收个[$t^h ian^{24} seu^{24} ko^{33}$]：骂小孩的话。相当于“该死的”。

2.4.3 谚语

谚语是方言文化中最具生命力的词汇之一，其生动、诙谐、风趣、巧妙的语言形式反映了广大人民群众的智慧和创造力，深受老百姓喜爱。永丰方言中的谚语有相当一部分和农业生产、农业气象有关，是当地老百姓生产、生活经验的总结，所以也很有收藏价值。

立春晴一日，作田不用力。[ti^{42} $t^h un^{24}$ $tɕ^h iɑŋ^{33}$ i^{42} li^{42}，tso^{42} $t^h iɛn^{33}$ pue^{42} $iəŋ^{42}$ ti^{42}]时令与农作的关系。

雷打惊蛰头，水田好种豆。[le^{33} $tɑ^{31}$ $tɕin^{24}$ $tsɿʔ^{55}$ teu^{33}，fu^{31} $t^h iɛn^{33}$ xau^{31} $təŋ^{31}$ $t^h eu^{42}$]时令与农作的关系。

清明栽芋，谷雨秧姜。[$t^h iɑŋ^{24}$ $miɑŋ^{33}$ $tsai^{24}$ i^{42}，ku^{42} i^{31} $iɔŋ^{24}$ $tɕiɔŋ^{24}$]农作物播种的时间。

懵懵懂懂，清明浸种。[$məŋ^{31}$ $məŋ^{31}$ $təŋ^{31}$ $təŋ^{31}$，$t^h iɑŋ^{24}$ $miɑŋ^{33}$ $tɕin^{33}$ $təŋ^{31}$]农作物播种的时间。

早禾不吃立夏水。[$tsau^{31}$ vo^{33} pue^{42} $tɕ^h iɑ^{42}$ ti^{42} $xɑ^{42}$ fu^{31}]农作物播种的

时间。

芒种忙忙种，夏至不栽秧。[maŋ^{33} təŋ^{31} maŋ^{33} maŋ^{33} təŋ^{31}，xa^{42} tsɿ^{33} pue^{42} tsai^{24} iəŋ^{24}]农作物播种的时间。

小满不满，芒种不管。[ɕiau^{31} muən^{31} pue^{42} muən^{31}，məŋ^{33} təŋ^{33} pue^{42} kuən^{31}]时令与农作的关系。

小暑小割，大暑大割。[ɕiau^{31} fu^{31} ɕiau^{31} kua^{42}，xai^{42} fu^{31} xai^{42} kua^{42}]早稻收割的时间。

立夏东风少病人，初八若晴结果多。[ti^{42} xa^{42} təŋ^{24} fəŋ^{24} seu^{31} p^{h}iaŋ^{42} lin^{33}，ts^{h}u^{24} pa^{42} loʔ^{55} tɕ^{h}iaŋ^{33} tɕiɛ^{42} kuo^{31} to^{24}]立夏那天如果刮东风，人就会少生病。初八那天若天晴，那年的收成就会很好。

雷鸣甲子庚辰日，害虫成灾损禾米。[le^{33} min^{33} ka^{42} tsɿ^{31} kɛn^{24} sen^{33} li^{42}，se^{24} t^{h}əŋ^{33} sen^{33} tsai^{24} sun^{31} vo^{33} mi^{31}]一年的第一声春雷如果响在甲子日或庚辰日这一天，预示那年的庄稼将会害虫成灾。

冬至打雷公，十只牛栏九只空。[təŋ^{24} tsɿ^{33} ta^{31} le^{33} kəŋ^{44}，seʔ^{33} ta^{42} liu^{33} lan^{33} tɕ^{h}iu^{31} ta^{42} k^{h}əŋ^{24}]冬至那一天打雷，猪牛要遭殃。

立春落雨，落雨到清明。[ti^{42} kun^{24} loʔ^{55} i^{31}，loʔ^{55} i^{31} tau^{33} t^{h}iaŋ^{24} miaŋ^{33}]时令和天气的关系。

清明落雨，冇路行。[t^{h}iaŋ^{24} miaŋ^{33} loʔ^{55} i^{31}，mau^{42} lu^{42} xaŋ^{33}]时令和天气的关系。

芒种火烧天，夏至雨连连。[maŋ^{33} təŋ^{33} fo^{31} seu^{24} t^{h}iɛn^{24}，xa^{24} tsɿ^{33} i^{31} tiɛn^{33} tiɛn^{33}]时令、节气与天气的关系。

乌云拦东，冇雨都有风。[va^{24} in^{33} lan^{33} təŋ^{24}，mau^{42} i^{31} tu^{24} iu^{31} fəŋ^{24}]云把东边的天遮住，是要起风下雨的前兆。

吃伊五月粽，衣衫远远送。[tɕ^{h}ia^{42} i^{33} vu^{31} lyɛʔ^{55} tsəŋ^{42}，i^{24} san^{44} yɛn^{31} yɛn^{31} səŋ^{33}]时令和天气的关系。

吃秋茄，当得吃鸡婆。[tɕ^{h}ia^{42} tɕ^{h}iu^{24} tɕ^{h}io^{33}，taŋ^{33} te^{42} tɕ^{h}ia^{42} tɕi^{24} p^{h}o^{33}]指秋天的茄子营养比较丰富。

丑不冠笄，亥不嫁娶。［ts^{h}eu^{31} pue^{42} kuɔn^{33} tɕi^{24}，se^{24} pue^{42} kɑ^{33} tɕ^{h}i^{31}］婚嫁的习俗。

卯不剃头，酉不杀鸡。［mau^{31} pue^{42} t^{h}i^{33} xeu^{33}，iu^{31} pue^{42} sa^{42} tɕi^{24}］卯时不能剃头，酉时不能杀鸡。

正月不长火，二月不分烟。［tɑŋ^{24} lyɛʔ^{55} pue^{42} tɔŋ^{31} fo^{31}，øɥ^{24} lyɛʔ^{55} pue^{42} fɛn^{24} iɛn^{24}］乔迁的习俗。

高山落窝，平地唧要起坡。［kau^{24} san^{44} loʔ^{55} vo^{24}，p^{h}iɑŋ^{33} t^{h}i^{42} tɕiʔ^{55} iau^{33} tɕ^{h}i^{31} po^{24}］建房的风水。

开不安葬，闭不破土。［ke^{24} pue^{42} ŋuɔn^{24} tsɔŋ^{33}，pi^{33} pue^{42} p^{h}o^{33} t^{h}u^{31}］安葬和建房的习俗。

三　结语

本文收集了一部分永丰方言文化的特殊语汇，在一定程度上反映了永丰地区特有的历史、文化和民俗风情。其中有不少是古代方言文化词的遗留，如“鸡薮”“猪莵”“罂嘚”“杌子”；有些是永丰特有的民众认知和文化心理的反映，如“奸雀子”“檐老鼠”“水袜”；有些充满了浓浓的民俗风情，如“上门”“念诰命”“打发”；有些是永丰特有的社会形态和生活方式的反映，如“马口”“灰间”“打平伙”；还有一些是历代永丰人对生产、生活经验的总结，这方面主要体现在俗语、谚语上。

方言文化是地域文化的重要组成部分，具有重要的历史和文化价值。近年来，随着江西现代化、城镇化进程的加快，江西传统方言文化的生存环境受到前所未有的威胁，方言和地域文化正处于一个急剧变化和衰退的时期，统计数据显示，2000 年底，江西城镇化率为 27.7%，到 2013 年底全省城镇化率达到 48.9%。13 年间，每年平均提高 1.63 个百分点，这意味着江西每年至少有 80 万的人口从农村向城市或城镇转移。根据《江西省新型城镇化规划(2014—2020年)》,到2020年底,江西城镇化人口将达到60%。城镇化、城市化的进程导致大量人口的流动,方言文化赖以生存的主体环境遭到巨大的破坏。如果不加以有效地记录保存,这些珍贵的方言文化资源将会永久性地消失,方言一旦消失,就几乎没有复原的可能了。

近几年来,方言文化衰退和消亡问题逐渐引起了学术界以及国家层面的重视。2010年9月,北京语言大学语言研究所启动了“中国方言文化典藏”项目,旨在利用现代科技手段,对各地传统方言文化进行有效的记录和保存。近日,教育部、国家语委又启动了“中国语言资源保护工程”项目,用现代信息技术、遵循统一的工作规范,将中国各县域的语言实态(包括方言和地方普通话)记录下来,归档建库,永久保存。作为这两个项目的参与者,笔者从2010年开始对永丰地区的方言文化进行了调研,近五年来,深刻感受到了方言文化传承和发展问题所面临的严峻形势,也越发深刻地体会到了抢救方言文化资源这项工作的紧迫性。记录和保存方言文化资源是目前我们方言工作者的一项艰巨任务,开展“中国语言资源保护工程”项目,就是要为我们的方言文化建一份档案。若干年后,即使我们的方言消失了,但有了这样一份档案,就可以让我们的子孙了解我们现在的文化,也可以为我们的子孙研究这个时代的文化提供一份完整的资料。

参考文献

陈昌宜 1991 《赣方言概要》,江西教育出版社。
江西永丰县志编纂委员会 1993 《永丰县志》,新华出版社。
张勇生 2013 永丰瑶田方言同音字汇,《开篇》总第32期,〔日本〕好文出版。

北京老字号店铺名称的语言文化考察*

张凤莲[1]　张世方[2]

1 北京凤凰联动图书有限公司

2 北京语言大学语言资源研究所/中国语言资源保护研究中心

一　引言

店铺名称是指用来标明商店经营性质、招徕生意的牌号或标记。作为一种语言符号，店名不但能起到识别的作用，更重要的是它具有企业形象的效应，反映出企业的文化氛围。在社会上享有盛誉的老字号店铺是经过历史考验，由消费者对商品质量认可，进而推崇经营者的信誉而形成的，它们的名称更是凝结了传统文化和历史变迁的印记，是非常有研究价值的。

对于老字号，现在还没有文化上的严格界定。在商业上，官方为了给老字号提供法律保护，在《北京传统商业保护规划(草案)》中对老字号做了明确的界定，按创立年代可将老字号划分为三类：明清时创立为一类；清末至新中国成立前创立为二类；1949 年后至 1956 年公私合营

* 本研究得到北京语言大学校级重大专项项目(中央高校基本科研业务专项资金资助)“城镇化进程中农村方言文化的困境与出路”(13ZDY01)的资助，谨致谢忱！

(即对工商业私有企业改造)前创立为三类。

关于店铺名称的语言文化特征,已有不少成果进行了论述。关于店铺名称的理论,有钱理、王军元《商店名称语言》(2005)、郭先珍《店名的社会文化属性》(1996)、孟昭泉《店名文化探源及其老字号》(1998)、蔡英杰《店铺名称一瞥》(2001)、王丽梅《中国店名的文化特征》(2004)等;针对个案研究店铺语言文化特征的论著有王耿《对武汉餐饮店名的语言学分析》(2006)、陈婷婷《丽江古城客栈名的语言文化特点分析》(2006)、宋颖桃《西安店名的文化释读》(2008)等。关于老字号店铺名称的研究如桂连成《北京新老字号名匾荟萃》(1990)、《建筑创作》杂志社《收藏北京记忆——店铺和招幌》(2008)、罗克东《京城四韵——百年沧桑的北京老字号》(2008)、彭斐《北京老字号的前世今生》(2009)等,多仅限于罗列条目或进行简单的文化解读,系统介绍老字号店铺名称语言文化特征的论著还不多见。

北京老字号店铺数量位居全国之首,是北京文化不可或缺的一部分。本研究以明清时期为上限,1956 年公私合营为下限,共搜集到 465 个北京老字号。在此语料基础上,本文拟从语言和文化两方面探究北京老字号店铺的命名原理及其语言文化特征。465 个北京老字号中三字格式的有 414 个,占总数的 89%,又由于三字格式的名称是最能体现老字号语言文化特征的形式,所以本研究以三字店铺名称为主。

二　北京老字号店铺名称的语言特征

2.1　结构形式

2.1.1　名称结构

一般店铺的名称都含有通名和专名两部分。通名表示店铺所属行业的类别,如“店、堂、斋”等。专名是店铺的专有名称,用来与其他店铺区别，也是店铺文化的主要承载体。

北京老字号店铺的名称可以分为两种类型，即“专名＋通名”和只有专名。

“专名＋通名”格式是一般店铺通常使用的形式，但老字号的情况又有些不同。老字号的专名和通名已经凝固为一个整体，如老字号“同仁堂”通常也叫“同仁堂药店”，显然通名“堂”与“药店”这一一般意义上的通名性质不同，它与“同仁”已凝结成一个词了。这种性质的“专名＋通名”北京老字号共有348个，占总数的74.8％。其中使用比较频繁的通名有“斋”（132个，占37.9％）、“堂”（35个，占10.1％）、“阁”（32个，占9.2％），除此之外还有诸如“楼、居、号、轩”等。此类店铺名称知名度较高的如“砂锅居、聚庆斋、戴月轩、大成斋、桂馨斋、华安居”等。

其余的北京老字号只有专名，这些专名又可分为三种类型：

（1）单字拼凑型。如“瑞珍厚”是开业于1917年的古玩店，经营古玩玉器，名人字画。它的名称由三个具有特殊意义的单字拼凑而成，“瑞”代表吉祥、瑞祥；“珍”代表奇珍异宝，珠玉宝石；“厚”代表宽容厚道，以诚待人。此类店铺还有“同升和、元长厚、成文厚、厚德福、广和成”等。这类老字号有72个，占总数的15.5％。

（2）含有人名或姓的类型。如“盛锡福”创始人刘锡三，本名占恩，号锡三，乳名来福。“盛”取买卖兴盛之意，“锡”和“福”取自刘锡三的大号和乳名。类似的例子还有“吴裕泰、王致和、张一元、马聚源、张顺兴”等。这类老字号有40个，占总数的8.6％。

（3）由典故衍生的店名。如“一条龙”的得名是因为光绪皇帝曾光临这家羊肉馆。“都一处”也是因乾隆皇帝在店内用餐后留下的评价而产生的。北京这类老字号数量不多，只有5个，但是文化气息浓厚，其余三个分别是“通三益、内联升、全聚德”。

2.1.2　词语结构

在465个北京老字号中,“专名+通名”格式的老字号占到了将近75%,这些名称很显然是偏正结构。字号名称内部是“形容词性专名+通名”或“名词性专名+通名”的组合,所有组合不用任何虚词连接,都是实词性词语直接组合,以最简洁的结构组合来传递信息,以求经济实效。此外还有一些其他类型的偏正结构的老字号,如“烤肉季、一条龙”等。

另外还有相当一部分单字直接拼凑的北京老字号,各个字之间是并列的关系,如“永生元、厚德福、同升和”等。这部分老字号大多将一些跟自己行业有关的吉字珍言拼凑起来,或者跟自己店铺的对联交相辉映,如“同升和”的命名。据考证,“同升和”取自最初开业时,一位友人赠给老掌柜莫荫萱的一副对联“同心偕力功成和,升官冠戴财源多”,取其中“同升和”三个字,寓意为“同心协力,和气生财”。

除此之外,还有一些其他结构的老字号。如“内联升”中的“内”指大内宫廷,“联升”示意顾客穿上此店制作的朝靴,可以在宫廷官运亨通,连升三级。这个字号更像是一个套合的状中结构。

2.2　语音特点

各地老字号最能体现当地方言语音特征的就是口语中对老字号的呼称,北京老字号也不例外。例如:“鹤年堂”中的“鹤”老北京人称为[xau^{35}],保留了文白异读中的白读音;“同仁堂”中“仁”在语流中只保留了略带鼻化色彩的声母,体现了北京人的语流音变特点。

此外,老字号店铺取名时在音节数量、节奏类型、元音响度、平仄特征等方面还有一些讲究。

2.2.1　音节数量

老字号的音节数量大多为三音节,465个北京老字号中三音节老字号共414个,占到了89%,如“六必居、全聚德、信远斋”等。这跟汉族人名字的命名规则是相一致的,名字要起得吉祥、顺口或是有气势。

中国古代汉族人的名字一般连名带姓都是三个字的，而双字名（姓除外）的重名率要比单字名小得多，其含义却比单字名要丰富得多，更具有个性化色彩，这种传统一直延续到今天（徐健顺、辛宪，1999）。老字号也延续这一命名传统，多用三字格式，三个字的字号名称叫起来朗朗上口、气势十足，并且所传递的信息量适中，多了显得冗余，少了则气势不足。两字和多字名称的老字号仅占到11%，数量远远少于三字名称的店铺。

2.2.2　节奏类型

三字格式的老字号又根据音节节奏的不同分为三种类型。

最常见的节奏韵律类型是2＋1型，而这种韵律类型最典型的代表便是“专名＋通名”格式，如“柳泉居、听鹂馆”等。

第二种节奏类型是1＋2，这种类型的老字号大多是“经营者姓氏＋XX”的形式，如“吴裕泰”创始人是吴锡卿，“裕泰”表达丰裕安泰的诉求；“浦五房”创始人姓浦，因为店主家中有子女五人，遂以“浦五房”为店铺字号。

第三种是1＋1＋1型，这种类型的老字号主要是三个单字拼凑成的，三字之间是并列关系，如“元长厚”三字隐含了“一元复始、源远流长、庄底雄厚”的涵义。

2.2.3　元音响度

元音在老字号店名中的作用也十分重要。汉语的音节构成以元音为中心，一个音节可以没有辅音，但不能没有元音，而语音的响亮程度主要是由音节中元音开口度的大小决定的，一般来说，元音的开口度越大响度就越高。俗语说“名之不响，行之不远”，店铺名称是用来指称店铺的，在口耳传递中响亮而明朗的名称易于为人们接受和传播，因而老字号店铺在命名时就遵循了以元音为基础的规则。

中国人命名讲究最后一个字一定要响亮，这样就会给人整个名字响亮的感觉。我们考察了老字号最末字的元音，465 个北京老字号有 267 个最末字的元音开口度较大，即听感上响亮。这些字的主要元音大多为[a]、[ɑ]。[a]类的有“桂馨斋、同和轩、丰泽园、听鹂馆、吴裕泰、烤肉宛”等；[ɑ]类的有“同仁堂、便宜坊、瑞蚨祥、天福号、吴新长、浦五房”等。

2.2.4 平仄特征

声调的作用对于汉语来讲是不言而喻的。声调与音高有关，不同音高的汉字组合在一起可以形成参差交错的“声音美”，而平仄音节如何组合，在店铺命名过程中是有一定规律的。

王耿(2006)对 200 个店名进行了统计，得到首字平声占 62.5%、仄声占 37.5%的结果。王文认为：“平声中阴平调值为 55，阳平为 35，因此平声字在发音中显得高亢明亮；仄声中上声调值为 214，去声为 51，因此仄声字的发音显得低沉掩沓。而人们在关注店名时往往会念出或在心里默念出店名读音，所以高亢明亮的平声字更易印在人们脑海之中。”我们对 414 个三音节北京老字号的首字平仄进行统计，结果是首字平声的老字号有 206 个，首字仄声的有 208 个，二者数量不相上下，甚至首字仄声的还多出两个，与王文的结果差别很大。这一结果至少可以说明在北京老字号店铺名称中首字平仄没有明显的规律。

末字平仄的情况又如何呢？414 个三音节北京老字号，有 343 个老字号名称末字是平声，占总数的 82.9%，而仄声结尾的只有 71 个，只占了 17.1%。这样的差别就显而易见了。可见，平声字的高亢明亮在末尾的位置上更能对整个词产生作用，而这个作用与开口度大的元音在末尾的作用是相得益彰的。

平仄搭配会使整个词语参差错落，声音上产生美感。在 414 个三音节老字号中，平仄相间的老字号超过了 80%。各种类型的平仄搭配所占比例分别是：仄平平 110 个(占 26.6%)、平仄平 82 个(占19.8%)、平平平 77 个(占 18.6%)、仄仄平 74 个(占 17.9%)、平平仄 33 个(占 8.0%)、仄平仄 19 个(占 4.6%)、平仄仄 14 个(占 3.4%)、仄仄仄 5 个(占 1.2%)。

2.3 词汇语义

老字号店铺名称本质上是一个语词,在形成初期就承载着商品信息、店主喜好、引导消费等多元语义,而随着时间沉淀,其文化内涵也越来越深厚。

2.3.1 通名的语义特征

老字号的通名与一般店铺通名的不同不仅限于结构上,在语义上也有自己的特色。老字号中常用的通名有"堂、楼、居、坊、斋、阁、村、轩、园"等,这些通名古色古香,文化气息浓厚,与现代的"饭店、餐馆"等通名截然不同。另外,老字号中还有这样一些通名,以现代的视角看,它们不像通名或者不能用作通名,但是在老字号形成的年代它们很普遍,如清末著名的"八大堂、八大楼、八大春、八大居",它们是八旗子弟在慈禧垂帘听政后暗中投资开设的饭庄。现代饭馆很少用"春"做通名了,但在当时它与"堂、楼、居"的性质是相同的。还有一些字的使用是行业惯性,如经营绸布的"八大祥",回民餐馆"××顺",这里的"祥"和"顺"最初在命名时用的是本来的意思,表达祥和、顺意的心愿。但随着这个行业的发展或者某一家的繁荣,它们的分店或者其他同行也纷纷使用这些字,以表示行业归属,这就使得类似"祥、顺"的字渐渐有了通名的性质。

2.3.2 专名的语义特征

专名是体现店铺个性的最重要的标志。老字号的专名多形成于百年前,更具有与众不同的内涵。总结起来主要有以下几类:

1. 吉字珍言

"福、庆、泰、兴、丰、盛、顺、祥、荣、瑞、裕"之类的字眼在北京老字号店名中出现的频率非常高，店主对店铺的心愿企望、对顾客的美好祝愿尽在这些“吉利语”中。如“万福居、福庆堂、鸿兴楼、荣盛斋、祥聚公、恒通号、震兴隆”等。在我们搜集的465个北京老字号中含有吉字珍言的多达70%，是老字号最常见、最普遍的一种表达方式。

2.行业特色

上文提到有些行业拥有自己的特殊用字，还有一些店铺的店名用字很能体现自己的行业特色，这些用字符合其行业气质，让人一听就能猜出它是经营什么的。比如经营古玩字画、金石瓷器的老字号，它们的店名用字就充满文雅的古韵，营造舞文弄墨的文人氛围。“古、珍、鉴、宝、韵、雅、文、墨、萃”等是其常用字，通名则多用“斋、阁”，如“宝古斋、韫珍斋、清韵阁、怡墨斋、明雅斋、肆雅堂”等。

3.商品特色

有些老字号的用字直接描述所经营商品的特点，但用字巧妙、富有内涵，不会给人直白之感。如白塔寺药店的前身之一“琪卉堂”，古人称仙境中的花草为“琪花瑶草”，“琪卉”意指所经营药物的珍贵和精良。又如经营文房四宝、名人字画的“清秘阁”，清，纯也，秘，稀也，其意为纯正稀少的字画宝物置于此阁之中。

4.人物姓名

据孟昭泉(1998)，最初的个体店名“由于同一类别，同一行业的店铺增多，以示区别，开始就很自然地以姓氏不同为其标识。……同姓，而不同行业的店铺，为了证实不是一主所办，还要在姓氏后面署上自己的名或字”。这些老字号或包含姓氏，或包含名、字、号，它们或雅或俗，是一种特点鲜明的老字号。如俗称“刻刀张”的张顺兴，创办人名叫张正新，将自己的姓氏融入字号中以示自家产业；“大顺斋”的创始人叫刘大顺，用的便是名字；“马聚源、王致和”则直接用创始人的整个姓名来做字号；“戴月轩”的创始人戴斌用自己的字“月轩”当作字号名称。

还有一种特殊的老字号，它的形式是“商品＋姓氏”，如“烤肉宛、馄饨侯、爆肚冯”等。这种字号简单明了，通俗易懂，很有亲切感，更贴近世俗大众。最初它们都是个人经营的路边摊或走街串巷的货摊，由于商品物美价廉、经营诚实有信誉，名声越来越大，才扩大规模，形成字号。它们中有些后来更换为更加文雅的字号，如“刻刀张”后改为“张顺兴”；有些则考虑到原来字号的群众基础而一直没有改变。

5. 诗词典故

老字号注重自身的文化内涵，所以有些字号在命名之初就引经据典，将自己的诉求愿景同诗词典故结合起来。如“来今雨轩”是始建于1915年的茶楼和饭馆，也是近代一些社会名流聚会之所。“来今雨轩”得名于唐朝诗人杜甫《秋述》诗前的小序：“秋，杜子卧病长安旅次，多雨生鱼，青苔及榻，常时车马之客，旧雨来，今雨不来……”记叙贫病交加时一位老友冒雨来访，而那些在他受到唐玄宗赏识时结识的新友却不见踪迹，表达了交朋友应重在友谊。后来“旧雨”“今雨”就成为了老朋友、新朋友的代称。

2.4 小结

通过与南京、上海等地老字号店铺名称（钱理、王军元，2005）的对比，我们发现老字号店名除了在读音上会体现一些方言特征外，在语言构成上并没有很鲜明地体现地域方言的特点，相反，它们大多结构形式固定、简洁凝练，多体现中华民族由来已久的思想文化。

北京是一个多地域、多民族语言文化融合的城市，北京老字号店铺中有相当一部分是外省人在北京置办的产业，它们大多历史悠久，浸润了几十年甚至上百年的历史文化，这样的店铺名称与其说是北京话的代表，不如说是整个中华民族语言融合的象征。

三　北京老字号店铺名称的文化特征

北京自元明清以来一直都是中国的政治文化中心，汇聚了全国各地和各民族的文化，逐渐形成了独特的京师文化、京味文化，在很大程度上也代表了中国传统文化。

李淑兰(2009)总结了京味文化的形成过程，阐释了它的构成成分，认为京味文化融合了宫廷文化、缙绅文化和庶民文化。京味文化大体在清末民初形成，那个时期也是大部分老字号店铺的创始时期。中国封建社会重农抑商，做生意的行当自然是属于与人们日常生活息息相关的庶民文化，但又因为它们是浸润百年历史的老字号，沾染宫廷、缙绅文化也是意料之中的。

3.1　庶民文化

老字号店铺涉及人们的衣食住行等生活的各个方面，所以店名中无时无刻不在体现着底层老百姓的思想诉求。

3.1.1　多神崇拜

中国人崇尚多神信仰，甚至对直接影响其现实生活的生存环境产生执着的崇拜，其中最典型的是对天地的崇拜。在古代天神称为"皇天上帝"，地神称为"后土地祇"，合称"皇天后土"。在北京老字号店铺中有 17 个店名含有"天"字，如"天福堂、天兴居、天福号、西天成、天宫阁、天畅轩"等，正是这种信仰的体现。

对吉祥物的尊崇也体现在北京老字号店名中，其中对龙的尊崇最普遍。龙是中华民族的图腾，反映了追求和平、幸福、吉祥、长寿的文化心理。含有"龙"的北京老字号店名有"九龙斋、一条龙、龙顺成、永德龙、恒聚龙、龙门醋坊"6 个。

人们的这些崇拜有一定的实用性和功利色彩，即为了当世的幸福安乐。民间的祈福心理在北京老字号店名中也得到了明显的体现。吉字珍言的使用寄予了店主对本家产业兴旺发达的希冀和对顾客的祝福，如“福庆堂、东兴居、乐寿堂、荣盛斋、聚宝源、吴鼎裕”等。这种店名中含有祈福字眼的北京老字号所占比例高达 70%。

3.1.2 儒家思想

儒家思想是中国古代的主流意识，深深影响着百姓生活。自辽金以来连续作为帝都的北京自然更是世代受到儒家思想的熏陶。

在伦理观念上，儒家思想以“仁”为核心，儒家对“仁”的阐述表现出对人的平等和尊重以及对完善的道德人格的追求。据我们观察，老字号店铺中药店多含有“仁”字，如“同仁堂、乐仁堂、永仁堂、庆仁堂”等。医者身怀悬壶济世的才能，应不论贫富贵贱，一视同仁地服务于患者，基于这样的行业理念，“仁”字再合适不过了。

在人格批判上，儒家主张“见利思义”。在“义”“利”两者的关系上，儒家把“义”摆在首要地位，要求人们在物质利益面前“义然后取”，而不能见利忘义。但需要指出的是，孔子并不反对“利”，合“义”则取，这与后世把“义”“利”简单对立起来造成水火不容局面是不同的。由此反映在商业上就衍生出“和气生财”的财货思想，做生意讲求信义，方能财源滚滚。“庆和堂、同和居、信远斋、和义号、享义盛”等老字号店名就体现了诚信经营、和气生财的思想。据我们统计，有大约 8%的老字号店铺名称有这样的寓意。

3.1.3 宗族观念

宗族是中国汉族传统社会最基本的社会单位，泛指聚居的父系血亲按伦常建立的社会组织。北京很多实力雄厚的老字号店铺都是由外乡人在京创办的，在清代或民国时期最多，而这个时期北京的商业基本上保持着封建商品经济固有的模式。旧式商人具有浓厚的乡土意识和宗法意识，他们以血缘为核心，以地域为纽带，形成商人群体，也就是商帮(李淑兰,2009)。

这种宗族观念反映在北京老字号店铺的命名上就是家族垄断的行业有自己特有的命名形式,如山东孟姓开设的“八大祥”名冠京城。另外还有一种形式就是将自己家族的姓氏或者自己的名字、字号放在店名中,以此传承给后代子孙,以示自家产业。这样的老字号店铺有很多,尤其以姓氏命名的最多,如“张一元、浦五房、张顺兴、烤肉宛”等,“马聚源、王致和、花汉冲”三个老字号甚至直接以创始者本人的全名来命名。另外还有一些店名中含有经营者的名字、字号、乳名等,如“盛锡福、老正兴、丽丰祥、清华斋”等。

3.1.4 其他宗教思想

东汉末年道教在北京流传,至元代达到全盛期(丁守和、劳允兴,1990)。北魏时佛教传入北京,到明代时佛教寺院多达千座以上。喇嘛教、伊斯兰教、民间秘密宗教、萨满教以及基督教等,在北京都有长久的历史发展。在我们统计的400多个北京老字号中,有一些店名体现出宗教的色彩。

伊斯兰教在我国被称为清真教、回教、天方教。“伊斯兰”为阿拉伯语音译,有“顺从”之意,其信徒“穆斯林”,意为“顺从者”。所以很多回民餐馆都带有“顺”字,如“东来顺、西来顺、南来顺、南恒顺、又一顺、东长顺”等。

道教教义中有神仙信仰,有一个老字号的得名就跟神仙有关。现在的“天兴居”炒肝儿店的原名叫“会仙居”,相传清朝同治年间,店主刘永奎善意礼待一位没钱付账的老人,后来生意越来越好,店主便认为此老人是神仙,由此把店名定名为“会仙居”。道教还讲究风水,“全聚德”的得名就与风水有关。全聚德,本是做鸡鸭买卖的杨全仁买下了一家叫“德聚全”的店铺,后经风水先生的点拨,将已经倒闭的“德聚全”倒过来,以除其晦气霉运,这才有了现在的“全聚德”字号。

3.1.5 市井文化

老字号店铺多是经营规模大、商品精致的店铺，一般都会有个响亮体面的字号，但是有些老字号就走通俗亲民的路线，如大家熟知的“馄饨侯、烤肉季、小肠陈、爆肚冯、茶汤李、羊头马”等。它们最初都是街边的小吃，深受顾客欢迎，规模不断扩大，逐渐形成品牌。有的店铺在扩大规模后，为了使自己的字号更具内涵而换了名字，有的一直保留着这样的字号，甚至有些店铺后来故意改为此类形式的字号，如“烤肉季”原名“潞泉居”，因店主姓季，人们亲切称之为“烤肉季”，与“烤肉宛”并称为“南宛北季”。

3.2 宫廷文化

皇城北京的宫廷文化主要指为皇室服务的宫廷范围内的文化。随着封建王朝的土崩瓦解，这些宫廷文化因素也从宫廷流入民间，它们或多或少地渗透到代表庶民文化的北京老字号店铺中。

北京的饭庄兴起于清朝末年的慈禧垂帘听政后。八旗子弟暗中投资，为掩人耳目，雇用手脚勤快、颇能吃苦的山东人为其经营。这种满汉合作的饭庄，均开设在闹市区，其字号吉祥典雅，院落清洁恬静，桌椅古香古色，一派富丽堂皇。在饭庄业，昔日素有“八大楼、八大堂、八大春、八大居”之说。

北京是皇城，自然少不了关于皇帝皇后的奇闻轶事。皇帝微服私访，在店中用餐，就成了此店世代流传的佳话。“都一处”的得名典故是，乾隆皇帝于农历大年三十在王瑞福开的无名酒铺用餐，留下“这个时候还开门营业，京都只有你们这一处了”的话语，并建议店名叫作“都一处”。“一条龙、同仁堂”的得名也都与皇帝的造访有关。“听鹂馆”饭庄原是慈禧太后常来欣赏戏曲和音乐的地方，因借黄鹂鸟的叫声比喻音乐之优美动听，故名“听鹂馆”。

3.3 缙绅文化

缙绅文化主要指封建社会官僚士大夫阶层的思想意识和生活情趣。店铺开张时需要起个响亮文雅的字号，店主大多会找文人雅士帮忙起名或题写牌匾楹联。流传下来的老字号大多文化内涵深厚，这也是文人士大夫文化渗透的结果。

3.3.1 引经据典

很多老字号店铺的命名十分谨慎，都力求言之有故。这样不仅可以使字号更有文化底蕴，还可以作为企业文化传承下去。经营文房四宝名人字画的"荣宝斋"语出《论语·颜渊》"以文会友"，荣名为宝；"鸿宾楼"饮食店，其典出自《礼记》"鸿雁来宾"；"瑞蚨祥"中的"蚨"也有说法，"蚨"是古代传说中一种形似蝉的昆虫，晋代《搜神记》卷十三记载，青蚨"生子必依草叶……取其子，母即飞来，不以远近……以母血涂钱八十一文，以子血涂钱八十一文，每市物或先用母钱或先用子钱，皆复飞归，轮转无已"，这里说的是钱用完了又能飞回的故事。"千芝堂、桂香村、柳泉居、来今雨轩"等老字号的命名也都有典故可循。

3.3.2 辅以楹联

很多老字号店铺在成立之初都会挂一副对联辅助字号，二者交相辉映，共同阐释店面的经营理念，这更增加了其文化色彩。"一得阁"的对联是"一艺足供天下用，得法多自古人书"；"同升和"的对联是"同心偕力功成和，升官冠戴财源多"。

除以上三种文化因素外，我们搜集的北京老字号有少数体现出一些时代特色。老字号店铺大多是清朝时创建的，那个时代的一些店铺现在已经消失，但因为行业特色明显，仅凭店铺名称就可以辨别出来其经营范围。当铺的字号名称一般是"××当"，如"宝成当、阜和当"。另外还有清朝末年很有名的"四大恒"，分别是恒利、恒和、恒兴、恒源四大钱庄。

明朝末年就开始有“西学东渐”之说，清朝时北京东西方文化的碰撞更是明显。尽管北京老字号是中国传统文化的体现，但有一个叫作“懋隆”的老字号就与西方文化有关：13世纪末，马可·波罗口述的《马可·波罗游记》问世，将灿烂的东方文化和中华文明展现给西方世界。19世纪40年代，经营特种工艺品的懋隆商号在北京诞生，“懋隆”两字即由马可·波罗（Marco Polo）名字的译音而来，兼取中国传统商业祝词“懋盛隆昌”之意，二者完美结合。

四　结语

北京老字号的数量居全国各省市之首，有的老字号浸润了几百年的历史，现在仍旧活跃在人们日常生活中，并且因其厚重的文化内涵和响亮的品牌深受大家欢迎；也有一些老字号因为各种原因业已倒闭，在历史大潮中只是昙花一现，但被有识之士记录了下来；还有很多老字号，已经湮灭在历史的长河中而了无痕迹。这些北京老字号，无论是仍然存在的还是已经消亡的，对北京商业文明和地域文化的发展都做出了自己的贡献。从语言学和文化学的角度对北京老字号进行研究，是方言与地域文化研究的一个很好的视角，可以使我们对北京话、北京文化、北京历史的发展有更加深刻的认识。

参考文献

蔡英杰 2001　店铺名称一瞥，《修辞学习》第2期。

陈婷婷 2006　丽江古城客栈名的语言文化特点分析，《语文学刊》第3期。

程裕祯 1998　《中国文化要略》，外语教学与研究出版社。

丁守和、劳允兴 1990　《北京文化综览》，北京师范学院出版社。

桂连成 1990　《北京新老字号名匾荟萃》，中国文联出版公司。

郭先珍 1996　店名的社会文化属性,《语文建设》第4期。
《建筑创作》杂志社 2008　《收藏北京记忆——店铺和招幌》,天津大学出版社。
李淑兰 2009　《京味文化史论》,首都师范大学出版社。
罗克东 2012　京城四韵——百年沧桑的北京老字号,《北京宣武红旗业余大学学报》第4期。
孟昭泉 1998　店名文化探源及其老字号,《河南社会科学》第1期。
彭斐 2009　北京老字号的前世今生,《记者观察(上半月)》5月号。
钱理、王军元 2005　《商店名称语言》,汉语大词典出版社。
宋颖桃 2008　西安店名的文化释读,《长春理工大学学报(社会科学版)》第2期。
王耿 2006　对武汉餐饮店名的语言学分析,《语文教学与研究》第6期。
王丽梅 2004　中国店名的文化特征,《北华大学学报(社会科学版)》第1期。
徐健顺、辛宪 1999　《命名:中国姓名文化的奥妙》,中国书店。

李守仁（Shau Yan Lee）和中国早期的汉语方言有声教材

伍云姬[1]　徐世璇[2]

1 原墨尔本大学亚洲研究院

2 中国社会科学院民族学与人类学研究所

我国是一个语言大国，语言资源极为丰富，语言的研究成果卷帙浩繁，这些都是宝贵的学术财富。但是毋庸讳言，对于语言资料和研究文献的收集、保存还有很多的工作要做。游汝杰先生在他的《西洋传教士汉语方言著作考述》中提到国内语言学界对传教士的方言学著作"重视不够，了解很少，研究更少。在汉语语言学史和方言历史研究上这基本还是一个空白"（游汝杰，2002：5）。这从一个侧面反映了对文献资料的收集和整理、包括对方言及其研究资料的收集整理，还是一项需要特别重视的巨大工程。现在要介绍的是我们从私人手里收集来的李守仁（Shau Yan Lee）所编纂和录制的中国早期汉语方言有声教材的部分内容。这些教材流落在国外，尚不见于国内相关的研究论著。

一　作者简介

有声教材的编撰者李守仁博士不仅是教材文本的编写者，而且是有声教材的发音人之一，同时也是唱片的录制者和教材的出版者，因此我们有必要对他的生平有所了解。

李守仁 1888 年 4 月 27 日出生于广东河源县上角，1969 年 12 月 6 日卒于美国纽约。李为客家人，他家祖屋原为住有百余户人家的客家方形围屋，可惜现在只有大门和少数的房间留存，从堂屋上的牌位“陇西郡李氏堂上历代高曾祖妣者之神位”看，李家祖先来自甘肃。据李守仁的后人介绍，李家祖先到河源之前先是到了福建闽口（一说福建平沙府），什么时候来的河源不得而知。李守仁的父亲李儒舟为岁进士，当官后在祖屋旁边修了一栋新屋，因有六个儿子（李守仁排行最小），故把新屋称为“李六合新屋”。李六合新屋的大门现在还在，堂屋也还在，其余的房间均有更改。据他的后人回忆，堂屋里曾挂有一个一米多长、一米宽的匾，上写着“岁进士”。李儒舟死后，每年拜祖的时候，都要把他穿着官服的巨幅画像挂在匾下。堂屋的牌位是后来新贴的，牌位上写的是蓉水郡。

李守仁很小就在广州读书，目前能找到的他的最早的照片上写着“17 岁，东山”，“东山”不知是他的字还是指广州东山区他的家（他在东山的家 70 年代末才易主）。

李守仁曾就读广东神学院 Graves Theological Seminary，师从 J. R. Saunders。[①] 毕业后作为 Saunders 的助手，到潮州客家圣经学校（The Hakka Bible School）任教（李守仁，1944：9）。从零星的材料看来，他还到过其他一些地方工作。例如据《广东省志》（广东省地方史编纂委员会，2002：381）上记载“西牧嘉理模与华牧李守仁购置府城都市巷对面横廊罗家祠（即今惠州市城区中山西路教堂）的房产为堂址，经费全靠美南浸信会支持”。

---

① Graves Theological Seminary 的中文名字可能是“两广浸信会神道学院”，由美南浸信会 1890 年创办，后来称“广州东山神道学校”。J. R. Saunders 曾任校长（李守仁，1945：48）。J. R. Saunders 在中国、美国的弗吉尼亚州向中国南方人，尤其是客家人传教达 44 年之久（李守仁，1944：9）。

1929年李守仁赴美，在美国和加拿大传教，与此同时从事中国文化的传播工作，在纽约建有“仁声书社”。“余于近年来遍行美洲各国，宣传中国文化及基督和平福音，曾留心考察各埠华童心理及家庭社会之状况。”(李守仁，1952、1962序)1950年4月，为了让北美各地没有华文学校或无机会进华文学校读书的华人子女学习汉语，李守仁开始教材编撰、出版工作。“余于一九五十年四月初十日，由加拿大回美国搜集教材，选择其中适合华童心理及家庭社会之所需，编订成书，特制留声片”(李守仁，1952、1962序)，以便华侨华人儿童有机会学习祖国语言文字。

从1951年起，仁声书社发行了不少有声汉语和英语的教材。这些教材都是他自己编撰的，其中很多是他本人的录音。他的语言能力很强，会客家话、广州话、国语、英语，这是他编撰汉语方言有声教材非常有利的条件。

二 李守仁所编写的教材

从李守仁编著的教材之一《英汉对照留声片日用会话》封底的广告来看，作者曾编撰出版过下列教材和唱片。

《中国语文留声片课本》，共8册，分别用国语、广州话、四邑话和客家话，每种方言都制有34个留声片。

《英汉对照留声片日用会话》，共5套，约有近50张留声片。五套唱片的课文相连，共用450个主要词语编成4000句日常会话，还配有会话情景的图解。并对语法进行了描写解释，运用解剖式的方法将各种词类与用法一一写出。

《有声的英汉字汇留声片课本》(*An English-Chinese Vocabulary in Sound*)，这套有声的英汉字汇，共收约7000个日常用词。

《中国无形之万里长城》，英汉对照，其中最后一段“论中国长城之故”制有 6 张英语唱片。

《入籍问题留声片汉英对照课本》，英汉对照，以入籍问题为主要内容，配有 4 张唱片。

下面对我们手头有的教材做进一步的介绍。

1.《中国语文留声片课本》1951 年 12 月初版，纽约仁生书社。

这套课本“全书八册均分用国语广东语四邑语以及客语每种语言皆制有三十四个留声片”。编著者及制片者均为李守仁，发音者：国语刘张启坛，广东省语李守仁，四邑语许李锦桃，客语梁徐慕洁，英语 A. Smith。

我们手头有的第七册是“文法篇”，全书共 62 页。本书分章节对不同的词类进行论述。实词分为：名、代名、动、状；虚词分为：介、连、助、叹。还对“之、乎、者、也、矣、焉、哉”的用法进行了分章论述。

在这一册中，各方言的发音恐怕只是指例句而言。例如第 21 页中“或字之用法”有三个例句，从唱片能听到的可能是这三个例句的“国语、省语，四邑语，客语及英语”的发音，其中省语应该指的是广州话。

2.《英汉对照留声片日用会话》(*Records for English-Chinese Conversation*)1952 年 4 月初版，1962 年 4 月二版，纽约仁声书社。

这套教材共有 5 套，每一套都有约 10 张唱片，分别适用于初学者、初中、高中等不同的程度，课文包括生字、会话、书信等多种形式，词汇包括衣、食、疾病、健康、商业等语义类别，语法中的各种词类及其用法通过课文进行系统的描述。

我们手头有第一套 1962 年版的文本。根据封底的介绍，本教材有国语和英语的对照，有广东话和英语的对照录音。英语发音人为“名教授马顿女士”，国语和广东话的发音人未见介绍，疑为李守仁本人。

这本教材共有 30 页，9 张唱片，22 课课文。每一课都有生词和“读句”，英文在前，中文在后，多为日常会话，但也有信件、商业以及与宗教有关的用语。

3.《有声的英汉字汇留声片课本》(*An English-Chinese Vocabulary in Sound*)，1955，纽约仁声书社。

这套有声的英汉词汇课本，共收约 7000 个日常用词，按英文的 26 个字母为序排列，先英文，后中文。英语和国语对照发音，计有 23 张留声片，4 个小时的长度。另有英语和广州话对照发音，共 53 张唱片。英语由马顿(Marcie Morton)发音，广东话发音人不见交代，疑为李守仁本人。

三　价值和意义

3.1　编辑目的

作者在 1951 年 12 月出版的《中国语文留声片课本》和 1955 年出版的《有声的英汉字汇留声片课本》两套教材的“序”中，解释了编撰教材的目的。从作者的论述可以看到，李守仁编撰出版语言教材的直接目的有 3 个：

(1)帮助华侨或在海外的第二代华人学习本族语言，“因美洲华童能识祖国语言文字者不多，各埠侨胞，多以其子女不识祖国文字为忧”，因此“搜集教材，选择其中适合华童心理及家庭社会之所需，编订成书，特制留声片，以便各埠无华文学校设立，或有而仍无机会往学校读书之华童，亦有机会学习祖国语言文字”。

(2)帮助希望学习汉语的美国人学习汉语及其方言，“因西友欲习中国语文者日见增加”。

(3)帮助海外华侨华人学习、使用英语。“能增加华人学习英文和英语之速度，以助其谋生，升学及交际之器具。”

3.2 文化意义

李守仁教材的教学对象主要针对上述的三个群体，教材编撰从实用的需要出发，内容全面、形式多样、结合实际、贴近生活，有日常用语、对话、成语、信件、故事、歌曲等，并遵循语言学的理论进行科学、系统的编排。李认为“学者若能用心考察，细心仿造，如此，国文有不通，华语有不晓者，余不信也”（李守仁，1951 序）。

这些教材实际取得的效果也确实不负作者之重望，教材出版后读者报告成功的来函“如雪花飞来”（李守仁，1962 封底），具有较大的社会影响，获得了很好的社会效益。由于热销，课本再版，各套留声片也另制录音带。教材在以下几个方面显示了重要的文化意义：

(1)是帮助华侨华人学习英语的有效工具，有助于他们的升学谋生，推动了华侨华人与当地社会的融合；

(2)帮助不懂本族语的华侨儿童学习本民族语言、传承本民族文化，促进汉语汉文和汉族文化在华侨华人后代中的延续；

(3)帮助对汉语文和中国文化感兴趣的西方民众学习汉语文，为在北美传播汉语和中国文化、促进东西方语言互通、文化交流发挥了积极作用。

3.3 学术价值

今天，从语言学的角度来看，这些用于第二语言教学的双语双文教材有着非常珍贵的学术价值。

从目前所发现的课本看，李守仁教材的出版时间在 1951—1962 年间，所反映的是 20 世纪 50 年代之前汉语几种方言的面貌。由于李守仁在国内生活的时间是 1888—1929 年，正处于语言学习、定型重要阶段的少年、青年、中年时期，因此由他编著并发音的教材，特别显示了 20 世纪 30 年代之前几种方言的语音、词汇、语法面貌。

教材所包含的汉语方言有国语、广州话、四邑话、客家话 4 种，此外还有英语。这些方言的内容十分全面，包括常用词汇、语法知识、具体发音。且词汇数量多，涉及领域广。从前面对具体教材的介绍可以知道，有些课本的词汇量达到六、七千个，如《有声的英汉字汇留声片课本》共收约 7000 个日常用词。词汇所涉及的领域很广，例如《英汉对照留声片日用会话》第五套中就有与餐馆、衣馆、妇科、产科、儿童疾病及性病与康健等内容有关的词汇。除了生活中的常用词语之外，还包括商业术语、宗教用语、成语等。

在语法方面，中文部分是书面语和口语的混合。有专门讲授“文法”的篇章，以现代语言学理论为框架，通过课文相连，以文论法，运用解剖式和图解法，将各种词类与用法一一写出、分别解释，并配例句，以便于理解、运用。如《英汉对照留声片日用会话》中以 450 个词为主编成 4000 个日常会话的句子。

此外，所有的教材都配有唱片，录制了汉语多种方言和英语的具体读音。

“有声”无疑是李守仁教材的最大特点。教材中包括了国语、广州话，四邑话，客方言及英语的语音，无论是词汇、例句还是对话，都有读音可以与文字教材对照，反映了这些方言或语言 20 世纪前半期的语言概况和语音面貌。其中尤其以四邑话最为宝贵，四邑话在 1951 年以前好像尚不见记载。

由于历史的局限性，以前的语言记录都成为无声的书面符号，因而失去了重要的语音形式和物理属性。而记音符号的局限、转写规则的变化、调查记录者的审音水平等客观因素，都可能影响记音的准确度。这套有声教材最重要的学术价值在于，保留了多种方言的大量词汇、句子和会话的有声资料。

在 1955 年出版的《有声的英汉字汇留声片课本》序中，作者说“书一编成，又蒙纽约名教授马顿女士发音，竟成为破天荒式世界第一套有声的英汉字汇”。目前我们尚未找到更早的汉语方言有声教材，李守仁极有可能是方言有声教材的先行者。从汉语方言记录和研究的角度来说，李守仁教材所记录的早期有声资料具有珍贵的学术价值。

遗憾的是，我们现在只找到很少的教材文本，尚未找到唱片，因而这篇文章只能是一个简约的介绍。从李守仁教材的再版和除留声片外又另制录音带的信息，我们知道这些有声教材曾经十分畅销。既然如此，北美的图书馆或者教会等处应该会有这些资料留存。在语言资源保护和语言典藏日益受到重视的当今时代，很有必要努力寻找这些早期的方言有声资料。

参考文献

广东省地方史编纂委员会 2002 《广东省志·宗教志》，广东人民出版社。

李守仁(Shau Yan Lee)1945 《中国之无形万里长城》，发行者：美国那伏华人浸信会，代刊者：美洲三藩市国民日报馆。

李守仁(Shau Yan Lee) 1944—1946 *How to Win the Chinese*，美国那伏华人浸信会(Chinese Baptist Church, Norfolk Virginia, USA)。

李守仁(Shau Yan Lee) 1951 《中国语文留声片课本》(第7册)，纽约仁生书社。

李守仁(Shau Yan Lee)1952、1962 《英汉对照留声片日用会话》(*Records for English-Chinese Conversation*)第六套，纽约仁声书社。

李守仁(Shau Yan Lee)1955 《有声的英汉字汇留声片课本》(*An English-Chinese Vocabulary in Sound*)，纽约仁声书社。

游汝杰 2002 《西洋传教士汉语方言著作考述》，黑龙江教育出版社。

浙江金华农村中小学生的语言使用现状及其影响因素*

黄晓东

北京语言大学语言资源研究所/中国语言资源保护研究中心

一 引言

有关我国中小学生语言使用情况的调查，目前已有较多成果发表，例如王建华(1992)、汪平(2003)、蒋冰冰(2006)、胡松柏、张向阳(2007)、孙晓先等(2007)、王立(2008)、焦成名(2009)、俞玮奇(2010、2012)、陈燕玲、林华东(2013)等。上述研究主要考察了中小学生对方言和普通话的选择和使用情况，得出了许多有价值的结论，不过也有两个缺憾：一是此类研究的调查对象一般都是城市的学生，只有王建华(1992)、陈燕玲、林华东(2013)等少数研究涉及农村学生；二是多数研究的结论仅通过百分比的比较得出，而未应用更可靠的统计方法进行检验，有时难免主观。

---

* 本研究得到国家社会科学基金重点项目“城镇化背景下农村方言的社会分层研究——以浙江的10个村庄为例”(13AYY003)、北京语言大学校级重大专项项目(中央高校基本科研业务专项资金资助)“城镇化进程中农村方言文化的困境与出路”(13ZDY01)及北京语言大学院级科研项目(中央高校基本科研业务专项资金资助)“华北东北地区方言文化比较研究”(16YJ050001)的资助，谨致谢忱！

有鉴于此，本文拟以浙江金华市金东区曹宅镇的三所中小学为例，详细考察农村中小学生的语言使用现状，并运用SPSS统计软件分析其影响因素。

二 调查对象和方法

本研究主要采用问卷调查，辅以个别访谈和参与观察。为便于比较，本研究选取同在曹宅镇上的曹宅小学、曹宅初中和曹宅中学(高中)进行调查(曹宅镇上目前小学、初中、高中各仅有一所)。在小学四、五年级随机抽取了三个班，初中一、二年级随机抽取了四个班，高中一、二年级随机抽取了两个班，对这九个班中当时在场的学生全部进行调查。问卷当场收回，并根据问卷填写情况选取数名学生进行了个别访谈。

调查分两次进行，时间分别为2012年4月和6月。共发放问卷380份，收回有效问卷352份。本地(来自金华市金东区)被试259名，其中曹宅镇220名，其他乡镇39名；外地(来自浙江省其他区县或外省)被试93名，其中省内10名，省外21名，未说明具体地区的62名。下文讨论时均就本地被试而言。

被试中男生131名，女生128名；小学生94名，初中生121名，高中生44名。

三 调查结果

3.1 第一语言习得情况

本文中的第一语言是指一个人出生之后最先接触并获得的语言或方言。一个人的第一语言并不一定是其母语(李永燧，1999)。根据此定义，我们在问卷中设计了如下问题："您小时候首先学会的是哪种话?”统计结果见表1。

表1 第一语言习得情况

	家乡话	普通话	外地	家+普	普+外地	合计
小学生	28/30%	63/67%	0	2/2%	1/1%	94
初中生	71/59%	46/38%	3/3%	0	0	120
高中生	20/45%	18/41%	5/11%	1/2%	0	44
合 计	119/46%	127/49%	8/3%	3/1%	1/0%	258

注:①“家”表示家乡话,“普”表示普通话,“外地”指金东区以外地区的方言;“+”号表示同时。②由于四舍五入的原因,表中每行百分比之和不一定都为100%。下同。

从表1可见,总的来看,第一语言为普通话的被试所占比例最高,其次为家乡话,其他情况则很少。从年龄段来看,小学生、初中生、高中生之间的差异非常显著(据家乡话、普通话两项数据的统计:$\chi^2=18.668$, $p=0.000<0.05$):小学生多以普通话为第一语言,初中生则多以家乡话为第一语言,高中生以家乡话为第一语言的比例略高。

3.2 语言掌握情况

我们的问题是:“您会熟练说哪几种话(按熟练程度排列)?”结果见表2。

表2 被试掌握语言的数量

(“>”号表示更熟练,下同)

	普通话	家>普	普>家	普、家、外地	合计
小学生	26/28%	27/29%	37/39%	4/4%	94
初中生	5/4%	46/39%	62/52%	6/5%	119
高中生	4/9%	17/39%	21/48%	2/5%	44
合 计	35/14%	90/35%	120/47%	12/5%	257

表2显示,大多数被试同时掌握家乡话和普通话,占82%,其中普通话更熟练的被试更多;多达14%的被试只会说普通话,即属于“无方

言族”(张树铮,1998)[①]。我们对“普通话”“家＞普”“普＞家”三项数据进行卡方检验,结果 $\chi^2=25.496$, $p=0.000<0.05$。说明被试所处学习阶段(小学、初中、高中)对语言能力的影响非常显著。由表 2 可知,小学生与初中生、高中生的差异较大,主要表现为小学生中“无方言族”的比例明显高于初中生和高中生,而初中生和高中生的差异则并不显著($\chi^2=1.507$, $p=0.471>0.05$)。

我们亦向被试调查了其家庭成员的语言掌握情况,见表 3。

表 3　家庭成员掌握语言的数量

	家乡话	普通话	家＞普	普＞家	普、家、外地	其他情况	合计
父亲	29/11%	19/7%	161/63%	32/12%	15/6%	1/0%	257
母亲	27/11%	25/10%	146/57%	41/16%	15/6%	3/1%	257
祖父	105/42%	11/4%	101/41%	15/6%	11/4%	6/2%	249
祖母	103/42%	13/5%	104/42%	13/5%	11/4%	4/2%	248

从表 3 可见,被试父亲、母亲语言掌握情况差异不大,被试祖父、祖母的差异也不大,但父母亲与祖父母两代之间差异明显:父母亲“家＞普”类所占比例最大,而祖父母“家＞普”类与“家乡话”类所占比例几乎相同。

对比表 2、表 3 可见,被试与其父辈、祖父辈三代之间差异明显,表现在:(1)被试中无方言单语者,但其父辈、祖父辈存在不少方言单语者,祖父辈中尤其多(达 42%)。(2)普通话单语者(“无方言族”)的比例则是被试高于其父辈,父辈又高于祖父辈。[②] (3)被试“普＞家”类所

① 胡松柏、张向阳(2007)作“方言地区普通话母语人群”;曹志耘(2010)作“无方言群体”;劲松、马璇(2012)作“非方言族”。

② 父母亲和祖父母中存在“无方言族”,这一点颇为可疑,将在以后的家庭走访中进行验证。

占比例最大，而父母亲“家＞普”类所占比例最大，祖父母则“家＞普”类与“家乡话”类所占比例几乎相同。总的来看，三代之间的差异即：年龄越小，方言能力越低，而普通话能力越高。

我们还询问了被试掌握家乡话、普通话和金华城里话（权威方言）的程度。

询问普通话熟练程度的问题为：“您的普通话程度属于哪一种？”选项为：“①能流利、准确地使用，发音非常标准；②能熟练使用，但有些音发不准；③能熟练使用，但方言口音较重；④基本能交谈，但不太熟练；⑤能听懂，但不太会说。”

询问家乡话熟练程度的问题为：“您的家乡土话程度属于哪一种？”[①]选项为：“①能流利、准确地使用；②能熟练使用，但有些音发不准；③基本能交谈，但不太熟练；④大部分能听懂，但不太会说；⑤能听懂一些，但不太会说；⑥能听懂一些，但不会说；⑦听不懂，也不会说。”询问金华城里话熟练程度时再增加一个选项：“⑧没听过，也不会说。”

结果见表4。

表4　被试掌握语言的程度

（①—⑧分别对应上文中的各个选项；“城里话”指金华城里话，下同）

	①	②	③	④	⑤	⑥	⑦	⑧	合计
普通话	139/54%	113/44%	1/0%	3/1%	0	0	0	0	259
家乡话	118/46%	70/27%	42/16%	16/6%	8/3%	3/1%	2/1%	0	259
城里话	48/19%	49/19%	67/26%	44/17%	19/7%	20/8%	5/2%	6/2%	258

从表4可见，被试对普通话水平的自评等级相当高，①②两项相加达98%；家乡话的熟练程度则低很多，①②两项相加为73%；对金华城

① “方言”的说法过于专业，且指代不明。“家乡话”给人以亲切感，“土话”则可能使人生厌，都可能影响被试的选择，故问卷中使用“家乡土话”这一折中的说法。

里话更不熟悉，①②两项相加仅38%。这说明被试更习惯说普通话，而非家乡话。结果还表明，金华城里话作为当地权威方言，现在风光不再，其地位已为普通话所取代。

3.3　家庭内部交际与语言转用

3.3.1　家庭内部交际

表5　家庭内部交际

交际对象	家乡话	普通话	城里话	家＋普	普＋外地	无此情况	合计
父亲	140/55%	95/37%	5/2%	13/5%	1/0%	0	254
母亲	132/52%	104/41%	3/1%	13/5%	1/0%	1/0%	254
祖父	179/71%	47/19%	5/2%	1/0%	0	19/8%	251
祖母	179/71%	52/21%	5/2%	3/1%	0	14/6%	253

调查发现，被试和父母亲交际用语无显著差异（就家乡话和普通话两项的检验结果：$\chi^2=0.640, p=0.424>0.05$）；被试和祖父母交际用语也无多大差异；但被试与父辈、被试与祖父辈之间差异明显，前者使用普通话的比例显然高于后者。这与家庭成员的语言掌握情况密切相关（见3.2）。总的来看，普通话在农村家庭内部交际中已经占有了一席之地，而且其地位仍将不断上升。

3.3.2　语言转用

我们之前观察到一种现象，即当地农村有的孩子一开始学会的是方言，与家人也用方言交流，但后来逐渐习惯了说普通话，竟改用普通话与别人（包括父母）交流，而很少或不说方言了。我们在本次调查中特意安排了这方面的内容。问题如下：

有的同学，过去主要用家乡土话和父母交谈，现在主要改用普通话了。您和您父母之间的交谈是否也出现了这种变化？（　　）

①是

②否，我和父母一直说家乡土话

③否，我和父母一直说普通话

结果发现，共有93名被试出现了语言转用现象，占全部被试（有5名未作答，故按254名计）的37%，比例还是相当高的。其中小学生29名，占全部小学生被试（有2名未作答，故按92名计）的32%；初中生40名，占全部初中生被试（有3名未作答，故按118名计）的34%；高中生24名，占全部高中生被试（44名）的55%。

当进一步被问及"是谁先开始说普通话的"时，有53人说是自己，占59%（93人中有3人未作答）；有23人说"不清楚"，占26%；有8人说是父亲，占9%；有5人说是母亲，占6%。此外还有1人同时选了自己和母亲。说明被试自己主动改说的占多数。当然，家长的语言期望（language expectation）也起了很大的作用（可参看王立，2008）。

3.4 公共场合的交际情况

表6 公共场合的交际情况

（"朋友"在问卷中说明为"同村的朋友"）

交际对象	家乡话	普通话	城里话	家+普	家+外地	普+外地	无此情况	合计
老师校内	2/1%	252/98%	1/0%	1/0%	0	0	0	256
同学校内	14/6%	233/92%	2/1%	5/2%	0	0	0	254
朋友校外	121/47%	119/47%	5/2%	9/4%	0	1/0%	0	255
村里商店	112/44%	136/54%	2/1%	0	2/1%	0	1/0%	253
镇上商场	35/14%	216/85%	1/0%	1/0%	1/0%	0	0	254
城里商场	10/4%	231/91%	10/4%	1/0%	0	0	1/0%	253

从表6可见，被试在校内交流、在镇上和金华城里的商场购物时，基本都使用普通话；在村里的商店购物时，普通话的使用率也多于家乡话；只有在校外与同村的朋友交流时，家乡话和普通话的使用频度才相

当。可以说，普通话总体上已经占据了公共交际的主导地位。

3.5 语言态度

3.5.1 五度量表

我们采用 Likert 五度量表的形式，让被试从“好听”“亲切”“社会影响”“有用程度”等四项指标对家乡话、普通话和金华城里话进行评价：1 分为最低分，5 分为最高分。结果见表 7。

表 7 被试的语言态度

语言	指标	1	2	3	4	5	合计
家乡话	好听	25/10%	36/14%	80/31%	55/22%	58/23%	254
	亲切	22/9%	19/7%	37/15%	40/16%	137/54%	255
	社会影响	70/28%	57/23%	64/25%	34/13%	28/11%	253
	有用	31/12%	45/18%	71/28%	38/15%	68/27%	253
普通话	好听	9/4%	9/4%	21/8%	47/18%	169/66%	255
	亲切	15/6%	23/9%	44/17%	51/20%	121/48%	254
	社会影响	41/16%	12/5%	30/12%	27/11%	144/57%	254
	有用	7/3%	8/3%	21/8%	27/11%	190/75%	253
城里话	好听	47/19%	61/24%	63/25%	40/16%	43/17%	254
	亲切	44/17%	48/19%	67/26%	44/17%	50/20%	253
	社会影响	58/23%	47/19%	78/31%	36/14%	35/14%	254
	有用	47/18%	52/20%	53/21%	38/15%	65/25%	255

我们对“家乡话/普通话”“家乡话/金华城里话”的各项指标分别进行配对样本 T 检验，见表 8。（普通话各项指标的得分均显著高于金华城里话，因此未对二者进行配对样本 T 检验。）

从表 8 可见：(1)在“好听”“社会影响”“有用程度”三个指标上，普通话的得分均显著高于家乡话；在“亲切”这个指标上，普通话与家乡话无显著性差异；(2)家乡话在“好听”“亲切”“有用程度”三个指标上的得分均显著高于金华城里话，只有“社会影响”的得分不如后者。

表 8 “家乡话/普通话”“家乡话/金华城里话”的配对样本 T 检验

家/普	均值	标准差	T 值	P 值	家/城	均值	标准差	T 值	P 值
好听	3.33/4.40	1.247/1.025	−11.128	0.000	好听	3.33/2.89	1.247/1.348	5.363	0.000
亲切	3.98/3.95	1.330/1.240	0.214	0.831	亲切	3.98/3.03	1.330/1.362	10.033	0.000
影响	2.58/3.87	1.318/1.524	−11.977	0.000	影响	2.58/2.77	1.318/1.317	−2.346	0.020
有用	3.26/4.52	1.353/0.970	−12.932	0.000	有用	3.26/3.07	1.353/1.448	2.018	0.045

结果表明，普通话不仅比家乡话更具有社会声望和实用价值，而且在情感上也已经得到了当地学生的普遍认同；金华城里话作为权威方言，仍比家乡话更具影响力，但也只是“余威犹存”，其地位无法与普通话相提并论。

3.5.2 其他问题

我们采取封闭性问题和开放性问题相结合的办法，进一步考察被试的语言态度。

当被问及“今后是否愿意继续说家乡土话”时，各选项的人数及比例为（共 259 人）：“非常愿意”63 人（24%），“愿意”131 人（51%），“不愿意”21 人（8%），“非常不愿意”5 人（2%），“无所谓”39 人（15%）。可见“非常愿意”和“愿意”两项占了大多数（75%），对家乡话持否定态度或消极态度的仍是少数。

被试愿意说家乡话的理由主要有（开放性问题，共 186 人答复）：

①“家乡话亲切”“更亲切”等 58 人（31%）；

②“家乡话是一种文化”“是传统”“应该传承”等 35 人（19%）；

③“与村里人交流”“老人听不懂普通话”等 35 人（19%）；

④“是家乡的话”“我喜欢我的家乡”“我想让家乡话永远记在我的心中”等 21 人（11%）；

⑤“好听”9人(5%);

⑥“习惯了”8人(4%);

⑦“这是自己家乡的标志”“能知道你是哪里人”等8人(4%);

⑧“对社会有用”“在家乡有用”“对我有帮助”等7人(4%)。

此外还有“是母语”“父母亲也说”“父母亲喜欢”“有特色”“有意义”等。

而不愿意说家乡话的理由主要有(开放性问题,共24人答复):

①“不会说”“说不好”等8人;

②“不好懂”6人;

③“没什么用”“用的人越来越少”“没有普遍性”等5人;

④“不好听”2人。

此外还有“根本就不喜欢土话,觉得普通话比较亲切”“习惯说普通话了”“不想说”等。

由此可见,学生愿意说方言主要是因为情感因素,也因为方言在当地仍具有一定的交际功能;学生不愿意说方言则主要是因为自己不会说或说不好,也因为方言越来越“没用”了。

四 语言使用的影响因素

4.1 年龄因素的影响

从上文(3.1,3.2)的讨论中可见,小学生、初中生和高中生在第一语言习得、掌握语言的数量等方面均存在显著差异,说明年龄是影响语言使用的重要因素。这与汪平(2003)、俞玮奇(2010)等的研究结果一致。俞玮奇(2010)认为,苏州市低龄学生在家里高频使用普通话的现象属于“年龄级差”(age grading),随着年龄的增长以及社会经验的增加，苏州话的使用频率最终会超过普通话；在目前相当长的一段时间内，苏州市的年轻一代都在重复着这样的变化。在我们的调查中，这种现象也在一定程度上存在，但我们却不敢过于乐观。因为从方言和普通话的力量对比来看，方言在金华曹宅及附近乡镇，要比在苏州市更加弱势，如表 9 所示(苏州市的数据来自俞玮奇 2010)。

表 9　金华农村和苏州市方言地位的比较(%)

	第一语言		语言掌握情况		对家乡话的评价分值为“5”的比例			
	家乡话	普通话	普通话	普、家	好听	亲切	社会影响	有用
金华农村	46	49	14	82	23	54	11	27
苏 州 市	54.3	26.3	8.1	89.8	53	60.1	33.4	35.3

此外，金华很多农村学生出现了方言改说普通话的现象(见 3.3.2)，而且年龄越大，改说现象越频繁，恰与“年龄级差”的现象相反，而这可能成为决定方言命运的重要因素之一。

4.2　性别因素的影响

表 10　男生、女生语言使用和语言态度的比较(%)

	第一语言		语言掌握情况			对家乡话的评价分值为“5”的比例			
	家乡话	普通话	普通话	家＞普	普＞家	好听	亲切	社会影响	有用
男生	55	40	11	47	38	30	51	18	30
女生	37	59	16	23	55	15	56	4	24

从表 10 可见，男生第一语言为家乡话的比例高于女生，而第一语言为普通话的比例则低于女生，显示了一定的性别差异(不过据卡方检验，二者未达到显著性水平：$\chi^2=1.039$，$p=0.308>0.05$)；男生“无方言族”的比例低于女生，家乡话比普通话熟练者比例高于女生，普通话比家乡话熟练者比例则低于女生，差异显著($\chi^2=16.777$，$p=0.000<$

0.05)；男生对家乡话的评价总体高于女生，差异显著（$\chi^2=14.095$，$p=0.003<0.05$）。总的来说，女生比男生更倾向于说标准语——普通话，普通话水平也更高。这符合社会语言学的一般结论。

4.3 父母文化程度因素的影响

我们考察了父母的文化程度对子女语言使用的影响，见表11、表12。

表11 父亲的文化程度与子女在家里最常使用语言（对父亲说）的关系

	家乡话	普通话	家+普	城里话	其他情况	合计
小学及以下	37/69%	12/22%	4/7%	1/2%	0	54
初中	81/62%	42/32%	6/5%	2/2%	0	131
高中	13/36%	22/61%	0	0	1/3%	36
大专及以上	1/10%	6/60%	1/10%	2/20%	0	10

对家乡话和普通话两项进行卡方检验，结果显示父亲的文化程度对子女的语言使用具有显著影响（$\chi^2=20.440$，$p=0.000<0.05$）。

表12 母亲的文化程度与子女在家里最常使用语言（对母亲说）的关系

	家乡话	普通话	家+普	城里话	其他情况	合计
小学及以下	48/70%	17/25%	2/3%	1/1%	1/1%	69
初中	65/54%	49/40%	5/4%	2/2%	0	121
高中	10/31%	20/63%	2/6%	0	0	32
大专及以上	0	5/71%	2/29%	0	0	7

仍对家乡话和普通话两项进行卡方检验，结果显示母亲的文化程度对子女的语言使用也具有显著影响（$\chi^2=21.049$，$p=0.000<0.05$）。

综合表11、表12可知，父母亲的文化程度越低，子女越倾向于用家乡话与之交流；反之，则越倾向于普通话。

4.4 语言态度因素的影响

对语言使用与语言态度之间的关系进行考察，结果见表 13。

表 13 语言使用与语言态度之间的关系(N=247)

	家乡话熟练程度		普通话熟练程度	
	Spearman 相关系数	*P* 值	Spearman 相关系数	*P* 值
好听	0.368	0.000	0.152	0.017
亲切	0.318	0.000	0.010	0.880
社会影响	0.123	0.053	−0.084	0.187
有用	0.247	0.003	−0.061	0.336

注：家乡话熟练程度与对家乡话的评价进行相关性检验；普通话熟练程度与对普通话的评价进行相关性检验。

从表 13 可见，家乡话的熟练程度与“好听”“亲切”“有用”三个指标显著相关，与“社会影响”指标边缘相关；普通话的熟练程度则仅与“好听”指标显著相关，与其他三个指标的相关性均不显著。普通话水平与评价相关度不高，其原因应该是被试对普通话的评价分值过于集中了(见表 7)。

五 结论

本文考察了浙江金华农村中小学生的语言使用现状，并分析了其影响因素。与上海、苏州等城市相比，在金华农村地区，方言的地位更加弱势。普通话不仅比方言更具有社会声望和实用价值，而且在情感上也已经得到了当地学生的普遍认同；不仅在学校和其他多数公共场合占据主导地位，而且在家庭内部交际中也占有了一席之地。已有相当多的中小学生以普通话为第一语言，甚至成为“无方言族”。总的来看，普通话在金华农村的影响日益扩大，而方言的使用范围和影响力正在急剧缩小。

值得注意的是，类似的变化在全国很多地方都正在进行。这从我们收到的外地借读生的问卷中也可以看出。农村地区方言萎缩速度之快，大大出乎我们的意料，应该引起学术界和政府部门的高度重视。

参考文献

曹志耘 2010 关于建设汉语方言博物馆的设想，《语文研究》第 2 期。

陈燕玲、林华东 2013 泉州地区城乡学生双言生活状况对比调查，《语言文字应用》第 1 期。

胡松柏、张向阳 2007 南昌市“普通话母语学生”语言状况调查，《中国社会语言学》第 2 期。

蒋冰冰 2006 双语与语言和谐——来自上海市学生语言使用情况的调查，《修辞学习》第 6 期。

焦成名 2009 上海土著学生语言行为报告，《语言文字应用》第 1 期。

劲松、马璇 2012 “非方言族”对本地方言使用和发展的影响——以太原市的个案研究为例，《语言文字应用》第 4 期。

李永燧 1999 论民族语、母语和第一语言，《民族研究》第 3 期。

孙晓先、蒋冰冰、王颐嘉、乔丽华 2007 上海市学生普通话和上海话使用情况调查，《长江学术》第 3 期。

汪平 2003 普通话和苏州话在苏州的消长研究，《语言教学与研究》第 1 期。

王建华 1992 当代中学生的双方言现象，《语言研究》第 1 期。

王立 2008 语言期望与中小学生的语言成长，《语言文字应用》第 4 期。

俞玮奇 2010 普通话的推广与苏州方言的保持——苏州市中小学生语言生活状况调查，《语言文字应用》第 3 期。

俞玮奇 2012 城市青少年语言使用与语言认同的年龄变化——南京市中小学生语言生活状况调查，《语言文字应用》第 3 期。

张树铮 1998 对“无方言族”的初步观察，《语文建设》第 8 期。

（本文曾发表于《中国社会语言学》2015 年第 2 期）

粤西北勾漏片粤语古全浊声母今读不送气音探讨*

黄拾全

北京语言大学语言资源研究所/中国语言资源保护研究中心

粤西北清远、肇庆地区的连山、连南、连州、阳山、怀集、封开、德庆、广宁、四会等地本土粤语基本连成一体，因其古全浊声母今读塞音、塞擦音时一般为不送气音，异于其他粤语，学界一般将之归为粤语勾漏片。[①] 古全浊声母清化不送气成为粤语勾漏片的定义性标准，对粤西北勾漏片粤语古全浊声母今读进行梳理，探讨成因，十分必要。

本文在田野调查及前人研究的基础上，全面梳理粤西北勾漏片粤语古全浊声母的今读，进一步强调古全浊声母今读不送气清音不影响其粤语性质，古全浊声母今读的差异宜作为粤语的下位分片的标准之一。文章对粤西北勾漏片粤语古全浊声母清化不送气成因进行了探讨。

---

* 本研究得到北京语言大学校级科研项目(中央高校基本科研业务专项资金项目)“皖西南过渡带赣语怀岳片特征研究”(15YBB28)、广东省哲学社会科学“十二五”规划 2013 年度学科共建项目(GD13XZW03)的资助，写作得到暨南大学伍巍教授的指导，谨致谢忱！

① 但也有个别学者因古全浊声母的今读而将这片方言与桂南平话一同划为与粤语平等的大方言区。

一　古全浊声母今读情况

如同广州话，粤西北勾漏片粤语古全浊声母今读清化①，为清音声母，但今读塞音、塞擦音时，口语常用字不论平仄基本为不送气音，“婆茶佢枱柴皮头甜钱田前船糖肠床绳铜虫杜跪舅道断近大寨鼻豆邓病杂白读局”等古全浊声母字今读塞音、塞擦音时各地均为不送气音。

表 1②

	平		上		去		入	
	婆$_{\text{並}}$	蛇$_{\text{船}}$	赵$_{\text{澄}}$	舅$_{\text{群}}$	大$_{\text{定}}$	助$_{\text{崇}}$	族$_{\text{从}}$	习$_{\text{邪}}$
四会城东	pɔ^{21}	ʃe^{21}	ʧiu^{24}	ʧau^{21}	tɐi^{24}	ʧɔ^{24}	ʧok^{2}	ʧɐp^{2}
广宁赤坑	pɔ^{21}	ʃiɐ^{21}	ʧiu^{21}	ʧau^{13}	tai^{13}	ʧɔ^{13}	ʧok^{2}	ʧɐp^{2}
德庆莫村	pɔ^{24}	ʃɛ^{24}	ʧiu^{22}	kɐu^{214}	tai^{22}	ʧɔ^{22}	ʧok^{2}	ʧap^{2}
封开罗董	pɔ^{24}	ʧe^{24}	ʧiu^{22}	ʧɐu^{13}	tai^{22}	ʧɔ^{22}	ɬok^{2}	ɬɐp^{2}
怀集冷坑	pɔ^{42}	ʧiə^{42}	ʧiu^{242}	ʧau^{242}	tai^{42}	ʧɔ^{42}	ʧok^{13}	ʧɐp^{13}
连南三江	pɔ^{231}	ʃɛ^{231}	ʧiu^{22}	ʧau^{35}	tai^{22}	ʃœ^{22}	ʃok^{2}	ʃat^{2}
连州西江	pɔ^{231}	ʃɛ^{231}	ʧiu^{22}	kɐu^{214}	tai^{22}	ʧɔ^{22}	ʧok^{24}	ʧap^{24}
广州	p^{h}ɔ^{21}	ʃɛ^{21}	ʧiu^{22}	k^{h}ɐu^{13}	tai^{22}	ʧɔ^{22}	ʧok^{2}	ʧap^{2}

表 1 中“婆”“舅”等广州话今读送气音 p^{h}、k^{h} 的古平上声字，粤西北勾漏片粤语均为不送气音 p、ʧ、k。

---

①　与其他片粤语一样，粤西北勾漏片粤语匣母合口字今读一般弱化为零声母，封开南丰、连山吉田等个别点匣母开口字也弱化为零声母。

②　横向表头第一行代表例字所属中古调类，第二行以小号字标注例字中古全浊声类，纵向表头表示方言点，县市内各乡镇语音差异较大，因此列到乡镇名。表中加列广州话材料，以资比较。文中粤西北勾漏片粤语材料为笔者实地调查所得，广州话粤语材料引自《广东粤方言概要》(詹伯慧，2002)。

值得注意的是，粤西北勾漏片粤语各点均有少量古全浊声母书面语用字及个别口语常用字今读送气音。例如：

四会城东：跑$_{並}$ $p^{h}eu^{33}$ | 佩$_{並}$ $p^{h}ui^{33}$ | 挺$_{定}$ $t^{h}iaŋ^{24}$ | 辑$_{从}$ $ʧ^{h}ɐp^{5}$ | 菌$_{群}$ $k^{h}uɐn^{33}$ | 柱$_{澄}$ $ʧ^{h}y^{24}$ | 坐$_{从}$ $ʧ^{h}ɔ^{24}$ | 贼$_{从}$ $ʧ^{h}ɐk^{2}$

四会下寮：配$_{並}$ $p^{h}ui^{33}$ | 跑$_{並}$ $p^{h}au^{33}$ | 辑$_{从}$ $ʧ^{h}ɐp^{5}$ | 持$_{澄}$ $ʧ^{h}i^{21}$ | 菌$_{群}$ $k^{h}uɐn^{44}$ | 柱$_{澄}$ $ʧ^{h}y^{24}$ | 坐$_{从}$ $ʧ^{h}ɔ^{24}$ | 贼$_{从}$ $ʧ^{h}ɐk^{2}$

怀集冷坑：捕$_{並}$ $p^{h}u^{35}$ | 佩$_{並}$ $p^{h}ui^{33}$ | 跑$_{並}$ $p^{h}eu^{53}$ | 导$_{定}$ $t^{h}au^{33}$ | 挺$_{定}$ $t^{h}iəŋ^{35}$ | 辑$_{从}$ $ʧ^{h}ɐp^{5}$ | 袭$_{邪}$ $ʧ^{h}ɐp^{3}$ | 距$_{群}$ $k^{h}y^{42}$ | 擒$_{群}$ $k^{h}ɐm^{42}$ | 剧$_{群}$ $k^{h}ɛk^{3}$ | 贼$_{从}$ $ʧ^{h}ɐk^{13}$

怀集汶朗：跑$_{並}$ $p^{h}eu^{53}$ | 挺$_{定}$ $t^{h}iəŋ^{53}$ | 辑$_{从}$ $ʧ^{h}ɐp^{5}$ | 贼$_{从}$ $ʧ^{h}ɐk^{214}$ | 袭$_{邪}$ $ʧ^{h}ɐp^{5}$ | 剧$_{群}$ $k^{h}iək^{3}$ | 坐$_{从}$ $ʧ^{h}ɔ^{13}$

就总体而言，古全浊声母在粤西北勾漏片粤语中今读塞音、塞擦音时不论平仄基本为不送气清音是基本规律，内部相当一致，对外也有排他性，不同于今一律送气的粤语吴化片及今逢平上声读送气音、逢去入声读不送气音的粤语广府、四邑、高阳、邕浔、钦廉五片。

粤语各方言片古全浊声母清化后逢塞音、塞擦音送气与否表现出多种类型，如上述，勾漏片不论平仄今读基本不送气，吴化片今读一律送气，广府、四邑、高阳、邕浔、钦廉五片今逢平上送气，逢去入不送气。

一般而言，古全浊声母今读送气与否是某些大方言分类的标志之一，但不是决定性标志。晋语古全浊声母今读送气与否有四种类型：送气清音、不送气清音、平送仄不送、平不送仄送。江淮官话古全浊声母今读一般为平送仄不送，但通泰方言却大部分送气。湘语部分方言点全浊声母清化，清化后有的舒声字不送气，入声字部分或绝大部分送气，有的无论舒入都读不送气音，有的平、入声送气，上、去声不送气，有的无论舒入都读送气清音。徽语与闽语古全浊声母今读送气不送气清音均有，没有明显的规律可循。

我们认为，粤语古全浊声母今读送气与否的差异，应当是粤语各方言片在浊音清化过程中发展不平衡所致的结果。

即使在广府片粤语内部，古全浊声母清化也存在不平衡性。广府片粤语“古全浊声母今读塞音或塞擦音者，在平声、上声中今读送气清音，在去声、入声中读不送气清音。古全浊上声字一部分读阳上，则声母送气；一部分归阳去，则声母与古全浊去声字一样读不送气”（伍巍，2007）。这是成规律的一般情况。但广府片粤语部分方言点古全浊平声的某些字今读存在不送气层。佛山南海沙头话古全浊塞音、塞擦音平声字清化后今读一部分为送气音，一部分为不送气音。彭小川（1990）20世纪80年代调查后认为，沙头话古全浊平声清化不送气音“虽然量少，却是与较早的词汇层次相结合的语音形式，代表该方言全浊平声字读音的较古的一层”，送气音则“代表较晚的一层”，主要论据有五：(1)念不送气的均是口语常用词。“婆扒茶搽蛇佘锄锤佢枱裁柴齐脐赔皮迟袍槽嘈刨条头蚕甜钱田填前船盆唇糖塘藏肠床藤绳棚铜筒虫蜍裙埕”等反映日常生活中重要概念的口语常用词均读不送气音。(2)同一音韵地位的字中，如有送气、不送气的对立，读不送气的多是较常用的词语，读送气的则多是较晚、较少用的词语。例如“佢赔皮条裙塘藤铜”等今读不送气，与这些字同一音韵地位而较少用的“瞿培疲调群棠腾童”等今读送气音。(3)有些字有两种读法，读不送气音所表示的词义较古，读送气音所表示的词义较新。例如，“除”在“除衫”中读不送气音，在“开除”中读送气音；“材”在“棺材”中读不送气音，在“材料”中读送气音；“同”在“同埋和、跟”中读不送气音，在“同学”中读送气音；“蹄”在“马蹄荸荠”中读不送气音，在“铁蹄”中读送气音。(4)今读阳平调的有音无字的口语词全读不送气。例如，tɔŋ^{44}（量词，一～镜）、下pa^{44}（下巴）、keŋ^{44}水（置水不动，让它澄清）、tɔ^{44}（气味）等。(5)从年龄层次看，部分古全浊平声字口语老派读不送气，新派读送气。例如，“婆茶田条床裙”等老派读不送气音，新派读送气音。彭文进一步指出珠江三角洲的“三水县青岐、金本、白垢三个区，南海县南部丹灶、西樵等几个区及南庄区南部的几个乡，顺德县，中山县东风、上沙、南头等七八个区”等大片区域均有沙头话这种全浊平声字今读不送气音代表较古历史层次的现象。

古全浊声母今读的差异只宜作为粤语的下位分片的标准之一。粤西北勾漏片粤语古全浊声母今读塞音、塞擦音时基本为不送气音，并不影响其与广府、四邑、高阳、邕浔、钦廉等片同属粤语的性质。

二　古全浊声母今读的成因

陆志伟、李荣等将中古全浊声母拟为不送气音。王力在《汉语史稿》中主张古全浊声母是送气的，后来在《汉语语音史》中拟为不送气音。伍巍曾分别从汉语方言、壮侗语关系词、域外译音、中古口语文献材料四个方面论证了以《切韵》为代表的中古全浊声母不送气的史实。

我们认为，粤西北勾漏片粤语古全浊声母今读不送气清音正是由这种不送气浊音直接清化而来。

汉语是声调语言。非线性音系学认为音段音位与超音段音位是相互独立但又彼此关联的两个面，汉语音节与声调之间联系紧密。汉语古全浊声母与声调的联系尤为紧密。一般认为，发全浊声母时，声带振动，导致能量损耗，造成基频起点低，这对声调的直接影响就是阳调调域普遍低于阴调调域。此外，浊音清化与阴阳对立调位的产生更有着密切联系。

我们从粤西北勾漏片粤语共时平面的阴阳调类入手，探讨其浊音清化不送气现象。

首先，我们来审视粤西北勾漏片粤语共时平面的阴阳两类声调。

我们以阴平、阳平为例，同时列出广州、顺德大良、中山石岐、东莞莞城等广府片粤语声调材料①，以资比较。

表 2

		阴平	阳平
粤西北勾漏片粤语	连山吉田	53	231
	连南三江	53	231
	连州西江	53	231
	阳山阳城	53	231
	怀集汶朗	42	231
	德庆德城	55	243
	德庆莫村	55	24
	封开罗董	55	24
	封开南丰	44	24
	四会城东	53	21
	广宁赤坑	53	21
广府粤语	广州	55/53	21
	顺德大良	53	42
	中山石岐	55	51
	东莞莞城	213	21

上表显示，粤西北勾漏片粤语阴平调多为高降调 53，阳平调多为低升降的曲折调 231 或中升调 24，阴平、阳平一高一低、一降一升。表中四会城东、广宁赤坑阳平调今读虽为 21，但两地阳平为两字组前字时一律变为 13 调，对照其他方言点，我们不难从 13 变调中判断两地阳

① 广府片粤语材料引自《广东粤方言概要》（詹伯慧，2002），分片范围采用《粤语》（伍巍，2007）

平调的本形，今读 21 应该是后期发展向广州话靠拢的结果，四会城东、广宁赤坑也是粤西北粤语中最靠近广州的方言点。相比粤西北勾漏片粤语，广府片粤语阴平、阳平的差异就没那么大，广州、顺德大良阴平、阳平调型相同，同为降调；中山石岐阴平、阳平调值接近，同为高调；东莞莞城阴平、阳平调值调型均比较接近，均具有低、降的特征。

粤西北勾漏片粤语阴平、阳平两调基本均呈不同向行进趋势，不像广府粤语呈同向行进趋势，无论调型还是调值，彼此差异都比广府片粤语要大，区别度较为明显。汉语声调的发展过程是渐变的，是缓慢进行的。粤西北勾漏片粤语共时平面上阴平调、阳平调一高一低、一降一升的显著差异不是短期内能产生的，尤其是粤西北勾漏片粤语阳平低升降的曲折调更不是短时间内能产生的。平面的调形对比说明，粤西北勾漏片粤语阴阳调的显著差异产生较早。

浊音清化初期，粤西北勾漏片粤语阴阳调的显著差异一旦产生，比起调形相似的其他粤语，阳调更容易获得调位的区别特征。加上粤西北勾漏片粤语本身就有平、上、去、入四声的区别机制，具有显著差异的阴阳调就很容易上升为音节的区别特征，上升为调位。具有显著差异的阴阳调一旦上升为调位，声母的清浊也就随之失去区别性的功能，其区别特点最终为调位所代替，浊音声母逐渐下降为音值特点。也就是说，当浊音声母不再具备区别功能而只作为音值特点时，从音位学的观点上判断，它等于完成了清化过程。相比浊音而言，清音的发音更为省力，浊声母带音的消失就势在必行了。也就是说，阳调调位的较早产生，促成了粤西北勾漏片粤语由不送气浊音向不送气清音的直接清化，导致粤西北勾漏片粤语古全浊声母今读不送气清音的格局。

这样粤西北勾漏片粤语具有显著差异的阴阳调的别义功能凸显，声母清浊的别义功能消失，不送气浊音自然清化为不送气清音。

综上所述，粤西北勾漏片粤语古全浊声母今读塞音、塞擦音时不分平仄基本为不送气清音，这并不影响其粤语属性。其浊音清化不送气，源于浊音清化早期具有显著差异的阴阳调上升为调位，声调的别义功能取代声母清浊的别义功能，不送气浊音直接清化为不送气清音。

参考文献

曹志耘主编 2008 《汉语方言地图集》，商务印书馆。

陈晖 2008 古全浊声母在湘方言中的今读情况，《方言》第2期。

顾黔 2001 《通泰方言音韵研究》，南京大学出版社。

黄拾全 2011 广东勾漏片粤语语音研究，暨南大学博士学位论文。

李连进 2005 勾漏片的方言归属，《民族语文》第1期。

李荣 1956 《切韵音系》，科学出版社。

李如龙 1985 中古全浊声母闽方言今读的分析，《语言研究》第1期。

李小凡 2011 两广毗连地区汉语方言的归属，《语文研究》第1期。

陆志韦 1941 *The Voiced Initials of the Chinese Language*，《燕京学报(单刊)》。

彭小川 1990 沙头话古全浊平声字读音的历史层次，《暨南学报(社会科学版)》第3期。

乔全生 2005 晋方言古全浊声母的演变，《山西大学学报(哲学社会科学版)》第2期。

王洪君 2008 《汉语非线性音系学——汉语的音系格局与单字音(增订版)》，北京大学出版社。

王力 1957 《汉语史稿》(上册)，科学出版社。

王力 1985 《汉语语音史》，中国社会科学出版社。

伍巍 2000 中古全浊声母不送气探讨，《语文研究》第4期。

伍巍 2007 粤语，《方言》第2期。

熊正辉 1987 广东方言的分区，《方言》第3期。

詹伯慧 2002 《广东粤方言概要》，暨南大学出版社。

赵日新 2002 徽语古全浊声母今读的几种类型，《语言研究》第4期。

(本文曾以《粤西北勾漏片粤语古全浊声母的今读》为题发表于《广西师范大学学报(哲学社会科学版)》2017年第3期，内容有改动)

浙西淳安（淳城）方言的演变*

吴　众

浙江科技学院人文与国际教育学院

一　概述

今淳安县隶属于浙江省杭州市，位于浙江省西部。东接建德、桐庐，南连衢州、常山，西与安徽休宁、歙县毗邻，北与临安接壤。淳安县于1958年由原淳安、遂安两县合并而成，今面积约4427平方公里，是浙江省面积最大的县。

原淳安、遂安两县原为山越地，早在东汉建安十三年（208）东吴孙权于此两地始置县，是后之严州地区的奠基之地。自唐代始，严州地区辖淳安、遂安、建德、寿昌、桐庐、分水六县。自北宋太平兴国三年（978）至清代，严州地区一直辖此六地不变，较为稳固。因行政区划与自然地理因素的影响，淳安、遂安、建德、寿昌四地的方言内部一致性较高，《中国语言地图集》（2012）也将这一地区的大部划为"徽语严州片"。地区内部，又以淳安与遂安两县方言相近，建德与寿昌两县方言相近。为方

* 本研究得到北京语言大学校级重大专项项目（中央高校基本科研业务专项资金资助）"城镇化进程中农村方言文化的困境与出路"（13ZDY01）的资助，谨致谢忱！

便引述，如无特别说明，下文的淳安与遂安都指合并前的旧县。

因今淳安县由原淳安与遂安两县合并而成，因此内部方言颇为不同，粗略分来，大的口音主要有县西北的威坪（原属淳安）、东北的临岐（原属淳安）、西南的汾口（原属遂安）、中南的姜家（原属遂安）等。淳安话以原县城淳城镇的方言为代表，遂安话以原县城狮城镇的方言为代表。1959 年因修建大型水利项目新安江水库，两座县城都被淹没在水底，居民被安置四散，幸而曹志耘（1996）对此两地的方言进行了保存记录。

本文对原淳城镇方言进行再调查，拟另文对原狮城镇方言进行再调查，观察这两种方言的发展变化情况。

淳城作为县城具有 1750 年的历史，因建造水库被淹没后，在水库旁只有几户人家的荒芜小村排岭建造了新的淳安县城——即今淳安县城千岛湖镇。淳城的绝大部分居民都安置居住于排岭。据笔者调查采访，现今淳安各地乡民仍旧称市区为“排岭”，一部分千岛湖居民也自称本地为“排岭”。

千岛湖作为著名旅游风景区，经济发展迅速，吸引了大量县内乡镇农村及外地人前来工作定居，居民成分复杂。原淳城镇的居民现今只占千岛湖镇总人口的很少一部分，且散居各处，并没有形成一个固定的聚落，另有一部分则移居省城杭州等地。再加上千岛湖旅游城市的定位，整个城区以普通话作为主要的交际共同语。而淳安本地人在千岛湖如用本地话交流，则应该是一种类似于原淳城话混合周边各乡镇口音的杂糅方言。据此次调查的发音人介绍，自己在工作中只能使用普通话，自己从小掌握的淳城话即使在面对妻子、儿女的家庭内部也不太使用了，只有在与兄妹、儿时玩伴等交流时才会用到。现在在千岛湖镇已很难听到纯正的“排岭话”，60 岁以下的人很少有会说这种方言的了。因此，可以说自搬迁以来，淳城话并没有在新县城取得统治地位，现今已处于非常明显的萎缩状态。

曹志耘先生于1994年调查淳城方言，距今已过去20多年，相信在这样一个经济发展迅速的地区，方言面貌也应发生了非常大的变化；当时调查发音人为邵继康先生（1916年出生，时78岁）、邵列之先生（1931年出生，时64岁），以及参与核对的应贺苟先生（1910年出生，时84岁）。本次调查的发音人章国权先生，男，1957年出生于原淳城镇的西门头，高中文化，幼年家庭语言即淳城话，至今也只会说这种方言，一直于本地工作，没有长期外出的经历。同时，章国权先生表示自己认识邵列之先生，他们同是“老排岭人”，说的是同一种方言。两次调查的发音人年龄相差将近30岁，调查时间也相隔了20多年。因此，我们在调查及材料整理之后，从声母、韵母、声调三个方面对淳城方言的演变进行了分析及探讨。

二 声母的演变

2.1 两次调查的声母[①]

表1 淳城方言声母（1994）

p 比	pʰ 派爬簿步白	m 毛	f 飞房灰$_1$	v 味鹅胡软温屋月
t 刀	tʰ 体挑动地夺	l 来李路南奴		
ʦ 紫专军	ʦʰ 草迟拳赵阵侄穷		s 三时船实熏	
ʨ 精经主	ʨʰ 清轻骑舅轿及		ɕ 西希钱书	
k 改讲	kʰ 苦狂跪柜掘	ŋ 五午	h 海回灰$_2$	
ø 矮衣外雨年热牛		ɭ 儿耳二～哥		

① 1994年调查的声母例字仍旧按照曹志耘（1996）所举的罗列。为方便比对，2015年调查的声母例字尽量与1994年的相同。下文关于韵母表的比对也遵循此原则。

表 2　淳城方言声母(2015)

p 比	p^h 派爬簿步白	m 毛	f 飞房灰$_1$
t 刀	t^h 体挑动地夺	l 来李路南奴儿耳二$_{\sim哥}$	
ʦ 紫	$ʦ^h$ 草迟赵阵侄穷		s 三时实
ʨ 精经主专军	$ʨ^h$ 清轻骑舅轿及拳		ɕ 西希钱书船熏
k 改讲	k^h 苦狂跪柜掘		h 海灰$_2$
ø 矮衣外雨年热牛鹅胡软温屋月回			

从两表的对比中可发现,20 年的时间使得淳城方言的声母产生了一定的简化。从原来的 20 个声母减少到 17 个,减少了声母[v ŋ ɭ]。

2.2　声母[v]的消失

据 1994 年的记录:"声母[v]的实际音值是[ʋ],限于拼[i u a ã en uʔ əʔ]七韵。"[v]声母来自于古微、日、疑、匣、影、喻$_三$、喻$_四$七母的部分合口呼韵母字。这七母的今读除读为[v]声母外,还有读为零声母的形式,分化的条件为古开合口的区别。古开口字今读零声母,古合口字今读[v]声母,这与通常的中古音演变规律是相符的。事实上,[v]声母与零声母是互补关系,省略[v]声母,将所拼的七韵处理为[ui u ua uã uen uʔ uəʔ]似乎也无不可。因为同音字表中并未列[ua],而已有的[ui u uã uen uʔ uəʔ]并无零声母字。但两相比较,在声母中增加[v]更为合理,理由有:(1)听感上并不是一个纯粹的[u],尤其是[ʋu]和[øu],[ʋuʔ]和[øuʔ]肯定是有差异的。为求记音精确,记出这七个韵母前的[ʋ]是很有必要的;(2)列出声母[v]更能注意到一种重要而潜在的音变可能,例如:ua→ʋa→va→fa。实际上,这样的音变过程在淳城方言中的确发生了。声母[v]的消失主要有 3 种情况:

1. 脱落。[vu vuʔ]韵母的字目前听感上都是一个比较纯粹的零声母[u uʔ]。[vu]所辖的"我鹅涴屎和～尚话"等字、[vuʔ]所辖的"屋恶善～镬"等字都属于这种情况。[vi]韵母的字很少,如"味唯"等也可属于此类，听感上比较接近零声母的[ui]。

2. 音变合并。[va]韵母的一部分字（另一部分字音变类型不同，在下文 2.3 中分析），如“葫蝴户武鹉雾”明显按照如上所述的音变链 ua→ʋa→va→fa 发展，而与原读为[fua]的大部分字合流。原读为[fua]的字产生了演变分化，大部分读为[fa]“付富浮斧副”等，我们相信这是发音生理机制的经济方便原则造成的；另一部分字则是较有书面色彩的字，如“府傅”等，则变读为[fu]。因此原来不同音的一些字现在变成了同音字，如：葫＝浮 fa^{445} | 武＝斧 fa^{55} | 雾＝副正～fa^{535}。

3. 层次替换。淳城方言受到普通话的影响，产生了新的韵母，或者原有韵母辖字产生分合，进而影响声母。原来读为[vā]的字基本都是山摄合口三等字（只有“县”为四等字），如“冤圆原远阮院”等。现在这些字都读为零声母的[yā]，1994 年的调查中并没有[yā]这个韵母，这显然是受普通话影响而产生的新的韵母层次。因此[vā]的读音被全体替代了。普通话中零声母的[uen]和[yen]在淳城方言中相混不分。但 2015 年调查中发现，显然是受了普通话的影响，这类字与普通话一样分为两组，区分明显。“云匀永运”读为[Øyen]；“温馄稳问”读为[Øuen]。[uen]与“脱落”类里的[ui]一样，可以认为是相应韵母中的零声母字。[vəʔ]韵母的情况与此相同，但分化并没有如此整齐。[vəʔ]韵母只有一组同音的阳入字，“月越”等一些普通话读为撮口呼的字，现在读为[Øyəʔ]，[yəʔ]是新增的一个韵母。但其余的字，如“穴核～桃”等则按照 uəʔ→ʋəʔ→vəʔ→fəʔ 的音变链演变，与原来的孤字“佛”[fəʔ^{13}]同音合并。

2.3 声母[ŋ]的消失

1994 年的调查中只有“五午”两字声母为[ŋ]，两字韵母同为[a]，声母上声。值得注意的是，当时年纪较轻的发音人邵继康先生已经读为零声母，可见声母[ŋ]已处于脱落阶段的尾声。“五午”属疑母遇摄合口字，淳城的遇摄合口微影疑匣母字一般读为[va]，例如“武恶可～吴胡壶”等字，因此“五午”的韵母符合同类字的演变规律，只是仍旧保留了声母而已。2015 年的调查中，“五午”两字读为零声母上声的[ie]（1994 年的调查并无韵母[ie]，这是一个新产生的韵母，将在本文 3.3 中具体分析）。从[ŋa]演变为[ie]于音理很难解释，且在 2015 年的调查中也只发现这两个字读为零声母的[ie]。我们认为“五午”读为零声母的[ie]，并不是发生了字音的演变，很可能是周边方言的借用，原因有：1. 如上所述，于音理不易解释。2. 同类字并没有发生类似的变化，遇摄合口微影疑匣母的一部分字仍旧保持旧音[va]，如“葫蝴户武鹉雾”等字，而另一部分字应该是受到共同语的影响，韵母脱落只保留合口介音读为零声母的[u]，如“吴胡壶伍舞”等字。更多的情况是，当追问发音人时，发音人觉得这些字两读亦无不可。3. 我们从相距淳城最近的几个乡来观察这两个字（原淳城东边与南边为庞大的新安江水系，因此只选取地域接近的西边和北边的点）。淳城及附近一带一般都将“上午、下午”称为“午前、午后”，因此“午”字从词汇中考察（声调均为上声，从略）：桐子坞（西南）都读为[øiɛ]；金峰（西北）都读为[øiə]；汪宅（北边）都读为[ŋie]（汪宅的“五”声母后有一个明显的[k]音，实际读音为[ŋᵏie]）。这三个点的读音大致相似，也与淳城 2015 年的调查接近。通常农村较之县城的读音更为保守，[ŋie]应该是较早的一个层次，[ŋa]乃至[øa]是较晚的层次。但如此新派的淳城话“五午”反而是恢复到较早层次的[øie]，我们推测是因为这两个字原已没有合口的介音[u]，因此不能跟随遇摄合口微影疑匣母字大部队一起演变。而淳城居民迁至排岭时，吸引大批周边乡民迁入，又如前文所述淳城话并无权威方言地位，因此反而从周边借用了这两个字的读音。

2.4 声母[ɭ]的合并

声母表中省去声母[ɭ]更多的是一种处理方式的不同。声母[ɭ]原来只辖 3 个字，“儿耳二$_{\sim哥}$”，3 个字声调不同，但韵母均为[a]。字表中[ɭa]和[la]有对立，[la]有一个孤字，读轻声的拟声字“啦”。在调查核对中，“儿耳二$_{\sim哥}$”的声母与拼合其他韵母的[l]并无差别，因此现在我们都处理为[l]。

2.5 声母腭化

这个现象与韵母有关，因此我们在 3.2 中一并谈这个现象。

三 韵母的演变

3.1 两次调查的韵母

表 3 淳城方言韵母(1994)

ɿ 脂$_2$ 史	i 衣鸡味	u 多哥坐墓	y 铝水$_2$
ɿa 子刺事			
a 雾湖五儿		ua 布土醋古	ya 猪区树鱼水$_1$
ɑ 矮鞋败	iɑ 夜低泥	uɑ 外怪	
o 牙沙画		ui 鬼跪	
e 爱盖罪		ue 桂亏威	
ə 包敲	iə 摇表		
ɯ 藕走狗	iɯ 有秋		
ā 潭安端远孙	iā 烟尖	uā 专船劝楦	
ɑ̄ 谈减伞山帮床生	iɑ̄ 枪羊	uɑ̄ 官湾光王	
en 根灯温运笋	in 心新星	uen 滚准军裙	
ɔm 东中瓮棒双猛	iɔm 用荣		
m̩ 母$_{舅\sim}$			
n̩ 尔			
əɭ 而耳$_{木\sim}$			
ɿʔ 虱瑟	iʔ 一笔立急	uʔ 屋恶$_{善\sim}$镬	yʔ 桔
ɑʔ 甲塔擦杀百	iɑʔ 贴切脚药	uɑʔ 刮阔活划$_{计\sim}$	

（续表）

eʔ 脱蛇黑鼻		ueʔ 国骨屈弯曲	
əʔ 割拨测革实	iəʔ 叶节雪篾	uəʔ 刷缺血出	
oʔ 剥桌福足	ioʔ 郁育		
ɔʔ 八木六局	iɔʔ 肉玉		

表4　淳城方言韵母(2015)

ɿ 子脂₂ 史	i 衣鸡	u 多土哥坐墓吴	y 铝需
a 布路刺事雾湖儿		ua 古苦	ya 猪区醋树鱼水
ɑ 矮鞋败	iɑ 夜低泥	uɑ 外怪	
uo 牙沙画		ui 鬼跪味	
e 爱罪	ie 杯对菜碎盖五	ue 桂亏威	ye 最追
ə 包敲	iə 摇表		
ɯ 藕走狗	iɯ 有秋		
ã 潭安端孙	iã 烟尖		yã 专船劝楦远
ɑ̃ 谈减伞山帮床生	iɑ̃ 枪羊	uɑ̃ 官湾光王	
en 根灯笋	in 心新星	uen 滚温	yen 准军裙运
oŋ 东中瓮棒双猛	ioŋ 用荣		
n̩ 尔			
əl 而耳木~ 二十~			
		uʔ 屋恶善~ 镬	
ɑʔ 塔擦杀百	iɑʔ 贴切脚药	uɑʔ 刮阔活划计~	
eʔ 黑		ueiʔ 屈弯曲	
əʔ 割拨测革实虱	iəʔ 叶节雪篾一笔立急脱鼻	uəʔ 甲国骨	yəʔ 刷缺血出桔月育
oʔ 剥桌福足八木六局	ioʔ 肉玉		

韵母表的分合情况比较繁杂，我们逐节进行讨论。

3.2 撮口呼韵母的增多

这个现象与 2.5 的内容有关，因此在此节一并讨论。按传统的四呼观念来看，淳城方言开齐合口呼都较为整齐，唯独撮口呼的“空格”较多。原来舌尖前[ʦ ʦʰ s]这一组声母与介音是[u]的韵母拼合的音节发生了比较整齐的变化。我们现将所有有关音节的拼合关系都罗列成如表 5。

表 5 淳城方言撮口呼韵母演变观察表

类型	原拼合关系	现拼合关系	例字
1	ʦ/ʦʰ/s+u	ʦ/ʦʰ/s+u	做/搓/坐锁诉
2	ʦ/ʦʰ/s+ua	ʨ/ʨʰ/ɕ+ya	租/粗助/素
3	ʦ/ʦʰ/s+uɑ(无)	(无)	(无)
4	ʦ/ʦʰ/s+o	ʦ/ʦʰ/s+uo	炸　抓~牌/茶　差~不多 车汽~/沙晒蛇所
5	ʦ/ʦʰ/s+e	ʦ/ʦʰ/s+e 和 ʨ/ʨʰ/ɕ+ie 并存	灾/催/赛岁 再/菜/裁碎射~箭
6	ʦ/ʦʰ/s+ue	ʦ/ʦʰ/s+ue 和 ʨ/ʨʰ/ɕ+ye 并存	(无)/脆/税 最追/(无)/靴
7	ʦ/ʦʰ/s+uã	ʨ/ʨʰ/ɕ+yã	转卷/传权/船闩楦
8	ʦ/ʦʰ/s+uɑ̃(无)	(无)	(无)
9	ʦ/ʦʰ/s+uen	ʨ/ʨʰ/ɕ+yen	军准/群/醇顺训 个别字，如“春”仍旧读 ʦʰ
10	ʦ/ʦʰ/s+uʔ(无)	(无)	(无)
11	ʦ/ʦʰ/s+uəʔ	ʨ/ʨʰ/ɕ+yəʔ	诀/缺出屈委~ 掘发~/ 血刷术技~

除去原本3组不存在的拼合关系，我们试作如下一些分析：

1. 整个演变还处于过程当中。有的变化比较快，演变已经完成，例如类型2、7、11，类型9也处于基本完成阶段；有的还处于明显的变化当中，例如类型5和6。另外，单元音[u]（类型1）并不参与这种变化；[o]韵母前滋生[u]（类型4）则与这里讨论的问题无关，将在3.5里专门讨论。

2. 演变的规律并不完全一致。从已经完成的类型2、7、9、11来看，7、9、11的例字在普通话中有的读为开口呼，有的读为撮口呼，这就很难解释为是受了普通话的影响。类型5和6目前还处于变化过程当中，但是从例字的分化情况来看，没有常用与否或语体色彩的差异，似乎没有什么规律。我们制成表格6，将淳安四围的吴徽语都纳入考量，进行观察，观察是否有一定的倾向性。普通话用以参照，选取杭州则是因为以杭州话和官话为基础的一种所谓“浙江官话”是旧时浙江全省的权威方言。各点材料选用出处见文末附注。

表6　淳城方言6种撮口呼韵母演变类型在周边吴徽语及普通话中的情况参照表

类型	普通话	建德	桐庐	开化	常山	休宁	歙县	临安	杭州
2	u	u	u	u	u	u	u	u	u/o
7	u/y	y	y	y	y	y	y	œ/y	u/y
9	u/y	y	y	y	ui	y	y	u/e	ʮ
11	u/y	y	y	y	y	y	y	ɛ	ʮ
5	u/a	ɛ/y	ɛ	ɛ/e	ɛ/u	o	ɛ	e	ɛ/ʮ
6	u/y	y	y	u/y	u/y	o	u/y	e	ʮ

从表6可见，类型7、9、11周边吴徽语全都读为撮口呼韵母（常山类型7读为ʦ/ʦʰ/ʥ/s/z＋uiŋ，我们认为下一步也会变成韵母撮口声母腭化形式），处于包围中的淳城方言反而是一个例外。因此现在淳城

方言这几类都变为撮口呼并进而声母腭化，反而是一种“规律”。类型6所辖的字比较少，周边的吴徽语也有很多是读为撮口呼的。最为奇怪的是类型2和5，无论是共同语还是周边的吴徽语都没有撮口呼的现象。

根据以上的比较与分析，我们认为原先的淳城方言韵母系统中撮口呼韵母的“空格”众多，相较周边的吴徽语是较为特殊的现象。现今成系列变读为撮口呼韵母并导致舌尖前声母腭化，是受周边方言的同化，而不仅是普通话的影响。因为音系中很多的演变都是成系统成序列的演变，因此另几种拼合关系也“矫枉过正”，参与到这种演变当中来。

3. 演变的结果似乎还不能判断。类型7、9、11的演变已完成。类型5和6处于演变当中，但是非常混乱，没有什么规律。我们推测当这两种序列的演变趋于稳定时，最后的结果应该趋同于周边的吴徽语，即类型5的字为[e]韵母，类型6的字一部分为介音[u]，一部分为介音[y]。因为周围吴徽语的韵母类型同化作用并不支持继续演变，而年轻一代使用的更为强势的普通话也不支持这种演变继续。类型2比较特殊，虽说演变已经完成，但是随着普通话的继续影响，相较淳城方言韵母中其他的普通话里合口呼读为撮口呼的韵母，应该是最快变回合口呼的。

3.3 关于几个韵母介音的问题

在这次调查中，还发现3个韵母介音消失和滋生的问题，合为一处探讨。

1. ua→a

[ua]韵母拼合[ʦ ʦʰ s]的情况在3.2已有分析。ua→a这种变化只发生于声母为双唇和舌尖的塞音字当中。我们做成表7来进行分析。

表 7　淳城方言 ua→a 演变观察表

原拼合关系	现拼合关系	例字	现拼合关系的例外	例字
$p/p^h/f+ua$	$p/p^h/f+a$	布补/铺簿/付富浮副	$p/p^h/f+u$	虎傅府
$t/t^h/l+ua$	$t/t^h/l+a$	赌堵/图肚腹~/路露	$t/t^h/l+u$	度镀
k/k^h+ua	k/k^h+ua	姑鼓/苦	（无）	（无）

从表 7 可见，有少数的字变读为[u]，明显是受到普通话的影响，都是一些书面色彩较浓的字。因为发音省力的原则，拼合中挤掉前面的介音[u]是比较正常的现象。我们认为变读为韵母[a]的原因与中古韵类和整个音系的结构有关。上述表格中的字都为遇摄字，原本的韵母[a]并没有拼双唇和舌尖塞音的音节，因此补至此处的“空格”。没有归入韵母[u]，是因为韵母[u]的字多为果摄字。遇果两摄的字为了区分，因此并不发生合并。

2. o→uo

o→uo 的变化是整体性的。韵母[o]的字都来自假摄。普通话和周围一些吴徽语的假摄开合口都有介音有无的区别。淳城方言假摄开合口至今没有区别。因此[u]介音的产生可能来自普通话和周围吴徽语的影响，首先发生于合口字当中。而因为原本开合口的相混，假摄字整体都发生了 o→uo 的演变。

3. e→ie

除零声母不变化外，e→ie 的变化是整体性的。淳城方言的韵母[e]，双唇和舌尖中的声母来自于蟹摄合口一等；舌尖前和舌根的声母来自于蟹摄开口一等。但是 e→ie，周边方言以及临近的乡镇方言里，都找不到类似的例子，从音理上也很难解释它的演变原因。因此目前我们很难做出比较合理的解释。

3.4　韵母[ɿa]的消失

大体上说，普通话中读[ɿ ʅ]韵母的字，淳城方言读为[ɿ]或[ɿa]，[ɿ]

韵母主要是一些口语中不用或不常用的字。[ɿa]韵母的字目前按两条路径分别归入[a]和[ɿ]，分派规律大致是字的语用色彩，试举一些例字如下：

原[ɿa]韵母　现[a]韵母　紫姊纸趾刺池瓷迟是私尸市祠时死字事
　　　　　　现[ɿ]韵母　枝资子词齿撕四师丝柿诗始

根据1994年调查记录的“韵母说明”，其中一位发音人应贺荀先生发的[ɿa]韵母中的[ɿ]是比较轻弱的。我们认为[ɿ]是一个拼合中滋生的音或类似介音的成分，主要元音是[a]。因为发音省力的原则，这个[ɿ]没有保留下来，而是脱落了。原本[a]韵母的字不拼舌尖前声母[ʦ ʦʰ s]，因此这类字合流于[a]韵母，填补了这个“空格”。另一类字则是较为书面色彩的字，因为普通话和大部分的周边吴语韵母都是读为韵母[ɿ]的，因此都变读为韵母[ɿ]。因为原本的[ɿ]韵母辖字就非常少，且也基本都是来源于蟹止摄的，因此我们认为淳城方言的[ɿ]韵母本身就是一个“文读层”，这个文读层相较20年前只是更加壮大稳固了。我们也通过周边乡镇方言的例字情况来印证了我们的观点。

表8　原淳城方言读[ɿa]韵母的例字与周边乡镇方言点对照表

例字／方言点	纸	迟	事	是	师	资
淳城	ʦa^{55}	ʦʰa^{445}	sa^{535}	ʦʰa^{55}	sɿ^{224}	ʦɿ^{224}
桐子坞	ʦɛ^{55}	ʦʰɛ^{334}	sɛ^{52}	ʦʰɛ^{55}	sɛ^{24}/sɿ^{24}	ʦɿ^{24}
金峰	ʦə^{55}	ʦʰə^{454}	sə^{55}	ʦʰə^{55}	sɿ^{352}	ʦɿ^{352}
汪宅	ʦɿ^{52}	ʦʰɿ^{433}	sɿ^{52}	ʨʰi^{453}	sɿ^{24}	ʦɿ^{24}
梓桐	ʦɿ^{13}	ʦʰɿ^{223}	sɿ^{45}	ʦʰɿ^{34}	sɿ^{213}	ʦɿ^{213}
南赋	ʦɿ^{213}	ʦʰɿ^{33}	sɿ^{45}	ʦʰɿ^{13}	sɿ^{52}	ʦɿ^{52}
宋村	ʦɿ^{13}	ʦʰɿ^{334}	sɿ^{52}	ʦʰɿ^{45}	sɿ^{213}	ʦɿ^{213}
左口	ʦɿ^{45}	ʦʰɿ^{213}	sɿ^{52}	ʨʰi^{45}	sɿ^{24}	ʦɿ^{24}

表 8 中桐子坞、金峰、汪宅三个点距淳城较近，从西南至东北。梓桐、南赋、宋村、左口相当于更外面一圈，也是从西南至东北。从表 8 中至少可以发现两点：

1. 淳城、桐子坞、金峰虽例字音值不完全相同，但属于同一情况。印证了我们所猜测的[ʅa]韵母是按语用色彩来分化的。目前看来这一带没有读类似[ʅa]韵母的地点，但我们认为至少这一带，乃至更大一些的区域原来是与淳城情况一样的。

2. 更大的一圈地区都与普通话和周边吴语情况一致，只读[ʅ]韵母，音类的分合在地域上体现了非常清晰的规律性。虽然一般来说，周边乡村的方言较之县城更具保守性，有更老的语音形式。但考虑到 ʦʅ→ʦʅa 比 ʦʅa→ʦʅ 的音变可能性小得多，以及县城淳城不具有权威方言的特殊性，我们认为淳城的情况反倒是更早先的情况，周边地区是被普通话及吴语的特点所“蚕食”的。再过不长的时间，或许将进一步萎缩，这类字都变为[ʅ]韵母。

3.5　[m]韵尾的消变

淳城方言的江摄和通摄合流，因此这两摄的一部分字同音，如：双_～＝送 sɔm^{224} | 园藏，放＝空～缺 $\text{k}^{\text{h}}\text{ɔm}^{224}$。[ɔm iɔm]两韵母如今演变为[oŋ ioŋ]，只是音值上的变化，音类与原来完全相同，辖字和同音情况没有发生变化。关于淳城[m]韵尾的来历，我们同意赵日新(2003)关于徽语[m]韵尾性质的分析。关于 ɔm→oŋ、iɔm→ioŋ，应该是受普通话和周边吴语的双重影响，在 1994 年调查记录中说明了“鼻音韵尾[m]在[ɔm]韵中比在[iɔm]韵中明显，在单字和后字中比在前字中明显。应贺荀把[m]尾读作[n]尾”，可见这种韵尾变化在当时就已处于进行中了。整个严州地区，鼻韵尾都只有一套，是比普通话略靠前的[ŋ]，与南部吴语的韵尾[ŋ]听感相同，发音位置没有普通话的韵尾[ŋ]那么靠后，因此记录中记为[n]也问题不大。曹志耘(1997)曾记录了

严州府四县淳安、遂安、建德、寿昌的县城方言都有[m]韵尾，但目前从我们对严州70个点的调查来看，[m]韵尾已基本消失干净，鼻音韵尾都只有一个[ŋ]。只在上马这一个调查点（寿昌西南部）发现[m]韵尾的些许残迹，且只有"红"[om^{52}]这一个字。但上马有个别山摄字也读为[m]韵尾，如：弯 om^{24} | 碗 om^{45}。这也证明这一带的[m]韵尾的确是受后高圆唇元音影响而后起的。

3.6 声化韵[m̩]的消失

原[m̩]韵也只有"母~舅~ 姆~~妈~"（都读为[$\emptyset m̩^{55}$]）两字，都改读为"妈"[ma^{55}]，"舅母"改说"舅妈"，"姆妈"改说"妈"。虽然动物性别雌性也说"母"[ma^{55}]，但我们倾向认为 $\emptyset m̩^{55} \rightarrow ma^{55}$ 是从普通话借用了"妈"，而"姆妈"改说"妈"可能是前字的省略。

3.7 入声韵的归并

淳城方言的入声依古声母清浊分阴入、阳入两类，非常整齐，且入声韵都带清晰的喉塞尾。原有的16个入声韵减少为12个，除去读为[ueiʔ]韵母的"屈弯曲"这个孤字（原读为[ueʔ]韵母，另两个读为[ueʔ]韵母的字"骨国"现归入[uəʔ]）以及前文述说的"撮口呼化"增加的[yəʔ]，入声韵是处于合并减少当中的。我们知道，中古入声韵在各大方言中一般都会经历从多到少的过程，相比其他方言地区来说，整个淳安县的入声韵算是非常丰富的。目前看来，以淳城为中心的一带，入声韵丰富现象大致分布于东南，西北的情况则截然相反。例如东边的富文、淡竹，东北的汪宅、左口、光昌，西南的桐子坞这些点都有10个以上带喉塞尾的入声韵。而西边的南赋、梓桐，以及距离非常近的西北方向的金峰、宋村各地不仅没有喉塞韵尾，甚至古入声字都已与古阴声韵字合并，没有独立的入声韵。放眼整个严州地区，入声和入声韵都是一个复杂且纷繁的现象，我们拟另文谈论这个问题。这里我们只将音系及辖字的变化做一个简单概括：

1. 从韵母辖字的角度来说，主元音为[ɑ]的这一组入声韵最为稳定，几乎没有变动。

2. 消失的入声韵母大多都归入了主元音为[ə]的这一组；有些入声韵母虽然保留，但大部分辖字也并入了[ə]类入声韵，具体并入情况是：ɿʔ→əʔ；iʔ、eʔ→iəʔ；ueʔ→uəʔ；yʔ→yəʔ。

3. [oʔ]和[ɔʔ]、[ioʔ]和[iɔʔ]的合并。原本分为两类是因为[o ioʔ]的辖字为阴入字，[ɔʔ iɔʔ]的辖字为阳入字，声调的高低造成了韵母开口度大小的差异。不将两组韵母合并的原因是还存在个别字的对立，例如剥[poʔ⁵]≠八[pɔʔ⁵]。现在发音人认为“剥八”两字是完全同音的，因此两组韵母是互补而非对立关系。从音值的角度来考察，现在的“八”和“薄”的韵母也几乎没什么差别，都接近[oʔ]。

四　声调的演变

声调的情况比较简单。淳城声调并无多大变化，仍旧保持 6 个单字调(阴平、阳平、上声、阳去、阴入、阳入)，清平与清去相合，上声不分阴阳的格局。调值也大致与 1994 年调查所记录的相近。变化最大的一点在于，原调值为[535]的阳去调现在的调值为[52]，无调型曲折，这显然是受了普通话去声是高降调的影响。在 1994 年的调查记录中曾有“阳去[535]中的上升部分有时不太明显或没有”这一说明，说明这种变化在当时就已经出现了。

五　小结

原淳安县城淳城 1959 年时因建造新安江水电站的需要而淹没于千岛湖水底，大部分的居民都搬迁至水库旁的小山村排岭。排岭现已发展成为著名的旅游城市千岛湖镇。但是因为旅游城市的城市属性，经济发展迅速，大量的周边乡镇农村及外地移民涌入，原淳城方言并没有成为一种权威方言。千岛湖镇因其旅游城市定位而以普通话为主要交际语言。而淳安本地人在千岛湖交流则常常使用一种类似于原淳城话混合周边各乡镇口音的杂糅方言。真正能说纯正淳安老县城方言的人已越来越少。

我们对淳城话进行了再调查，与曹志耘(1996)做比较，发现20年间淳城方言发生了较大的变化。本文从声母、韵母、声调三个方面对差异变化进行了描述与分析，并结合中古音类分合的规律、音变机制的推导、与普通话及周围吴徽语的比较、与附近乡镇方言的比较等方法对出现的演变做了解释与探讨。淳城方言的变化既有自身方言内部的因素，如发音经济原则的影响(韵母[ɿa]和韵尾[m]的消失等)、音系结构的自我调整(ua→a音变而不混入韵母[u]以保持遇果两摄的分立、入声韵尾的归并等现象)；也有外部方言的原因，如受普通话和周围吴徽语方言的同化(假摄字韵母[o]前产生[u]介音等)、甚至周边乡镇方言的影响(“五午”两字的“借用”等)；更复杂的则是内外部因素的共同作用(撮口呼韵母增多反映的一系列现象)。

比较重要的一点是，从淳城方言目前的情况来看，外部作用更为明显的是周围吴徽语的影响，而非普通话的直接影响。但是随着年轻人使用普通话的继续增多，新一代方言中普通话影响成分的扩大是可以明显预见的。

20年间淳城方言的变化大致如此，很多演变明显还处于剧烈而混乱的阶段。演变的最终结果到底如何可能还是需要时间给出答案。然而，原淳城人在现今的千岛湖镇人口中只占很少的一部分，且淳城话始终没有取得权威方言的地位，在普通话推广之前，整个淳安地区也缺少一种真正的权威方言，因而方言杂处。现今的淳城方言处于非常明显的萎缩状态。随着旅游城市的继续发展、普通话的继续推广，所谓的“淳城话”可能也将消失，但这又是另外一个问题了。

附注

本文所用材料里，淳安县内淳城附近乡镇方言点材料为田野调查所得。其余情况如下：

建德：曹志耘 1996《严州方言研究》，〔日本〕好文出版。

桐庐：浙江省桐庐县县志编纂委员会、北京师范学院中文系方言调查组 1992 《桐庐方言志》，语文出版社。

开化、常山：曹志耘、秋谷裕幸、太田斋、赵日新 2000 《吴语处衢方言研究》，〔日本〕好文出版。

休宁、歙县：平田昌司（主编）1998 《徽州方言研究》，〔日本〕好文出版。

临安、杭州：徐越 2007 《浙北杭嘉湖方言语音研究》，中国社会科学出版社。

参考文献

曹志耘 1996 《严州方言研究》，〔日本〕好文出版。

曹志耘 1997 严州方言语音特点，《语言研究》第 1 期。

淳安县志编纂委员会 1990 《淳安县志》，汉语大词典出版社。

赵日新 2003 中古阳声韵徽语今读分析，《中国语文》第 5 期。

中国社会科学院、澳大利亚人文科学院合编 1987 《中国语言地图集》，香港朗文（远东）出版有限公司。

河北迁西方言词尾“儿”的读音类型*

沈丹萍
中国社会科学院语言研究所

一 引言

“儿化”是汉语的一种重要语言现象，它不是普通话的专利，在汉语方言中也有广泛分布。“‘儿化’指的是一个音节中，韵母带上卷舌色彩的一种特殊音变现象，这种卷舌化了的韵母就叫作‘儿化韵’。”（黄伯荣、廖序东，2006）这种说法是基于普通话的基础之上，对于汉语方言来说，“儿化韵”却不一定带卷舌色彩。根据《汉语方言地图集》（语法卷052）“儿名词后缀和儿化”，词尾“儿”的读音有5大类37小类。我们在实地调查了迁西方言词尾“儿”的读音后，发现迁西方言词尾“儿”的读音应属于“后缀：元音”类，但并无相应的小类可归入。《汉语方言地图集》没有收迁西方言“儿”的读音，本文在实地调查基础上，举例说明迁西方言词尾“儿”的读音，希望能够丰富《汉语方言地图集》（语法卷052）“儿名词后缀和儿化”小类。

* 本研究得到北京语言大学校级重大专项项目（中央高校基本科研业务专项资金资助）“城镇化进程中农村方言文化的困境与出路”（13ZDY01）的资助，谨致谢忱！

二　汉语方言“儿”的读音类型

《汉语方言地图集》(语法卷 052)“儿名词后缀和儿化”将汉语方言儿化的词形分成了 5 大类 37 小类。我们首先将这些词形分为“有后缀和儿化”类词形和“无后缀和儿化”类词形两大类。其中“无后缀和儿化”跟本文的研究内容无关，“有后缀和儿化”类词形则是排除“无后缀和儿化”后剩下的其他所有词形，共 4 大类 36 小类。

“有后缀和儿化”类的 4 种类型分别是：“后缀：卷舌音等”“后缀：元音”“后缀：鼻音”“儿化”。其中，前三种类型中的“后缀”指自成音节的形式，即“后缀：卷舌音等”“后缀：元音”“后缀：鼻音”分别指通过添加卷舌音、元音、鼻音等后缀来形成儿化的方式。“儿化”指与前一音节合音的形式。4 种类型的地理分布分别如下。

2.1　后缀：卷舌音等

卷舌音后缀包括：ər，ər～儿化卷舌，əl，əɭ，əɭ～儿化卷舌，l～儿化卷舌，zʅ，共计 62 点，主要分布在西南、西北及华中部分地区，在山西、河北、江苏、浙江，安徽也有零星分布，超过一半以上属于西南官话区，也就是说通过卷舌音形成的后缀主要分布在西南官话区。具体见表 1。

表 1　后缀：卷舌音等的分布情况

点数	方言点	方言区
33	陕西佛坪，镇巴；四川旺苍，平昌，华蓥，北川，盐亭，遂宁，资中，乐山，泸定，米易，平山；云南盐津，保山；重庆云阳，忠县，重庆，大足，綦江，武隆；贵州正安，遵义，余庆，大方；湖南安乡，临澧，常德，汉寿，桃源，张家界，永顺，凤凰	西南官话
8	湖北蕲春，黄梅，武穴；安徽安庆；江苏东台，如皋，南通，泰兴	江淮官话
7	陕西永寿，宝鸡；甘肃定西，秦安，西和，隆德；河南商城	中原官话

（续表）

点数	方言点	方言区
4	湖北大冶，咸宁，嘉鱼，赤壁	赣语
4	湖南花垣，吉首，泸溪，溆浦	湘语
2	山西太原，岢岚	晋语
2	浙江杭州；江苏通州	吴语
1	湖南古丈	乡话
1	河北唐县	冀鲁官话

2.2 后缀：元音

元音后缀包括：i，iei，e，ɛ，a，ə，ɵ，ɤ，ɯ，əɯ～儿化非卷舌，共计 29 点，从地图上可以看出，分布比较集中的是在西北的甘肃、青海和华中的江西等地。大部分属于赣语和兰银官话，详见表 2。

表 2　后缀：元音的分布情况

点数	方言点	方言区
11	江西南昌，进贤，东乡，抚州，金溪，崇仁，资溪，乐安，宜黄，黎川，井冈山	赣语
7	甘肃瓜州，嘉峪关，高台，张掖，武威，永登，兰州	兰银官话
4	青海门源，乐都，西宁，湟源	中原官话
3	福建光泽，邵武，建宁	闽语
1	广西扶绥	平话
1	广东四会	粤语
1	河北青龙	冀鲁官话
1	江苏丹徒	江淮官话

2.3 后缀：鼻音

鼻音后缀包括：ni，nə，ȵi，ȵi～儿化鼻化，ȵie/ȵiᴇ，ȵiɪi/ȵiei/ȵiəi，ȵiŋ，ŋi，ŋɛ，n，ŋ，ŋ～儿化鼻尾，ŋ～儿化鼻化，共计 87 点，主要分布在广西壮族自治区和浙江省境内，广东、湖南、上海、安徽、江苏、江西也有零星分布，具体见表3。

表3　后缀：鼻音的分布情况

点数	方言点	方言区
33	广西平果，田东，田阳，百色，扶绥，崇左，龙州，宁明，平南，临桂，临川，平乐，永福，巴马，都安，罗城，宜州，贺州，富川，钟山，来宾，柳城，融水，三江，宾阳，横县，隆安，马山，南宁平，上林，武鸣，邕宁，蒙山	平话
28	浙江余杭，兰溪，常山，开化，衢江，缙云，永嘉，温州，瑞安，平阳，文成，庆元，景宁，松阳，丽水，遂昌，江山，龙泉，青田，云和；江西玉山，广丰；上海崇明；安徽泾县；江苏海门，启东，张家港，太仓	吴语
21	广西灵山，钦州，苍梧，岑溪，藤县，梧州，北流，博白，容县，兴业，玉林，昭平，桂平；广东电白，连山，封开，德庆，高州，茂名，化州，吴川	粤语
3	广西陆川，防城港；广东信宜	客家话
2	湖南永州，江华	土话

2.4　儿化

儿化包括卷舌，卷舌～非卷舌，非卷舌，鼻尾，鼻尾～鼻化，鼻化，鼻化～卷舌，共计239点，主要分布在华北、西北和东北，浙江中北部、安徽南部、江苏南部形成小范围连片分布。

表4　儿化的分布情况

点数	方言点	方言区
56	陕西平利，城固，略阳，商洛，镇安，铜川，大荔，黄龙，延安，富县，永寿，西安，户县；甘肃定西，秦安，西和；宁夏隆德；新疆阿克苏，焉耆，和田，喀什，吐鲁番，伊宁；河南滑县，开封，洛阳，嵩县，社旗，西峡，镇平，鲁山，清丰，灵宝，渑池，民权，夏邑，柘城，信阳，禹州，郑州，扶沟，项城，确山，西平；山东成武，单县，东明，郓城，兖州，苍山；山西襄汾，万荣，临猗；安徽利辛，亳州	中原官话

（续表）

点数	方言点	方言区
34	内蒙古临河，包头，鄂尔多斯，呼和浩特，集宁，太仆寺；河北磁县，广平，永年，平山，赞皇，张北，阳原，宣化；陕西志丹，靖边，米脂，清涧，神木；河南鹤壁，沁阳，获嘉；山西长子，襄垣，大同，灵丘，平遥，左权，平定，忻州，偏关，代县，娄烦，右玉	晋语
32	河北安国，涞源，徐水，河间，黄骅，南皮，故城，冀州，武强，霸州，昌黎，青龙，晋州，石家庄，威县，隆尧，唐海，丰润；北京平谷；天津天津；山东无棣，临邑，夏津，利津，济南，聊城，沂南，肥城，新泰，潍坊，淄博，桓台	冀鲁官话
32	黑龙江呼玛，漠河，哈尔滨，延寿，孙吴，富锦，佳木斯，牡丹江，勃利，克山，齐齐哈尔，海伦，伊春；辽宁清源，彰武，兴城，北镇，辽阳，沈阳；内蒙古扎兰屯，通辽，乌兰浩特；吉林白城，靖宇，长春，吉林，桦甸，东辽，双辽，松原，集安，安图	东北官话
32	安徽黄山；江苏昆山；上海宝山，嘉定，闵行，南汇，浦东；浙江舟山，镇海，慈溪，余姚，鄞州，奉化，象山，宁海，三门，天台，临海，黄岩，温岭，玉环，泰顺，苍南，浦江，义乌，东阳，磐安，金华，武义，寿昌，汤溪	吴语
13	云南建水；四川青川，宝兴，成都，汉源，长宁；贵州习水，德江，铜仁，镇远；湖北枣阳，老河口，郧县	西南官话
12	辽宁岫岩，大连，瓦房店，宽甸；山东青岛，平度，荣成，乳山，临朐，诸城，莱阳，蓬莱	胶辽官话
9	辽宁朝阳，凌源；内蒙古赤峰；河北承德，丰宁，围场，香河；北京延庆，北京	北京官话
6	湖北黄石，广水，红安；安徽濉溪，无为；江苏如东	江淮官话
6	内蒙古阿拉左善；新疆博乐，哈密，吉木萨尔，沙湾，乌鲁木齐	兰银官话
5	安徽石台，黟县，祁门，休宁，屯溪	徽语
2	湖北阳新；安徽东至	赣语

通过《汉语方言地图集》及上述分析，可以看出汉语方言中儿化共有4种类型："后缀:卷舌音等""后缀:元音""后缀:鼻音""儿化"，结合田野调查，我们发现唐山地区的儿化共有3种类型:(1)卷舌元音 ər，分布在唐山大部分地区，如滦南、古冶、遵化等县市(区);(2)平舌元音 əɯ 和儿尾形式共存，主要分布在迁西、迁安、秦皇岛、青龙等县市(区);(3)卷舌元音 ar，分布在曹妃甸区。(1)(3)两种类型对应到《地图集》语法卷052图，属于儿化卷舌类。而(2)的实际情况比较复杂，不属于任何一个小类。

三　迁西方言"儿"的读音类型

迁西县位于河北省东北部，燕山南麓，长城脚下，西距北京150公里，东距秦皇岛130公里，北距承德130公里，南距天津140公里、唐山75公里，属环渤海经济圈。迁西县1947年4月从迁安县析出，因地处迁安西部故名迁西县，县政府驻地兴城镇。1958年，迁西县撤销，滦河以东并入迁安县，滦河以西并入遵化县。1961年恢复设立迁西县直到现在。

本文所说的迁西方言以县政府驻地兴城镇方言为代表。刘丽辉(2003)对迁西方言"儿"的读音做了详细调查，但是可能由于她的发音人都是学生，刘的文章中迁西方言的儿化还是以跟普通话一样为主的，只有个别词的读音为平舌韵母，应该是受了普通话的影响。本文的方言发音人张金书是兴城镇照燕州村人，1947年出生，未长时间离开过当地，比较符合理想发音人的条件。

迁西方言共36个基本韵母，除 əɯ，iuŋ，yn 外均可儿化，形成儿化韵8个，分别为 əɯ，ɐɯ，iəɯ，iɐɯ，uəɯ，uɐɯ，yəɯ，yɐɯ。儿化读音类型与基本韵母的对应关系及音变规律见表5。

表 5　迁西方言基本韵母和儿化读音类型的对应关系

序号	基本韵母	儿化形式	例词
1	ʅ	əɯ	事儿
2		ʅ+ə	齿儿，菜市儿
3	ɿ	əɯ	字儿，豆腐丝儿，籽儿，肉丝儿
4		ɿ+ə	刺儿
5	u	u+uə	葱裤儿
6		u+ə	小猪儿，端午儿，骨儿，胡儿，几股儿，谱儿，数儿
7	y	y+ə	鱼儿，曲儿，须须儿
8	a ai an	ɐɯ	树杈儿，刀把儿，渣儿，色儿，盖儿，小孩儿，软木塞儿，葱白儿，长衫儿，杆儿，摊儿，班儿，胆儿，伴儿，小三儿，肝儿，门槛儿，床单儿
9	aŋ	aŋ+ŋə	小缸儿，小张儿
10	au	au+uə	勺儿，小猫儿，拉倒儿，桃儿，跳高儿
11	ɤ ei en	əɯ	个儿，盒儿，褶儿，找乐儿，格儿，铁末儿，坡儿，泪儿，宝贝儿，北儿，小被儿，本儿，根儿，一身儿，门儿，人儿，婶儿
12	əŋ	əŋ+ŋə	板凳儿，裂缝儿，钢镚儿，土坑儿
13	ia ian	iɐɯ	芽儿，一下儿，要钱儿，地头烟儿，边儿，辣椒面儿，片儿，垫儿，门帘儿，一遍儿，线儿，点儿，面儿，随便儿，店儿
14	iaŋ	iaŋ+ŋə	小蒋儿，鼻子梁儿，像样儿，没讲儿
15	iau	iau+uə	勺儿，小猫儿，拉倒儿，桃儿，跳高儿，角儿，雀儿，一条儿
16	ie in	iəɯ	树叶儿，树节儿，两页儿，筋儿，笔芯儿，脚印儿，芯儿
17	iŋ	iŋ+ŋə	小病儿，小钉儿，杏儿，瓶儿，领儿
18	iou	iou+uə	油儿，袖儿，小酒儿

（续表）

序号	基本韵母	儿化形式	例词
19	ou	ou＋uə	小狗儿，小偷儿，老头儿，提手儿，兜儿
20	ua uai uan	uɐɯ	花儿，画儿，褂儿，瓜儿，块儿，拐弯儿，环儿，碗儿，腕儿，短儿
21	uaŋ	uaŋ＋ŋə	小筐儿，鸡蛋黄儿
22	uo uei uen	uəɯ	座儿，话儿，端午儿，（油）梭儿，雀儿窝儿，泪儿，宝贝儿，北儿，小被儿，对儿，张嘴儿，一会儿，三点水儿，味儿，腿儿，盹儿，顿儿，村儿，纹儿，棍儿
23	uŋ	uŋ＋ŋə	小葱儿，猫冬儿，空儿，小虫儿
24	yan	yɐɯ	圈儿，汤圆儿，手绢儿，院儿，公园儿
25	ye	yəɯ	名角儿，雪儿
26	i	i＋iə	底儿，蹄儿，粒儿，花儿，皮儿

迁西方言的儿化跟北京方言中儿化形式不同，“二、儿、耳”一类的单字不是读作卷舌韵母[ɚ]，而是读作平舌韵母[əɯ]。

迁西方言的儿化比较复杂，根据不同的形式，可以分为两种类型：

1.“儿”音节同前一音节融合成一个独立音节，构成儿化形式。

（1）韵母为 a，ɤ，e 时，音节稍微有变化后（主要元音舌位向中央移动）加上平舌元音 ɯ。发音时，舌位向 ɯ 移动，不卷舌，构成儿化形式。

（2）韵尾为 i，n 的（in、uo 除外），丢掉韵尾 i，n，主要元音稍有变化后（主要元音舌位向中央移动）加上平舌元音 ɯ，构成儿化形式；in、uo 两个音节，丢掉韵尾之后，要加上 əɯ，构成儿化形式。

2.在音节后面增加一个轻声独立音节，该轻声独立音节有时受前一音节韵腹或韵尾同化作用影响，增加一个元音韵头或后鼻音声母。

（3）韵尾为 u，ŋ 的，在该音节的后面增加一个轻声独立音节，该音节由于受前一音节韵尾同化作用的影响，读作 uə 或 ŋə。

(4)主要元音为 i,y 的,在该音节的后面增加一个轻声独立音节,该音节由于受前一音节同化作用的影响,读作 iə。

(5)主要元音为 y 的,在该音节的后面增加一个轻声独立音节 ə。

(6)ɿ,ʅ,u 三个单元音韵母,分别有两种儿化形式,比较复杂。韵母是 ɿ,ʅ 的,韵母变作 əɯ,或者在韵母后面增加一个轻声独立音节 ə;韵母是 u 的,在该音节的后面增加一个轻声独立音节 ə,有时该音节受前一音节韵腹同化作用的影响,读作 uə。

张秋荣(2005)根据“儿”音节跟它所附着音节结合的松紧程度,将迁安方言的儿化分别定义为:儿化韵,儿尾韵,过渡性儿尾韵。作者认为“儿”同所附音节融合成一个音节称之为“儿化韵”;儿尾同它前面的音节完全分开,称之为“儿尾韵”;“儿”自成音节,并与前面的韵母有了接触,介于“儿化韵”和“儿尾韵”之间,将其称为“过渡性儿尾韵”。

张认为的“儿化韵”相当于迁西方言(1)(2),“儿尾韵”相当于迁西方言(5),“过渡性儿尾韵”相当于迁西方言(3)(4)。迁西方言第(6)种类型无法归入任何一种分类中。事实上,既然是过渡性的,那就应该表现出两可的中间状态,因此,(6)所代表的这种类型才是真正的“过渡性儿尾韵”。迁西县和迁安县相邻,儿化形式也比较接近,本文在张秋荣命名方式的基础上,做了一些改动,使这种命名方式更加符合迁西方言的实际情况。本文所说的“儿化韵”指的是(1)(2),“儿尾韵”指的是(3)(4)(5),“过渡形式”指的是(6)。

四　结论

词尾“儿”在迁西方言中的读音有儿化韵、儿尾韵、过渡形式三种,比较复杂,说明迁西方言的儿化韵尚处在形成过程中,一部分变化已经完成,一部分正在经历变化,还有一部分尚未发生变化。共时现象可以解释历史上不同的发展阶段，据此我们可以推测，迁西方言现有的三种儿化形式分别代表了儿化韵形成过程的三个阶段，即：儿尾韵—过渡形式—儿化韵。

《汉语方言地图集》(语法卷 052)“儿名词后缀和儿化”所表现出来的“儿”形式，主要是后缀或儿化，对于某个方言点既有后缀又有儿化形式的，《地图集》列出了 7 种形式，分别为：ər～儿化卷舌，əɭ～儿化卷舌，l～儿化卷舌，əɯ～儿化非卷舌，ȵi～儿化鼻化，ŋ～儿化鼻尾，ŋ～儿化鼻化。迁西方言词尾“儿”的读音类型是 ə～儿化非卷舌。为《汉语方言地图集》(语法卷 052)“儿名词后缀和儿化”后缀：元音类增添了一个小类。

参考文献

曹志耘主编 2008 《汉语方言地图集》，商务印书馆。

黄伯荣、廖序东 2006 《现代汉语》，高等教育出版社。

刘丽辉 2003 唐山方言词尾“儿”的读音研究，河北大学硕士学位论文。

刘淑学 2001 河北唐县方言词尾“儿”的读音，第三十四届国际汉藏语言暨语言学会议。

徐通锵 2001 《历史语言学》，商务印书馆。

张秋荣 2005 迁安方言儿化现象研究，河北师范大学硕士学位论文。

从知系声母特征看辽西方言的形成和发展*

陈晓姣

北京语言大学语言资源研究所/中国语言资源保护研究中心

辽西地区特指辽西走廊，在行政区划上包括锦州、朝阳、阜新、葫芦岛、盘锦和兴城（以及建昌县、绥中县、凌海市、北镇市、黑山县、义县、盘山县、彰武县、阜新蒙古自治县等）。辽西地区的方言除朝阳（属北京官话）外均属东北官话。知系声母是辽西方言声母系统区别于北京官话的重要特征之一，在知庄章组和精组字的关系上，精组字流向知庄章组这一特征又和东北其他地区方言的走向背道而驰。钱曾怡（2004）指出："从汉语方言精组洪音跟知庄章声母的发展关系即通常所说的[ʦ tʂ]分混来看，有一种趋势是[tʂ]组向[ʦ]组靠拢。"张世方（2009）提到："从汉语方言的总体情况来看，一般是知庄章组字流向精组，读[ʦ]组声母。"本文拟在描写辽西方言知系声母读音特征的基础上，结合它与周边方言复杂的历史关系，探讨辽西方言知系声母的形成和发展。

* 本研究得到北京语言大学校级重大专项项目（中央高校基本科研业务专项资金资助）"城镇化进程中农村方言文化的困境与出路"（13ZDY01）的资助，谨致谢忱！

一　知庄章组字的今字声母

1.1　知庄章组和精组的关系

除部分庄组字外，北京话精组字和知庄章组字的读音基本上是互相区别的，而辽西方言[ʦ]组声母与[tʂ]组是自由变体，不具有区别意义的作用，日常交际中[tʂ tʂʰ ʂ]的使用居多。辽西方言知庄章组和精组洪音字的读音关系为：精组字流向知庄章组，即除知庄章组字读[tʂ]组外，大部分精组字也读[tʂ]组，主要分布在辽宁省西南部与河北接壤的地区，包括辽西地区的绥中、兴城、葫芦岛、锦州等地，以及河北北部秦皇岛地区及青龙、抚宁、卢龙、昌黎等地。朝阳方言区分[ʦ]组和[tʂ]组，依据贺巍(1986)提出的“古精知庄章组字今声母的读音差异”区分东北官话和北京官话，朝阳方言属于北京官话的朝峰片。

表1　辽西地区知庄章组字今声母读音情况

	资	知	脏	张	餐	馋	从	虫	三	山	扫	少
锦州	ʦ/tʂ	tʂ	ʦ/tʂ	tʂ	ʦʰ/tʂʰ	tʂʰ	ʦʰ/tʂʰ	tʂʰ	s/ʂ	ʂ	s/ʂ	ʂ
兴城	ʦ/tʂ	tʂ	ʦ/tʂ	tʂ	ʦʰ/tʂʰ	tʂʰ	ʦʰ/tʂʰ	tʂʰ	s/ʂ	ʂ	s/ʂ	ʂ
葫芦岛	ʦ	tʂ	ʦ	tʂ	ʦʰ	tʂʰ	ʦʰ	tʂʰ	s	ʂ	s	ʂ
盘锦	tʂ	ʦ/tʂ	tʂ	ʦ/tʂ	tʂʰ	ʦʰ/tʂʰ	tʂʰ	ʦʰ/tʂʰ	ʂ	s/ʂ	ʂ	s/ʂ
阜新	ʦ	ʦ/tʂ	ʦ	ʦ/tʂ	ʦʰ	ʦʰ/tʂʰ	ʦʰ	ʦʰ/tʂʰ	s	s/ʂ	s	s/ʂ

辽西方言内部有[ʦ ʦʰ s]与[tʂ tʂʰ ʂ]两组声母，在使用频率上体现出一定差别，舌尖前音与舌尖后音在这些地区多为自由变体，因人因话而异。锦州、兴城等地以舌尖后音居多，尽管这些地区存在新老差异，绝大多数仍将舌尖前音读作舌尖后音，如“辞”[ʦʰɿ]读作[tʂʰʅ]，“资”

[ʦɿ]读作[tʂʅ]等。阜新和盘锦区分舌尖前音与舌尖后音，在自由变读中大多容易发生翘舌音读成平舌的现象，例如“装”[tʂuaŋ]读作[ʦuaŋ]，“顺”[ʂuən]读作[suən]等。

表 2 辽宁、河北、山东知庄章组字今声母读音情况①

	资	知	脏	张	餐	馋	从	虫	三	山	扫	少
北京	ʦ	tʂ	ʦ	tʂ	ʦʰ	tʂʰ	ʦʰ	tʂʰ	s	ʂ	s	ʂ
沈阳	ʦ/tʂ		ʦ/tʂ		ʦʰ/tʂʰ		ʦʰ/tʂʰ		s/ʂ		s/ʂ	
锦州	tʂ		tʂ		tʂʰ		tʂʰ		ʂ		ʂ	
秦皇岛	tʂ		tʂ		tʂʰ		tʂʰ		ʂ		ʂ	
石家庄	ʦ	tʂ	ʦ	tʂ	ʦʰ	tʂʰ	ʦʰ	tʂʰ	s	ʂ	s	ʂ
大连	ʦ	ʧ	ʦ	ʧ	ʦʰ	ʧʰ	ʦʰ	ʦʰ	s	ʃ	s	ʃ
烟台	ʦ	ʨ/ʧ	ʦ	ʨ/ʧ	ʦʰ	ʦʰ/tʂʰ	ʦʰ	ʦʰ/tʂʰ	s	s/ʂ	s	ɕ/ʂ
济南	ʦ	tʂ	ʦ	tʂ	ʦʰ	tʂʰ	ʦʰ	tʂʰ	s	ʂ	s	ʂ

辽西地区精组字流向知庄章组字，读为[tʂ tʂʰ ʂ]；沈阳地区的精组字和知庄章组字处于自由混读状态，不同的人知庄组章组字随时可能产生自由变读；河北北部秦皇岛、青龙、抚宁、卢龙等地知庄章组读音与精组合流，精组流向知庄章组，读为[tʂ tʂʰ ʂ]；大连话属于胶辽官话，没有普通话舌尖后音声母[tʂ tʂʰ ʂ]，知庄章组字声母读音普遍由舌尖前音[ʦ ʦʰ s]和舌叶音[ʧ ʧʰ ʃ]领属；烟台话精组字读音与北京话相同，知庄章组字随着地域的不同和韵母读音开口度的不同有[ʨ ʧ ʦ tʂ]多种情况；济南知系声母和北京话读音一致。根据表 2 显示，辽西方言精组

① 辽宁和山东的材料分别来自迟永长(2012)以及《汉语方音字汇》，河北的材料来自王敏(2009)。

流向知庄章组字的读音趋势与河北北部地区高度一致，应当是受到早期河北移民方言影响所致。

1.2 知庄章组和精组见组的关系

辽西方言一些地区把北京话中部分精组和见组撮口呼字读为[tʂu- tʂʰu- ʂu-]，主要见于山摄合口三等字，体现出精组和见组合口三等与知组相混的特点。调查发现，当声母为[tɕ tɕʰ ɕ]时，辽西几个地区读音差异较为明显。一些地区声母发音部位靠前变为舌尖前音，如阜新、兴城等地；还有些地区当见组字声母与撮口呼相拼时，[tɕ tɕʰ ɕ]读为[tʂ tʂʰ ʂ]，撮口呼带鼻音韵尾变为合口呼鼻音韵尾，例如锦州话“卷”[tɕyɛn^{214}]读为[tʂuan^{213}]、“全”[tɕʰyɛn^{35}]读为[tʂʰuan^{24}]、“选”[ɕyɛn^{214}]读为[ʂuan^{213}]等。

由于历来精组字、知庄章组字和见组字之间的关系都十分密切，从中古到现代根据现代韵母的洪细古见组字声母逐渐演化成[k kʰ x]和[tɕ tɕʰ ɕ]两组，精组字声母演化成[ʦ ʦʰ s]和[tɕ tɕʰ ɕ]两组，知庄章组声母演化为[ʦ ʦʰ s]和[tʂ tʂʰ ʂ]两组，精组字[ʦ ʦʰ s]成为了沟通知庄章组和见组字的桥梁。辽西方言见组声母与撮口呼相拼时撮口呼带鼻音韵尾变为合口呼鼻音韵尾，声母由舌面前音转化为舌尖后音的情况与三组声母的演变关系密不可分。

二　日母字的今声母

2.1 日母字

古日母字在辽西方言中有两种读音，分别是[ʐ]声母和零声母，其中读[ʐ]声母的通常只有“日”字，“人软让热”等辽西方言一般读零声母。

表 3 辽宁、河北、山东日母字今声母读音情况

	日臻开三	人臻开三	绕效开三	热山开三	软山合三	乳遇合三	肉通合三
北京	ʐʅ	ʐən	ʐau	ʐɤ	ʐuan	ʐu	ʐou
沈阳	i	in	iau	ie	yan	lu/iu	iou
锦州	ʐʅ	in	iau	ʐɤ	yan	iu	iou
兴城	ʐʅ	in	iau	ʐɤ	yan	iu	iou
秦皇岛	ʐʅ	ʐən	ʐau	ʐɤ	ʐuan	ʐu	ʐou
保定	ʐʅ	ʐən	ʐau	ʐɤ	ʐuan	ʐu	ʐou
天津	i	in	iau	iɤ	yɛn	yu	iəu
大连	i	ĩ	iɔ	iɛ	yɛ̃	y	iəu
烟台	i	in	iao	iə	yan	y	iu
济南	ʐʅ	ʐẽ	ʐɔ	ʐɤ	luæ̃	lu	ʐou

辽西地区日母字除“日”读[ʐ]声母外，其余大部分读零声母；沈阳大部分日母字读零声母，也有少部分读[l]的情况；河北方言中日母字读音类型十分复杂，总体来说有零声母、[ʐ]声母、[z]声母和[l]声母几种情况，古日母字在今河北大部分地区一般读[ʐ]声母，部分地区读零声母，其他也有几种声母兼而有之的，秦皇岛地区在日母字的读音上与北京话一致；大连市区话中日母字的字音分别由舌面元音[i y]和边音[l]领属，与烟台方言基本一致。通过表 3 可以看出，辽西方言与天津方言以及河北和山东部分地区的方言有着极高的相似性。

2.2 云以母字读同日母

古云以两母字在今辽西方言中一般也有零声母和[ʐ]声母两种读法，如锦州话“用”读作“[yŋ]”和“[ʐuŋ]”，“云”读作“[yn]”和“[ʐuən]”等；与“用”类字截然相反，“荣”字的读音，北京话读作[ʐuŋ]，辽西地区通常读为“[yŋ]”。表 4 列举通合三以母字“庸”，通合三以母字“容”“融”，梗合三云母字“永”“ 泳”等字进行对比。

表 4 “用”和“荣”类字的声母读音对比

	荣梗合三	永梗合三	泳梗合三	容通合三	融通合三	用通合三	庸通合三
北京	ʐuŋ	yŋ	yŋ	ʐuŋ	ʐuŋ	yŋ	yŋ
沈阳	yŋ	yŋ	yŋ	yŋ	yŋ	yŋ	yŋ
锦州	ʐuŋ	yŋ	ʐuŋ	yŋ	ʐuŋ	yŋ	ʐuŋ
天津	yŋ	ʐuŋ	ʐuŋ	yŋ	yŋ	ʐuŋ/yŋ	yŋ
大连	yŋ	yŋ	yŋ	yŋ	yŋ	yŋ	yŋ
烟台	yŋ	yŋ	yŋ	yŋ	yŋ	yŋ	yŋ
兴城	yŋ	yŋ	yŋ	yŋ	yŋ	yŋ	yŋ

“荣”字属于喻母，依照发展的规律，本应读作[yŋ]，而北京话的读音为[ʐuŋ]。李荣(1982)分析了北京话“荣”字的读音，认为“北京话的前身‘戎绒茸’读[ʐuŋ]阳平，‘融容蓉镕荣’读[yŋ]阳平，在北京音里，[yŋ]阳平变成[ʐuŋ]阳平”。东北大部分地区“荣”字读零声母，“用”字在锦州话读作[ʐ]声母，北京话读零声母。据表 4 显示，锦州话“用”类字和“荣”类字合流，全部读作[ʐ]声母，天津话部分荣类字与锦州话一致；沈阳话“用”类字和“荣”类字全部读作零声母，与烟台地区一致。辽西方言这些地区“用”类字读同“荣”类字的情况，我们认为可能是由其地理位置的特殊性造成的。它处于北京官话、东北官话的交接地带，当地人的日母字读音受到标准语[ʐ]声母的影响，原本读作零声母的读音在向标准语靠拢的过程中容易出现矫枉过正的现象，在纠正日母字读音的同时，反而将原本就为零声母的一类字读作了[ʐ]声母。

三　从语言接触考察辽西方言知系声母的历史成因

3.1　语言接触对辽西方言知系声母的影响

观察辽西方言知系字的读音状况，知庄章组字的读音与北京官话一致；"精组字流向知庄章组字"与河北北部方言高度一致；而日母字的读音与天津方言以及河北和山东部分地区的方言十分相近。这些语音特征并非来自于同一语源，基本可以认为辽西方言知系字是不同来源、不同层次的语音形式在接触的过程中形成竞争和叠置的结果。

将辽西方言与邻近方言一些代表点进行方音特征对比，辽西方言以锦州话为代表；河北方言以秦皇岛地区为代表，天津方言作为补充；山东方言以胶辽官话（胶辽官话地跨山东、辽宁两省部分地区，但源于山东地区）为代表，大连方言属于辽东半岛的胶辽官话，烟台方言属于山东半岛的胶辽官话。

表 5　辽西与周边方言知庄章组和精组的读音关系

	锦州	秦皇岛	大连	烟台
知庄章二分	否	否	是	是
知庄章和精组的分混	混	混	分	分混不定

表 6　辽西与周边方言日母字读零声母的情况

	锦州	天津	大连	烟台
古日母字是否为零声母	是	是	是	是
荣组和用组的分混	混	混	混	混

辽西方言属东北官话，其声母系统与北京官话的差别主要体现在古知庄章组字读音的分混、古影疑两母开口一二等字今声母以及古日母字（止摄开口字除外）的今声母读音方面，精组字流向知庄章组字使其不同于东北其他方言。通过表 5 和表 6 可以看出，在精组字和知庄章组字的读音关系方面，辽西方言主要受河北方言的影响，保留了河北北部秦皇岛等地方音特征；日母字读音与胶辽官话以及天津方言保持了高度的一致，辽宁地区的胶辽官话是在早期山东移民方言的基础上

形成的，而在辽西方言的形成过程中，山东方言的语音特征间接通过胶辽官话渗透到了辽西方音之中。现代汉语方言的时空性决定了它的形成大多是多层次、多来源的，而且语音系统不是一个单一的平面，经历过语言接触融合的地区一般都会存在不同方音特征的叠置和竞争，反映出语言历时层面的信息。辽西方言知系字的语音特征既有同河北方音相同之处，也有山东方音特征的保留，这种不规则的情况说明河北方音同山东方音互相竞争的过程中形成了混合式音变，是该地区历史移民和方言混杂的情况造成的。

3.2 从历史移民考察辽西方言的形成原因

有关辽西移民的历史可以追溯到先秦时期，但因上古语音和方言研究可供参考的历史资料还比较匮乏，早期移民接触对辽西方言的形成到底产生了多大影响至今还无从考证。一般认为，辽宁乃至东北地区方言的形成是从满清入关前后的一段时期开始的，因此，清代移民方言对辽西方言形成产生的影响是本文考察的重点。

明清之际，政局混乱，战争使辽西地区土地荒芜，人烟稀少。《锦县志》(1974)记载："县境即明之中左右屯卫，清初为用武地，兵焚之。余城郭丘墟，人民寥落，明之户口已无稽矣。"大批来自河北、山东、河南的贫民冒险北上，寻求安居之所，据《盘锦市志》(1998)记载："原冀、鲁、豫一带的移民来此定居，是地方人口的生息繁衍基础。"为开发关外资源缓解内地压力，顺治十年(1653)，清政府颁布《辽东招民开垦则例》。对于逐年增加的关外移民，清政府采取了包容和默许的态度，康熙帝曾说："今巡行边外，见各处皆有山东人，或行商，或力田，至数十万之多"，"伊等皆朕黎庶，既到口外种田生理，若不容留，令伊等何往?"同时"以奉天之白旗堡、小河西两处地亩，令民耕种……广宁、宁远两县旷地，给民开垦"。(曹树基，1997)《锦州市志》(1994)记载："乾隆五十七年(1792)，直隶(今河北省)受旱灾，大批灾民涌入京城寻求生计，于是各州县动员灾民出关，到土地相对富足的地方佣工就食，锦州各县人口剧增。”嘉庆八年(1803)，“河北、山东贫民来山海关处种地为生，搭盖草房居住，愈集愈众。关外旗人怠于耕作，将田亩租给民人，坐获租息”。越来越多的移民出关垦荒给辽西乃至东北地区的土地资源造成了巨大的压力，同时，朝廷认为出关民人太多将不利于旗人生计，于是开始限制出关人口。

尽管辽西经历了“招垦—禁垦—放垦”的过程，但并未从实质上对移民出关造成影响。据《锦县志》记载：“康熙元年(1662)，锦州改为县，于时，户无旧籍，丁鲜原额，招来日增，渐臻繁盛。七年(1668)始行编审法，丁赋著于籍，是年，锦州府属实在行差人丁，统共八千六百九十。雍正十二年(1734)，锦县三十六社原额新增实在行差人丁九千六百六十四。”到了清朝末年，《盘锦市志》有记载：“直隶移民大量迁入，1907 年仅一年时间，增加近万人，总人口达到 140599 人，此时迁入的移民，大多是永平(今唐山)一带农民。”明清时期辽西的汉人除了为生计北上垦荒而定居下来的贫民，还有一类是政府驻军。从明朝开始政府就陆续派遣军队驻守关外，《盘锦市志》有记载：“明朝屯田、戍边，在境内东北部设有镇武、西兴、西平、西宁 4 座边堡、53 座边台，驻守官军约 3000 人。”《锦州市志》中也记载了光绪年间的驻军情况：“1895 年，清政府签订了可耻的《马关条约》，各军返防，留豫军 30 营属宋庆管辖，赐名武卫左军，驻锦州。”通过以上的材料可以推知，从明朝到清朝数百年间关外地区的汉人应该达到了一个相当庞大的数目。

我们大致可以猜测早期移民迁入辽西的时候曾经历这样的过程：移民语言和当地土著语言相互渗透和融合的过程中产生了混杂语，随着大批移民的迁入，这些混杂语逐渐淡化，最终融合构建而形成了今天的辽西方言。在来自不同地区的移民和本地土著居民杂居共处的初期，带有自身方言特点的精组字和知庄章组字读音产生碰撞，为了满足交际的需要，双方需要进行一定程度的妥协，因此[ʦ ʦ^h s]和[tʂ tʂ^h ʂ]的读音开始出现混合，最终以河北移民知系字的读音占据语言优势，混合了土著方言成分成为当地的交际语言。

四　余论

从知庄章组字和精组字的混用情况看，精组流向知庄章的地区呈现一条清晰的线路，从河北昌黎北上，经卢龙、抚宁、秦皇岛到青龙，过山海关向北到达辽宁的绥中、兴城、葫芦岛、锦州等地。这条线路与贺巍(1986)提到的早期河北移民从河北沿路北上，出山海关定居在辽西地区或北上到吉林西部等地基本吻合。语言的演变大致受到两方面因素的影响，一个是语言自身因素，另一个是语言接触等社会因素。从汉语方言的总体情况来看，受语言自身经济原则和发音人省力原则的驱使，知系声母出现向精组字声母靠拢的趋势，而辽西方言精组字几乎全部读作[tʂ tʂ^h ʂ]，这一演变与东北其他地区的读音走向背道而驰，可能是在语言接触的过程中受临近方言影响的结果。

任何语言或方言的形成都不是一蹴而就的，方言接触中影响也是双向的，移民方言对迁入地区的语言进行了多方面渗透，从而影响移入地方言；而移民方言同时也受当地方言影响，甚至在新的方言形成之后，还会随着移民的回迁对原方言造成影响。正如辽西方言知系声母读音的形成离不开河北方言、山东方言及辽宁境内临近方言的影响，这些地区的方言中也存在与辽西方言共同的语音成分，再加上它们之间复杂的移民及历史关系，我们在探讨辽西方言的成因及发展的时候，更应该综合考虑多方面的因素。

参考文献

北京大学中国语言文学系语言学教研室编 2003 《汉语方音字汇》,语文出版社。

曹树基 1997 《中国移民史第六卷:清·民国时期》,福建人民出版社。

迟永长 2012 《大连方言音系》,辽宁师范大学出版社。

顾黔 2006 交界地带方言不同来源及层次语音成分的竞争与叠置,《暨南学报(哲学社会科学版)》第6期。

贺巍 1986 东北官话的分区(稿),《方言》第3期。

锦州市地方志编纂委员会办公室 1994 《锦州市志》,中国统计出版社。

李荣 1982 论北京话"荣"字的音,《方言》第3期。

李如龙 2001 《汉语方言的比较研究》,商务印书馆。

辽宁大学中国语言文学系语言教研室(宋学执笔) 1963 辽宁语音说略,《中国语文》第2期。

盘锦市人民政府地方志办公室 1998 《盘锦市志(综合卷)》,方志出版社。

钱曾怡 2004 古知庄章声母在山东方言中的分化及其跟精见组的关系,《中国语文》第6期。

侍建国 2011 《历史语言学:方音比较与层次》,中国社会科学出版社。

孙红艳 2009 闯关东对辽宁方言成因的影响,西南大学硕士学位论文。

王福堂 1999 《汉语方言语音的演变和层次》,语文出版社。

王敏 2009 中古知庄章三组声母在河北方言中的读音研究,河北师范大学博士学位论文。

王文藻修、陆善格纂 1974 《辽宁省锦县志》,成文出版社。

徐爱华 2006 1775—1850年山东移民东北与山东社会,东北师范大学硕士学位论文。

张世方 2009 东北方言知系声母的演变,《汉语学报》第1期。

我国农民工语言研究综述*

李向允　黄晓东

北京语言大学语言资源研究所/中国语言资源保护研究中心

在城镇化迅猛推进的大潮下，城市对劳动力的旺盛需求吸引着众多农村人口进城务工，从事非农产业活动。这些农民工为经济的发展、城市的繁荣做出了贡献，却因为城乡二元体制的存在不得不生活在城市的边缘。他们是中国社会变迁时期形成的一个特殊群体。改革开放以来，随着农民工大批进城，农民工生活的方方面面引起了社会各界的关注，学者们从不同的角度对农民工这一群体进行了理论和实践方面的探究。"从文献发表时间看，中国语言学界对农民工的关注约始于2006年"（付义荣，2012），此后关于农民工语言问题的研究成果层出不穷。本文通过搜集2006年至今发表的相关文献，来对农民工的语言研究做一个梳理和归纳。文章共分为三个部分，第一部分从研究对象、研究内容出发概述当前我国农民工语言问题的研究现状，第二部分和第三部分分别总结了当前农民工语言研究取得的成果和存在的问题。

* 本研究得到国家社会科学基金重点项目"城镇化背景下农村方言的社会分层研究——以浙江的10个村庄为例"（13AYY003）、北京语言大学研究生创新基金（中央高校基本科研业务费专项资金资助）"城镇化背景下返乡农民工的语言使用情况研究——以浙江的10个村庄为例"（14YCX079）的资助。

一　研究现状

农民工的语言问题备受语言学界的重视。李宇明、陈章太等先生都曾呼吁过关注农民工的语言问题。《中国语言生活状况报告》也曾几度发表关于农民工语言问题的报告。迄今为止,国内的相关研究虽然数量有限,但研究成果丰硕。笔者从研究对象和研究内容出发,把2006年以来发表的62篇文献进行分类,以期了解当前关于农民工语言问题的研究现状。从研究对象来看,我国对农民工语言的研究可分为城市农民工语言研究、返乡农民工语言研究、新生代农民工语言研究和农民工子女语言研究四个方面。从研究内容来看,可分为宏观语言项目研究和微观语言项目研究。"宏观语言项目"这个概念是夏历(2007a)在"语言使用""语言能力"和"语言态度"三个语言项目研究的基础上提出的,针对的是农民工的语言生活,与社会语言学中经典的"微观语言项目"研究相对应。农民工宏观语言项目的研究类型包括农民工语言生活状况研究、农民工语言生活问题研究和农民工语言生活的理论探讨三种。微观语言项目针对的是农民工的语言变异,包括语音变异研究、词汇变异研究和语法变异研究。涉及的相关文章数目如表1所示。

表1　关于农民工语言研究的文章数量

	宏观语言项目研究			微观语言项目研究		
	语言生活状况	语言问题	理论探讨	语音	词汇	语法
城市农民工	20	7	12	1	8	1
返乡农民工	1	0	0	2	0	0
新生代农民工	1	2	0	0	0	0
农民工子女	4	2	1	0	0	0
总计	26	11	13	3	8	1

从表中，我们可以直观地看到，关于农民工宏观语言项目的研究数量要远高于微观语言项目的研究。宏观语言项目的研究又以对农民工语言生活状况的调查为主，主要包括农民工的语言能力、语言学习、语言使用、语言认同四个方面。夏历（2007a、2007b、2010、2012），莫红霞（2010），夏历、力量（2008），高莉琴、李丽华（2008），屠国平（2008），欧小艳（2008、2009），刘玉屏（2008、2009），胡伟（2009），贺凤秀（2009），林伟（2011），樊中元（2011a、2011b），左翠玲（2013），武小军（2013），邱杨、陈文琪（2014）等都曾对城市农民工的语言能力、语言学习、语言使用和语言认同做过细致的描述。随着新农村建设的推进和国家支农惠农政策的推广，许多农民工在城市打拼多年后，又返回农村，形成一股“回巢”现象。这些返乡农民工从小在农村长大，具有农村户口，未受过高等教育（文化程度多在初中、中专或以下），但经历过城市文明的熏陶，因此他们返乡后的语言生活也值得我们关注。武小军、杨绍林（2014）就对返乡农民工的语言使用变化做过详细地调查，指出返乡农民工的话语选择和使用随着交际空间和交际人群的变化而变化，具有一定的规律性。除了返乡农民工，农民工内部还出现了两个新群体——新生代农民工和农民工子女。新生代农民工是指出生于20世纪80年代以后，年龄在16岁以上，在异地以非农就业为主的农村户籍人口（全国总工会新生代农民工问题课题组，2010）。新生代农民工受教育或职业技能培训的程度比传统农民工高，他们基本上出生以后就上学，毕业以后就进城打工，缺少从事农业生产劳动的经历。目前，关于新生代农民工语言的研究还相当匮乏，只有3篇论文。其中，曾晓洁（2011）考察了新生代农民工的语言能力；陈晨（2012）从语言认同的视角探讨农民工的主体性建构；高小焱（2014）介绍了城市化对新生代农民工语言交际与学习的影响。同样，关于农民工子女的语言研究也非常少。农民工子女这个群体是伴随着城市农民工的出现而出现的。这些孩子没有市民身份，有的出生在城市，有的则从小在农村长大，后随父母移居城市。他们的语言状况呈现出怎样的特点引起很多人的关注。罗玉石(2009)从语言使用、语言能力、语言态度方面详尽地描述了绍兴市农民工子女的语言状况，而陈东芳(2010)、俞玮奇(2011)、陈建萍(2013)主要描述了乌鲁木齐、苏州、绍兴等地农民工子女的语言使用情况。

基于大量的农民工语言状况调查，农民工语言生活中遇到的问题也受到重视。这些问题可分为两种，一种是从普通话掌握程度出发，提出的语言障碍或语言适应问题；一种是从方言的使用情况出发，提出的方言保持问题。关于第一种问题，谢晓明(2006)，夏历、谢俊英(2007)，崔晓飞(2008)，谢俊英(2011)，王欣(2012)，张先亮、赵思思(2013)等研究发现，农民工存在一定的语言障碍，部分农民工普通话水平低，不能熟练地使用普通话，这严重影响了他们在城市的顺利就业，因此政府和各社会组织应该采取有效的推普策略，关注农村教育，提供语言培训和语言服务，帮助农民工提高普通话水平。曾小洁(2011)、高小焱(2014)也认为新生代农民工存在一定的语言障碍，主要表现在“语言交际能力和汉语读写能力薄弱”上，他们希望农民工通过加强语言专项训练，提高普通话水平，从而掌握更多的科学文化知识，在城市找到一份良好的工作，改善自己的生活。毛延生(2013、2014)关注农民工子女从乡村来到城市的语言适应问题，指出当前研究的不足和研究此类问题的三个步骤。第二种问题有关方言保持。夏历(2007a)、谢俊英(2011)、林伟(2011)认为，在当前城镇化的快速发展下，普通话的强势地位使得方言的生存空间越来越狭小，农民工作为乡土社会的一分子，在提高普通话水平的同时，也有保持方言母语、传承家乡文化的义务。

宏观语言项目研究中，关于农民工语言生活的理论探讨也占很大的比重。这其中既包括从社会学的角度看语言问题，又包括从语言学的角度看社会问题。本文重点关注的是前者。言语社区理论是社会语言学的重要理论之一，国内外很多专家都曾对这一理论进行过深入探讨。这一理论在农民工语言研究中也得到了充分的运用。夏历在《农民工言语社区探索研究》(2007c)和《言语社区理论的新思考》(2009)中，通过对在京农民工语言状况的调查，认为他们在语言使用规范和语言态度上具有一致性，是一个新型的言语社区。这一观点的提出大大丰富了言语社区的研究范围和类型。随后，贺凤秀(2009)、周彦每(2014)也以言语社区的视角调查了南宁、桂林等地农民工的语言状况，证明农民工言语社区的广泛存在。罗玉石(2009)、俞玮奇(2011)、李婧(2014)则是通过调查农民工子女的语言状况，发现他们"普通话使用频率和能力高于父辈；家乡话能力和父母没有差异；异地方言能力低于父母"等特点，从而得出农民工子女构成一个新的言语社区的结论。除了言语社区理论，张璟玮、徐大明(2008)和付义荣(2010)还探讨了人口流动和推普的关系问题，张文通过实证研究证明了"人口流动可以促进普通话的普及"，而付文认为人口流动不能直接推动普通话普及，"只有经过开放性的职业与交往等中间因素才会发挥其推普的效能"。刘玉屏(2010a)则从社会学"城市适应"的角度，提出"语言适应、语言再社会化"理论，即农民工为了更好地融入城市，在语言上要以打工地城市居民为参照做出必要的调整，以更好地适应打工城市的语言生活。她通过调查浙江省义乌市农民工的语言情况，概括了农民工语言再社会化的表现和内外驱动力。

关于农民工微观语言项目的研究总体上偏少，并且集中在词汇研究上，主要是对称谓语的研究。刘玉屏(2008)、贺凤秀(2009)、樊中元(2011a、2011b)调查了农民工打工前后一些称谓词使用的变化情况，发现农民工打工后既保留着原有方言中的称谓成分，也较好地吸收了城市中的称谓用语。其称谓习惯有向城市趋同的倾向。语音方面，武小军等(2011)和王庆、武小军(2012)通过对"四川入声区返乡农民工入声字口语音变化”的调查，发现农民工方言语音变异的特点以“词汇扩散为主要方式，内部调整为主要手段及变异模式”。武小军等(2011)详细描写返乡农民工语音变异的表现及其与社会变量之间的相关关系，认为“方言变化以向普通话靠拢为变化方向，以逐步削弱为基本态势”。刘玉屏(2010b)选取了一些义乌方言中固有的、使用频率高的语音、词汇、语法条目，考察打工地方言(义乌话)对外来农民工语言造成的影响。调查结果显示部分农民工受到了义乌方言的影响，他们对义乌方言词汇成分的知晓情况和使用情况最高，语法条目居中，语音条目最低。这说明“义乌话的某些结构成分已进入当地部分农民工的语言系统，产生了语言变异”。

毫无疑问，以上文章对我国农民工的语言研究有着重要的理论意义和实践意义。它们不仅从内容和方法上丰富了社会语言学的研究，而且增强了我们对农民工群体语言现状的了解，这有利于国家为解决农民工所面临的语言问题而制定更为合理的语言政策，为营造更和谐的语言生活提供必要的数据与建议。

二　成果

关于农民工的语言研究，虽然到目前为止只有短短的9年，但研究成果颇丰，具体表现在以下几个方面。

2.1　调查内容越来越细化和明确

语言能力、语言学习、语言使用和语言认同是农民工语言状况调查的重要内容。语言能力的调查主要包括被试掌握几种语码，掌握的水平如何。对农民工普通话水平的调查，刚开始只调查“听说”能力，后来增加了“读写”能力(夏历，2007b；张先亮、赵思思，2013)。这是因为在推普的影响下，大部分农民工的普通话水平完全可以满足日常交际，而农民工如果想在城市立足，还需掌握“读写”能力，提高自己的文化素养，才能从事相对稳定的、收入高的工作，成为“城市的主人”。语言学习大多只调查农民工语言习得的方式和动机，但夏历、力量(2007)还增加了对起始时间和主观感受的调查，他们发现在北京和南京很多农民工学习普通话的起始时间较晚，困难度较高，因此需加强农村基础教育，从小抓起，以提高农民工的普通话水平。语言使用调查的一般是农民工在不同的交际场合或面对不同的交际对象时选择何种语言。武小军、杨绍林(2014)则着重考察交际场合和交际对象的交互情况对语言选择的影响，即农民工在不同的场合面对同一个交际对象时使用什么样的语码。曹进、曹文(2011)更是创造性地从言语交际策略的角度关注农民工的语言使用，他们认为兰州市农民工在交际中经常使用自我贬低策略来博得雇主的同情，使用回避策略来抵抗语言的再社会化。语言认同有广义和狭义之分，广义的语言认同包括语言态度和语言行为所显现的心理趋同，狭义的语言认同只指语言态度的趋同。一般研究者都着重对语言态度的研究，通过“好听”“亲切”“有用”“身份”等评价指标来了解农民工对语言的情感性评价和功利性评价。而樊中元(2011b)则把语言认同扩展为四个方面：语言期望认同、语言情感认同、语言行为认同及语言文化价值认同。他认为语言期望是语言使用者对未来语言行为和方式的显现，语言行为是语言认同的外在形式，语言文化价值认同是对某种语言认同的进一步表现。由上可知，当前的研究对相关概念的挖掘越来越深入，对农民工语言宏观项目的调查也越来越充实和全面。

2.2　从实践和理论上丰富了农民工的语言研究

从大量的实地调查(主要是城市农民工调查)中，我们可以窥探出农民工语言生活的基本面貌：从语言能力来看，农民工进城务工后，掌握的语言资源增多，普通话水平有所提升，但语言障碍依旧存在，阻碍了农民工进一步融入城市生活;从语言学习来看,社会交往和学校学习是农民工习得普通话的主要途径,不同年龄、学历、职业的农民工掌握普通话的程度不同,农民工对打工地方言有一定的学习需求;从语言态度来看,普通话的认同感总体上要高于家乡话和打工地方言;从语言使用来看,掌握了多种语言变体的农民工会根据不同的交际场合和交际对象进行语码转换,普通话多用于社会公共领域,成为外部语言,家乡话多用于私人领域,成为内部语言。从理论上来看,"农民工群体是一个精神言语社区"的提出扩大了社会语言学言语社区理论的研究范围,为我们提供了一个新型、鲜活的言语社区类型,使我们可以立足于社区,探索社区内部和社区之间的语言使用差异;"经济发展、人口流动促进普通话推广"的观点为当前普通话普及的机制提供了理论模型;"农民工语言再社会化"的提出,帮助我们更深入地了解农民工的语言行为及背后的社会动因。这些从实证研究中提炼出来的观点丰富和发展了社会语言学理论,并对社会语言学领域的其他研究有重要的借鉴意义。

2.3 发现了农民工语言生活中存在的问题,为国家制定语言政策提供依据和智力支持

农民工是中国社会经济转型时期产生的一个新兴群体,为社会创造了大量的财富,同时也带来了诸多问题,对这些问题关注较多的是社会学家和经济学家。经语言工作者的调查,农民工的语言生活同样存在着"语言障碍、语言再社会化"等问题。农民工进入城市后,由于普通话水平和自身文化素养偏低,只能从事环境封闭、低级的体力劳动,微薄的收入不利于农民工在城市立足。语言问题妨碍了农民工的城市融入。因此,当前国家仍需要推广普通话,重视农村的基础教育,提供多样的语言服务和语言技能培训。国家在推广普通话的同时,也要注意保护方言文化资源。随着普通话的使用范围从公共领域逐渐入侵到私人领域,方言作为内部用语的主导地位岌岌可危。农民工在城市生活

需要靠方言加强同乡的关系，方言是彼此认同的有力纽带。调查数据显示，很多农民工没有意识到方言对自身的重要性，对保持家乡话的态度不太强烈，这就需要政府的正确引导和积极宣传，让农民工认识到方言资源的重要性，不要轻易放弃方言，以维持语言的生态平衡。

2.4 收集资料和分析资料的方法越来越多样

农民工的语言研究以社会语言学的研究方法为主。社会语言学的方法论以严格著称，包括收集资料和分析资料两个步骤（李占芳，2009）。相关研究中对农民工语言情况的资料收集主要以田野调查法为主，包括问卷调查法、访谈法、参与观察法、快速隐匿调查法等。这其中，问卷调查法辅以访谈法的使用频率最高，因为它可在短时期内快速收集所需要的调查内容，但是问卷中呈现的答案都是以农民工的自述和自我判断为主，所得的内容是否与其实际的语言行为一致则不得而知。为了弥补问卷调查的不足，获得更为真实的资料，农民工语言的调查还常常结合参与观察法和快速隐匿法。参与观察法是指调查者作为社区的一员在该社区中生活，从一旁观察人们语言行为的调查方法。陈东芳（2010）、林伟（2011）、李婧（2014）就用这种方法调查农民工分场合、分对象交际时真实的语言使用情况，并与问卷所得内容对比，最大限度地保证被调查者语言行为的自然状态和调查结果的客观性、真实性。快速匿名调查法指调查者在公共场合使用巧妙的诱导技巧，与大批讲话人进行简短的问答，在被调查者没有意识到自己的语言被观察的情况下收集有用的言语资料（徐大明，2006：27）。王玲（2010）、张璟玮等（2008）就参考这一经典的社会语言学方法设计了“问路法”，具体是在调查区中以寻路陌生人的形象出现，选择街上结伴而行的路人为观察对象，以“用普通话问路”为手段，观察调查对象回答问路时的语言选用情况；除了观察记录路人回答“问路”时用的“外部语言”，调查员还观察记录路人与其同伴交谈所用的“内部语言”。通过对比“问路调查”

所记录的情况和“问卷调查”自报的内容，可以发现实际生活中语言的运用与农民工的主观想法有什么出入。

在通过以上方法收集到资料以后，我们就要分析资料。社会语言学分析资料的方法以定量研究为主，这主要出于两方面的原因：“一方面，社会语言学要研究语言变项和社会变项的关系，用数理统计的方法更能说明两者的相关性。另一方面，社会语言学要求多人次地调查语言变体，调查所得的大量资料只有通过数量化、概率统计、定量分析，才能说明问题。”（游汝杰等，2009：15）因此，统计分析在社会语言学研究中占重要地位。现在很多学者对农民工语言资料的处理越来越专业，除了一般的描述性统计，还多利用专门的统计软件——SPSS 进行均值比较、T 检验、卡方检验、方差分析、相关分析和回归分析。夏历（2007b）、王玲（2010）用均值比较农民工打工前后语言能力的变化、对普通话和方言的态度差异和在不同场合、面对不同交际对象使用的语言差异。均值比较的前提是问题答案需以 Likert 五度量表的形式设置，比如对于农民工普通话的熟练程度，需设计“很不熟练、不熟练、一般、比较熟练、很熟练”五个级别。这五个级别分别记作 1、2、3、4、5 等分值，然后求得均值。T 检验是考察样本与总体、样本和样本之间是否有显著的差异。它属于参数检验的一种，只有当计量资料符合正态分布时，才能用此检验，否则需改用非参数检验，常用的非参数检验是卡方检验，比如俞玮奇（2011）用“两配对样本 T 检验”分析城市第二代农民工对普通话和苏州话的态度是否有显著差异，用“卡方检验”分析性别与语言使用频率的关系。方差分析是考察语言变量在不同的社会变量上是否有显著差异。相关分析是考察语言变量与社会变量之间是否有关联，即某种社会变量是否对语言变量造成了影响。回归分析是用来找出哪种社会变量对语言变量有显著影响，比如夏历（2012）曾用“单因素方差检验”考察城市农民工对家乡话的态度在“受教育程度、职业、经济收入、打工时间、居住方式、交往对象、流动取向”几个社会变量上表现出的差异,然后用“多元线性回归分析”发现“流动取向”和“经济收入”对城市农民工家乡话态度影响最大;秦广强(2014)用“logistic 回归分析”考察农民工经济收入是否对其语言能力有显著影响。这些科学、有效的材料收集方法和分析方法有助于增强结论的客观性,了解农民工语言的状况和影响其语言状况的相关因素。

三　问题

农民工的语言研究取得了丰硕的成果,但是由于研究时间不长,难免会存在这样或那样的问题。

3.1　研究内容不均衡

从下面的数据中,我们可以明显地看到当前的农民工语言研究存在严重不平衡的现象,具体表现在:

1. 重视城市农民工语言状况的研究,忽视返乡农民工、新生代农民工和农民工子女语言状况的研究。由表 2 可知,城市农民工的语言研究高达 79.03%,远远高于其他研究对象。农民工是联系城市与乡村的纽带,其语言生活既有在城市的一面,也有在农村的一面。随着农民工的大量“回巢”,我们不禁好奇,他们回乡多年后在农村的语言使用情况如何?与留乡农民有无区别?与城市农民工有什么不同?返乡农民工代际之间有什么差别?他们的语言使用和语言态度对农村人员的语言生活有没有造成什么影响?这些问题都值得我们深入调查。除了返乡农民工,我们也需要多关注农民工中的新群体——新生代农民工和农民工子女,全面了解他们的语言状况和新特点,为国家制定相应的语言文字政策提供参考。

2. 重视农民工语言生活的宏观调查,忽视农民工语言的微观变异研究。当前的研究对农民工语言宏观项目的调查很多，而对具体的音位变异、语义变异、语法手段等微观语言项目的调查很少，如表3所示。这可能跟农民工群体的语言变异现象有关，毕竟他们进城务工的时间还不太长，在具体的语言项目方面的变异可能还不太突出。农民工大多数是双方言者甚至是多方言者，他们在城市打拼多年，辗转多地，交往对象多样，多元文化的碰撞在他们的语言上必然有与众不同的体现。家乡话、普通话甚至是打工地方言在被使用时，哪些固有成分发生了系统性的变异，这些变异与社会变量有何关系，都是值得探讨的问题，但当前对这方面的研究非常薄弱。

3. 重视描写农民工的语言状况，忽视对相关社会语言学理论的深度探讨。从表3中，我们还可以看出大部分文章只是描写农民工语言情况的基本事实，而在事实基础上进行理论探讨的文章只有13篇。理论建设一直都是中国社会语言学的薄弱环节，在农民工的语言研究中也大致如此(转引自付义荣，2012)，因此我们应该多借鉴国外社会语言学和其他学科中的成熟理论，把它们与农民工语言的实际情况相结合，争取在理论上有所突破。

表2　关于农民工各类研究对象的文章数量和比例

	城市农民工	返乡农民工	新生代农民工	农民工子女
篇数	49	3	3	7
比例	79.03%	4.84%	4.84%	11.29%

表3　关于农民工各类研究内容的文章数量和比例

	宏观语言项目			微观语言项目		
	语言生活状况	语言问题	理论探讨	语音	词汇	语法
篇数	26	11	14	3	8	1
比例	41.26%	17.46%	22.22%	4.76%	12.70%	1.59%
总比例	80.95%			19.04%		

3.2 科学的材料收集方法和分析方法应用的范围不太广且具有单一性的特点

从材料的收集情况来看，农民工语料的收集大多采用问卷调查法，辅之以访谈法，仅有 3 篇文章用到了参与调查法，2 篇文章用到了快速隐匿调查法。问卷调查法辅之以访谈法可以快速地获取大规模的有效样本，但被试在已知自己被调查的情况下，所告知的内容与真实情况难免会有不一致的地方。王玲(2010)在南京调查农民工的语言使用时，发现许多农民工在问卷中自报“经常使用普通话”，可实际上在“问路调查”中，多使用方言。因此，问卷调查法需结合参与调查法和快速隐匿调查法，在被试毫无压力的情况下观察被试的语言活动，获取更客观真实的数据，避免拉波夫所提到的“观察者的矛盾”。从材料的分析方法来看，绝大部分定量研究统计方法偏于简单，大多通过计算百分比描述农民工的基本语言状况，只有 12 篇文章运用了专门的统计软件 SPSS。通过 SPSS 的均值比较和方差分析，我们可以对农民工的共时语言差异做推断性统计；通过 T 检验和卡方检验，我们可以知道两个样本有无显著差异；通过相关分析和回归分析，我们可以发现语言变量和社会变量的关联，找出语言差异的主要社会原因。总之，规范、多样的研究方法可以使我们的结论更具说服力，发现更多的问题。

3.3 对比性研究有待扩展和深入

当前农民工语言的对比研究多集中在历时比较和内部比较上，比较农民工的语言状况在打工前后的变化，比较不同社会特征的农民工语言状况的内部差异，但还有一些方面尚未涉足，包括：

1. 不同地域农民工群体语言的对比研究。农民工进城打工主要是以经济为目的，而中国地域辽阔，各地经济发展不均衡，欠发达的中西部一般是劳动输出地，发达的东部一般是劳动输入地。因此，农民工的语言研究也多集中在东部城市和中西部的大城市。这些经济发展水平不一的、不同地域下的农民工群体的语言状况有何共性和个性，有待我们的进一步发掘。

2. 同一地域，城市农民工与返乡农民工语言的对比研究。返乡农民工在离开城市多年后，他们的语言能力、语言使用和语言态度有什么变化，是否在某些方面仍和城市农民工保持一致，值得探索。

3. 同一地域，城市农民工与打工地城市居民语言的对比研究。通过这样的对比，我们可以知道二者的差距，从而为农民工克服语言障碍、融入城市提供帮助。

4. 同一地域，城市农民工、返乡农民工与农村人员（无长时间的外出经历）的对比。农民工与从未外出过的农民在语言状况上有何差别？农民工回乡后，他们的语言态度和行为是否对农村人员产生影响？都值得探究。

5. 新旧群体的对比。80、90 后的成长，给农民工群体带来了新变化，这些与上一代农民工生活环境迥然不同的新生代农民工，在语言状况上有什么新特点，需要我们去了解。一些还在城市打拼的农民工，把他们的子女也带入城市，这些民工子女的语言状况有什么特点，与城市的孩子和农村的孩子有什么区别，都需要我们的进一步考察。

综上所述，我们可以看到关于我国农民工的语言研究不论是在研究内容还是研究方法上都日渐成熟。该类研究填补了社会语言学关于这一群体的空白，丰富了社会语言学的研究视角，为研究语言变异中正在进行的变化提供了鲜活的资料。当然，由于该类问题研究时间短，还有很多未知值得我们去探究，研究前景广阔。

参考文献

曹进、曹文 2011　言语交际视角下农民工语言使用的嬗变——以兰州市城关区及安宁区为例,《西北成人教育学报》第3期。

陈晨 2012　新生代农民工主体性建构:语言认同的视角,《中国农业大学学报(社会科学版)》第3期。

陈东芳 2010　关于乌鲁木齐市农民工子女普通话使用情况调查研究,新疆师范大学硕士学位论文。

陈建萍 2013　城镇化进程中外来务工子女语言使用情况及语言态度调查,《语言应用研究》第12期。

崔晓飞 2008　城市农民工阶层的语言使用状况及思考,《社会工作》第5期。

樊中元 2011a　广西农民工语言的实证研究,《广西社会科学》第9期。

樊中元 2011b　农民工语言认同的实证研究,《社会科学家》第10期。

付义荣 2010　也谈人口流动与普通话普及——以安徽无为县傅村进城农民工为例,《语言文字应用》第2期。

付义荣 2012　关于农民工语言研究的回顾与反思,《语言文字研究》第4期。

高莉琴、李丽华 2008　乌鲁木齐农民工语言调查研究,《新疆大学学报(哲学人文社会科学版)》第5期。

高小焱 2014　城市化对新生代农民工语言交际与学习的影响及对策,《中国成人教育》第20期。

贺凤秀 2012　广西农民工语言调查研究——以南宁市和桂林市为调查个案,广西师范大学硕士学位论文。

胡伟 2009　在穗农民工语言使用与语言态度调查研究,《广州番禺职业技术学院学报》第3期。

李婧 2014　农业转移人口子女语言选择及身份构建研究——以北京市为个案,北京交通大学硕士学位论文。

李占芳 2009　社会语言学研究方法探讨,《华北电力大学学报(社会科学版)》第2期。

力量、夏历 2008　城市农民工用语现状与发展趋势,《河北学刊》第4期。

林伟 2011　宿城村外出务工人员语言状况研究,南京大学硕士学位论文。

刘玉屏 2008　义乌市农民工称谓语使用情况调查,《新疆师范大学学报(哲学社会科学版)》第1期。

刘玉屏 2009　农民工语言使用与语言态度调查——以浙江省义乌市为个案,《农业教育》第 6 期。
刘玉屏 2010a　农民工语言再社会化实证研究——以浙江省义乌市为个案,《语言文字应用》第 2 期。
刘玉屏 2010b　正在进行中的汉语方言接触实证研究——义乌市农民工使用义乌方言成分情况调查,《语言文字应用》第 4 期。
罗玉石 2009　绍兴市外来民工子女语言状况调查,温州大学硕士学位论文。
毛延生 2013　关注农民工子女语言适应障碍,《中国社会科学报》第 3 期。
莫红霞 2010　城市化进程中农民工语言接触与语言认同研究,《语言文学研究》中旬刊。
欧小艳 2008　进城农民工语言态度研究,《牡丹江大学学报》第 8 期。
欧小艳 2009　衡阳县中湖村农民工语言态度考查,湘潭大学硕士学位论文。
秦广强 2014　进京农民工的语言能力与城市融入——基于适应性区群抽样数据的分析,《语言文字应用》第 3 期。
邱杨、陈文琪 2014　武汉市外来务工人员语言使用情况,《文学教育》第 4 期。
全国总工会新生代农民工问题课题组 2010　关于新生代农民工问题的研究报告,《工人日报》6 月 21 日。
屠国平 2008　宁波市外来人口语言生活状况考察,《语言教学与研究》第 1 期。
王玲 2010　农民工语言认同与语言使用的关系及机制分析,《北华大学学报(社会科学版)》第 3 期。
王庆、武小军 2012　共同语与方言变异研究新视角——四川返乡农民工方言变异实证研究,《西华大学学报(哲学社会科学版)》第 6 期。
王欣 2012　文化大发展中农民工语言变迁研究——以青海省西宁市为例,《青海社会科学》第 2 期。
武小军 2013　流动人口的语言接触与语言认同,《语言教学与研究》第 6 期。
武小军、王庆、樊洁 2011　人口跨域流动与地域方言变化——四川方言入声字口音调查,《语言文字应用》第 4 期。
武小军、杨绍林 2014　返乡流动人口的语言选择与变化——基于交际空间的量化分析,《语言文字应用》第 1 期。
夏历 2007a　在京农民工语言状况研究,中国传媒大学硕士学位论文。
夏历 2007b　城市农民工普通话水平调查研究,《淮阴师范学院学报(哲学社会科学版)》第 3 期。
夏历 2007c　农民工言语社区探索研究,《语言文字应用》第 1 期。

夏历 2009 “言语社区”理论的新思考——以在京农民工言语共同体为例,《语言教学与研究》第 5 期。
夏历 2010 东北地区农民工语言状况调查研究,《北华大学学报(社会科学版)》第 3 期。
夏历 2012 城市农民工语言态度调查研究,《社会科学战线》第 1 期。
夏历、力量 2007 城市农民工语言学习研究,《修辞学习》第 5 期。
夏历、谢俊英 2007 农民工的语言状况,《长江学术》第 3 期。
谢俊英 2011 城市化进程中的农民工语言问题,《云南师范大学学报(哲学社会科学版)》第 3 期。
谢晓明 2006 关注农民工的语言生活状况,《江汉大学学报》第 4 期。
游汝杰 2009 《社会语言学教程》,复旦大学出版社。
俞玮奇 2011 苏州市外来人口第二代的语言转用考察,《语言教学与研究》第 1 期。
曾晓洁 2011 新生代农民工的母语能力缺失与补偿,《湖南农业大学学报(社会科学版)》第 4 期。
张璟玮、徐大明 2008 人口流动与普通话普及,《语言文字应用》第 3 期。
张先亮、赵思思 2013 城市化进程中农民工语言能力现状及对策研究——以嘉兴市农民工为例,第七届全国语言文字应用学术研讨会论文。
周彦每 2014 农民工语言变体与城市语言生态培育的宏观考辩,《湖北函授大学学报》第 2 期。
左翠玲 2013 外来务工人员语言使用和语言期望认同问题的实证研究——以杭州经济技术开发区为例,《现代语文》第 4 期。

(本文曾发表于《语文学刊》2015 年 20 期)

后　　记

2008年，“中国语言资源有声数据库建设”开始在江苏试点，拉开了我国大规模语言资源收集、保存工作的序幕。2015年，教育部、国家语委颁布《教育部 国家语委关于启动中国语言资源保护工程的通知》(教语信[2015]2号)，正式部署今后5年内，在全国范围开展以语言资源调查、保存、展示和开发利用等为核心的各项工作。

“中国语言资源保护工程”是由财政部立项，教育部和国家语委领导实施的一项语言文化类国家工程，是迄今为止世界上最大规模的语言资源保护项目。工程内容主要包括汉语方言调查、少数民族语言调查、文献典藏(已有资源汇聚)、采录展示平台建设等方面。具体工作由中国语言资源保护研究中心(设于北京语言大学)组织开展。

为了配合中国语言资源保护工程的实施，自2014年起，北京语言大学发起举办“中国语言资源国际学术研讨会”。会议每年举办一次，由北京语言大学联合国内外其他高校共同主办，由中国语言资源保护研究中心承办。2014年10月11—12日，北京语言大学和日本金泽大学联合主办的“首届中国语言资源国际学术研讨会”在北京举行，来自日本、澳大利亚、美国和中国的正式代表共53人参加了会议，共收到论文44篇。2015年8月21—22日，北京语言大学和黔南民族师范学院联合主办的“第二届中国语言资源国际学术研讨会”在贵州都匀举行，来自日本、美国和中国的正式代表及嘉宾近80人参加了会议，共收到论文52篇。

第一届会议的主题是“语言资源调查研究的理念、方法与技术”“中国方言文化的保护与保存”。第二届会议的主题是“语言资源保护的理念、方法与技术”“民族语言文化资源保护实践”。所提交的论文涉及语言资源调查和保护的各个方面，既有理论探讨，也有实践经验，还有方法技术的创新，代表了中国语言资源保护研究的前沿水平。

为了进一步推动我国语言资源保护工作，中国语言资源保护研究中心决定编辑出版《语言资源》集刊。第一辑即以两届研讨会的优秀论文为主，同时兼收少量其他相关论文，大致按语言资源保护的理念、语言资源保护的实践、语言资源保护的技术、语言及语言文化的顺序编排。

李宇明教授是我国语言资源建设工作的开创者，他对语保工程、语保中心以及本集刊的编辑出版都给予了极大的支持。本辑能作为李宇明教授主持的国家语委重大科研项目“语言文字科学保护的理论与实践研究”系列成果之一出版，对编者和作者来说是非常荣幸的。在此，我们向李宇明教授表示诚挚的感谢。

北京语言大学“中国语言资源保护研究中心”和商务印书馆“中国语言资源开发应用中心”同为国家语委科研中心，具有“前店后厂”的密切关系。《语言资源》集刊由商务印书馆出版，可以说是两个中心的一次成功合作，谢谢商务印书馆对我们的一贯支持。

中国语言资源保护研究中心

2016年4月26日